MZ와 공존을 위한 초현실적 직장 백서

MZ를 알면 꼰대가 보인다

한상권 지음

집에서, 회사에서, 인간관계에서
오해가 사라지고 호흡곤란을 해결하는 기적의 Z세대 사용법

"지금까지 이보다 더 사실적이고 현실적인 대안이 담긴 책은 없었다"
깨어 있는 당신을 위한 화제의 책

중앙경제

MZ
를 알면
잘파
가 보인다

초판인쇄 2024년 7월 4일
초판발행 2024년 7월 10일

지은이 한상권
펴낸이 김남진
펴낸곳 중앙경제

디자인 이지훈, 최가영, 가보영
마케팅 신석재, 김성울, 이소영, 윤지희, 김선혜
경영지원 이상훈, 박세라, 조용환

출판등록 80.6.21 제2-66호
주소 서울시 중구 다산로11길 19(신당동 355-8) 백석빌딩 신관 4층
전화 02)2231-7293
팩스 02)2235-5344
홈페이지 www.elabor.co.kr

ISBN 978-89-7017-558-4 (03320)
정가 19,000원

MZ를 알면 잘파가 보인다

한 상 권

중앙경제

일러두기

- 작가의 글 맛을 살리고자 일부는 표준 표기법과 다를 수 있습니다.
- 책에 등장하는 사례는 실제를 기반으로 하되, 인물은 가명을 사용했음을 밝힙니다.

왜 아직 MZ일까

그동안 하고 싶은 이야기가 나름 많았다. 인사팀 팀장으로서 X세대와 MZ세대를 마주하며 일하고, 또 그 안에서 발생하는 다양한 갈등을 풀어내는 입장에 있기 때문이다.

전문가를 비롯해 많은 사람이 1990년대와 2000년대생의 사회 진출을 두고 다양한 의견과 대비책을 제시하지만, 사실 그것은 간접경험에 비롯된 것일 뿐이다. 누구나 '90년대생은 이렇다', '2000년대생은 이렇다'고 말할 수 있다. 하지만 기성세대나 X세대가 MZ세대를 이해하고 받아주는 것이 중요하다고 말하고 있을 뿐이다. 실제 기업 내에 어떤 유형의 갈등이 존재하고 또 어떠한 해결 방식을 채택했는지를 말하는 데는 한계가 있다.

그런 면에서 우리 사회는 아직 MZ세대를 모른다고 말할 수밖에 없다. 다양한 미디어들이 MZ세대에 대한 정보를 내놓고 있지만 해결의 실마리를 제공하기보다는 오히려 잘못된 정보로 사회적 편견과 고정관념을 심화시킨다. 여러 전문가의 견해 역시 MZ세대는 무엇을 해도 인정받을 수 있고 반대로 이전 세대는 오히려 '꼰대'로 낙인찍힐 수 있다고 인식하게 하는 잘못된 사회현상을 유발하고 있다. 아직도 많은 곳에서 세대 간의 갈등이 줄어들지 않고 오히려 심화되고 있다는 점이 그 증거다.

몇 해 전부터 우리 사회의 화두는 MZ세대였다고 해도 과언이 아니다. 사회학자나 미디어가 말하는 MZ세대의 특징은 지극히 일부일 뿐이고 실제로 조직 내에서 어떠한 영향을 미치는지, 그에 대한 해답이 무엇인지는 속 시원히 내놓지 못하고 있다. 다른 선진국과 비교했을 때 무엇이든 서열화하기를 좋아하는 국민 정서가 반영되었다고 볼 수 있지만, 결국 기성세대와 새로운 세대의 격차가 해소되지 못했기 때문에 이러한 구분이 생겼다고도 볼 수 있다.

대표적인 세대 간 갈등은 '기성세대 및 1980년대 초반을 포함한 X세대'와 MZ세대 사이에서 발생하고 있다. 이 책에서는 MZ세대 외에는 모두 X세대로 통일해서 살펴보려고 노력했다. 조직과 사회를 휩쓸 정도로 MZ세대의 영향력은 급격하고 이제 그들은 조직 내에서 중심축으로 자리 잡아 가고 있다. 이것이 그들을 이해하지 못하면 조직의 흥망성쇠도 가늠하기 어려운 이유다. 이들 MZ세대는 생산 가능 인구의 대부분을 차지하고 있을뿐더러, 한국 내 주요 기업에서 구성원의 60% 이상을 차지할 정도로 중요해졌다.

X세대와 조직 내에서 강력한 영향력을 행사할 집단으로 평가받는 MZ세대와의 간극이 어떻게 벌어지고, 또 어떤 현상이 우리 조직에서 나타나는지를 짚어볼 기회는 그리 많지가 않다. 그 때문에 이러한 사회적 변화는 모든 세대를 통틀어 편견만 낳았다. MZ세대는 무엇을 해도 MZ적 사고라는 선입견으로 조건 없는 이해를 바라지만, 실제로 MZ세대는 자신이 MZ세대인지 모르는 경우가 많다. X세대는 이미 직장 내에서 관리자 직위로 올라선 지 오래다. 그들은 과거에 파묻혀 지내는 '라떼적' 사고를 지닌 꼰대로 낙인찍히는 경우가 많지만, 알고 보면 다양한 경험에서 나온 사실적 가치인 경우가 많다. 이제 사회는, MZ세대를 무조건 이해해 줘야 한다거나 그들의 생각이 보편타당하다는 데 반론을 제기한다.

최근 들어 크게 느껴지는 세대 간의 차이는 세대 간의 경험이 달라서 발생하는 필수불가결한 사회현상이라고 해도 무방하다. 다만, 그것이 이러한 사태를 관망해도 된다는 의미는 아니다. 이 현상을 짚어보고, '나'라는 객체와 우리 조직에서 수정이 필요한 지점은 무엇인지를 알 수 있다면 서로를 이해할 수 있다. 종국에는 나뿐만이 아니라 우리 조직이 원하는 성과물을 만들어내는 데도 도움이 될 수 있다. 이러한 관점에서 우리는 MZ세대와 갈등이 발생하는 행태를 살펴보면서, 깊어지는 세대 간의 골을 메우는 데 시간을 아끼지 말아야 한다.

이 책은 신세대라는 이름으로 신인류의 낭만을 마음껏 누렸던 X세대 청년이 사오십대가 되고 아날로그가 디지털화되는 과정에서 정체성을 잃어버린 시점에서 시작된다. 정확하게는 쓰나미처럼 밀려오는 MZ세대의 요구 속에서 갖게 되는 'X세대의 생존'에 관한 외침이자, 최근 젊은 세대가 실제로 사회에서 어떻게 움직이는지를 보여주는 'MZ세대의 존재'에 관한 증거이기도 하다.

양 세대를 향한 이 관찰기는 눈앞에 선 잘파(Z+알파)세대*를 맞이하기 위한 전략적 선택이 될 거라고 믿는다. 전문가의 입장에서 딱딱한 정보를 전달하기보다는 작가로서 문학적 시각으로 때로는 적절한 사례와 함께 세대 간의 차이를 이해하고 그 해결책을 찾으려고 고민했다.

부디 '이게 맞는데'라고 생각하기보다는 '이런 일도 있구나'라는 마음으로 읽어주기를 바란다.

* 잘파(Z+알파)세대 : 1990년대 중반~2000년대 초반 사이에 태어난 Z세대와 2010년대 초반 이후에 태어난 알파(α)세대의 합성어

이 책의 씨앗은 중앙경제HR교육원의 최영우 원장님과 대화를 나누던 도중에 발견했다. 아직도 다양한 조직에서 세대 간 부침을 겪지만, 사실적 대안이 부족하다는 데 의견이 같았다. 그렇게 나는 집필을 시작했고 한 권의 책으로 꽃을 피울 수 있었다. 씨앗이 꽃을 피우기까지 조언을 아끼지 않은 최영우 원장님께 존경과 감사의 말씀을 드린다. 그 누구보다도 자신과 누군가를 위해 묵묵히 일하고 있는 독자 여러분에게 그리고 책을 집필하는 동안 곁에서 한결같이 응원해 준 아내 유리에와 딸 리아·리사에게 사랑과 존경의 마음을 담아 감사의 인사를 전한다.

저자 한 상 권

차 례

2장
그냥 공정할 것

3장
지방러의 출현

4장

있을 때 잘해

5장

너와 나의 공존

1장

사회성이 없다는 착각

무엇이 부당할까

직장인은 조직으로부터 중요한 뭔가를 많이 원하면 자신이 부당하다고 느끼거나 괴로운 상황에 처하더라도 자기 주장을 제대로 펼치지 못하게 된다. 조직 내에서 직원으로서 자신의 안위를 내세우거나 주장을 펼치기에 구조적 한계가 있기 때문이다. 월급을 주는 사람, 평가를 하는 사람과 받는 사람 간의 관계는 결국 주는 사람의 입장에서 결론지어지는 게 일반적이다. 수만 년에 걸쳐 형성된 갑과 을의 형태는 최근까지도 그 정당성을 말하기가 벅차다고 할 수 있다. 일반적인 상황의 연속이더라도 이제는 겹겹이 쌓인 구조적 한계를 사회적 현상에 맞도록 인식의 변화는 중요한 과제다.

세대 차이 또는 사람 간의 다툼 그리고 곳곳에서 발생하는 각종 분쟁은 기본적으로 돈을 필요로 하는 직원에게 불리할 수밖에 없는 구조다. 다시 말하면 일반적으로 조직에서 발생하는 각종 부조리는 보통 힘을 가진 자에게서 발생한다. 회사가 제아무리 갑과 을의 형태를 넘어서 수평적인 조직으로 탈바꿈을 시도한다고 하더라도 내적으로는 여전히 옛 관행을 답습하는 이유가 여기에 있다. 우리는 이러한 구조적 한계에 집중하고 개선방안을 과감하게 찾아야 한다.

'시키는 것만 잘하라'는 업무지시는 이제 드라마나 역사 속에서나 볼 수 있게 되었다. 월급을 주고 있으니 회사에 충성을 다하라는 식의 조직문화는 조금씩 설 자리를 잃어가고 있다. 물론 아직까지도 그러한 조직문화를 유지하는 회사가 없는 것은 아니다. 하지만 그것보다도 심각한 문제는 바로 맹목적인 충성이나 회사에 대한 의존이 높기 때문에 정체되어 가는 조직문화의 폐쇄성이다. 이러한 경직된 조직은 최고 경영자의 인식과 새로운 변화를 받아들이는 것만으로도 구시대적 흐름에서 벗어날 수 있다. 아직도 경직된 조직으로 유지되는 이유는 조직의 유연성이 제자리걸음을 벗어나지 못했기 때문이기도 하다. 이런 조직은 다가올 미래의 산업체계 변화에 대응이 가능한 조직으로 정비할 수 있는 골든타임을 놓치게 된다.

지금이라도 조직의 경영자나 경영자를 대표하여 업무를 하는 임원 또는 팀장은 자신이 과연 조직을 위하고 있는지, 아니면 자신의 안위만을 위해 회사를 핑계로 자신의 문제를 감추고 있는지, 자문할 수 있어야 한다. 조직도 자정 능력이 없다면 외부기관의 도움을 받아 개선해 나가는 것도 방법이 될 수 있다. 다양한 방법은 고민하다 보면 나올 것이고 의지만 있다면 언제든지 시행할 수 있다. 이때 경영자의 인식 변화, 시대의 맞는 경영 환경 조성 그리고 미래를 대비하기 위해 개선해야 할 특이점을 찾아 치유하고자 하는 강력한 의지가 수반되어야 한다.

개인주의 vs. 개인화

"주 과장님은 87년생이니까 MZ세대네?"

어느 날 점심시간에 순댓국이 나오기 전 나는 채용담당 주지훈 과장에게 느닷없는 질문을 던졌다. 그랬더니 주 과장은 다음과 같이 대답했다.

"저는 MZ세대 아니에요. 그저 X세대와 MZ세대 사이에 끼인 세대쯤 될까요?"

이러한 주 과장의 대답은, X세대가 자신들은 베이비붐세대와 MZ세대 사이에서 끼인 세대라고 공공연하게 밝히는 것과 비슷하다. 주 과장의 대답에는 나름 신중함이 보였지만 1987년생으로 올해(2024년 기준) 만 36세인 그가 MZ세대가 아니라고 하는 데는 나름의 이유가 있다.

일반적으로 MZ세대는 1980년대부터 2000년대 중반까지 출생한 사람을 일컬어왔다. 다소 더 넓게 밀레니얼세대와 Z세대를 한데 묶어서 정의했는데, 대부분의 학자와 사회관계망은 그 정도로 세대를 정의했다. 그러나 다소 광범위한 세대를 하나의 덩어리에 넣는 듯한 인상을 지울 수가 없다. 이해하기 힘든 부분은 20년이 넘는 범주를 하나의 세대로 정의하기엔 그 범위가 너무 넓다는 점이다. 그래서 이 책에서는 우리 사회가 바라보는 MZ세대를 나누는 연령대를 20~30대 초반의 청년으로 범위를 정하고자 한다.

[세대별 구분]

<table>
<tr><td rowspan="2">일반적 세대의 정의</td><td colspan="2">1965~ 1980년생</td><td colspan="2">1981~ 1994년생</td><td colspan="2">1995~ 2009년생</td><td colspan="2">2010년 이후 출생</td></tr>
<tr><td colspan="2">X세대</td><td colspan="2">M세대</td><td colspan="2">Z세대</td><td colspan="2">α(알파)세대</td></tr>
<tr><td>이 책의 구분</td><td colspan="3">X세대</td><td colspan="2">MZ세대</td><td colspan="3">잘파세대</td></tr>
<tr><td>시대적 배경</td><td colspan="2">수출 시대 개막</td><td colspan="2">88 서울올림픽</td><td colspan="2">2002 한일월드컵</td><td colspan="2">2018 평창 동계올림픽</td></tr>
</table>

어느 시대에서든 20~30대 청년은 그 사회의 정치·문화·경제 그리고 사회 환경의 변화를 가장 강력하게 추구해 왔다. 한국만 놓고 보더라도 그렇다. 100여 년 전 한일 강제 합병에 분노한 청년 안중근은 이토 히로부미를 사살하고 감옥에서 생을 마

감했다. 2차 세계대전 이후에 이념과 체제 경쟁으로 인한 냉전 시대에 좌우 사상을 가장 먼저 받아들인 인물들도 대부분이 청년이었다. 한국전쟁이 끝나자 국가 재건과 산업화를 이루고, 정치적 안정을 찾을 때 한국 사회의 중심에는 늘 청년이 있었다. 이처럼 청년은 시대를 꿰뚫는 통찰의 가장 앞줄에 서 있었다.

다시 MZ세대로 돌아와서 살펴보자. 현재 시점 기준으로 20~30대의 청년은 과연 이전 세대와 어떤 차이가 있을까. MZ세대인 김효정 작가는 세대를 정의하는 기준을 '공통의 기억을 지닌 집단'이라고 말했다. 88서울올림픽을 겪고 기억하는 세대, IMF 외환위기, 2002한일월드컵과 같은 굵직한 사건을 직접 겪고 이야기할 수 있는 사람들을 하나의 세대로 묶을 수 있다는 얘기다. 그러한 측면에서 본다면 일반적인 출생시기를 기준으로 하는 세대의 구분은 일정 부분 일리가 있다.

격동의 사회 변화를 겪은 X세대는 개성이 뚜렷한 '개인주의적' 성향을 지녔다면 MZ세대는 타인과 어느 정도의 거리를 두고 자신만의 영역을 구축하는 '개인화적' 성향이 두드러진다. 개인주의와 개인화는 비슷하지만 다르다. 개인주의는 타인과 동화된 영역 내에서 자신의 감정에 중심을 두어 이기적이라는 오해를 낳기도 하지만, 개인화는 자신의 취향을 분명히 하며 다른 사람과 영역을 공유하기를 마다하지 않는다. 사람과의 관계를 위해 무리하지 않고 자신이 좋아하는 생활양식을 고수하고 소통에서도 스마트폰으로 특정 네트워크를 선택하여 참여하곤 한다.

산에서 접하기 쉬웠던 형형색색의 등산복은 이제 한물간 패션이 된 지 오래다. 요즘 산을 오르다 보면 사뭇 달라진 모습을 확인할 수 있다. 청년들은 자신만의 편한 복장으로 산행을 하는 모습을 쉽게 볼 수 있고, 사람만 모일 수 있는 장소라면 어김없이 달리기를 하는 러닝크루를 마주할 수 있다. 비슷한 취향을 가진 사람들이 취미와 관심사를 중심으로 한데 모이는 사회현상은 MZ세대에서 발견할 수 있는 특이점이자 '개인화'의 실제 모습이다.

이들은 네이버 밴드, 카카오톡, 인터넷 카페와 같이 각종 오픈 채팅방을 통해서 모인다. 혼자 하기보다는 함께하는 것이 목표의식이나 성취욕을 자극하는 데 도움이 된다는 점을 잘 알고 있기 때문이다. 때마침 비슷한 또래가 모여 자신들만의 네트워크를 확장하는 데 스마트폰이 필수가 된 세대가 바로 MZ세대다. 달리기도 MZ세대답게 한다고 해야 할까.

세대를 이해하는 방법

유니클로의 창업자 야나이 다다시[柳井正] 회장은 「타임」지와의 인터뷰에서 "30년 동안 휴면에 빠졌던 일본은 전혀 선진국이 아니다.", "눈을 떠라."라며 작심 발언을 했다. 실제로 일본은 아직도 '잃어버린 30년'의 후유증에서 완전히 벗어났다고 말하기 힘든 처지다. 2차 세계대전 이후 세계의 경제 중심에서 양적으로 급격히 성장하면서 거품이 끼게 됐고 이내 거품경제는 붕괴로 이어졌다. 지금도 일본의 정치·경제계는 그 늪을 빠져나오기 위해 사력을 다하고 있다.

일본의 젊은이들은 국가와 사회 시스템을 믿고 사회에 진출했지만 기성세대는 자신의 입지에 이미 장벽을 치고 새로운 세대의 접근을 쉽게 허락하지 않았다. 그렇게 젊은 층은 안정적인 생활을 누리던 부모의 영향력에서 벗어나기 힘들게 되었다. 경제 위기에, 이미 자리를 잡고 있던 기득권과 기성세대 밑에서 사회와 선을 긋고 지내는 니트족[1]과 히키코모리[2]가 급격하게 늘어난 이유이다. 일본은 우리의 선행학습이라는 점에서 유심히 바라봐야 할 부분이다.

우리 사회도 1990년대 말 IMF 외환위기와 2000년대 중후반의 금융위기를 겪으면서 X세대의 사회 진출을 쉽게 허락하지 않았다. 지금 현실에 빗대어 보면 X세대는 자신이 어렵게 진출한 조직에서 MZ세대에게 쉽게 자리를 내 줄 수 없었던 모양이다. 그렇게 구직활동을 가장 많이 포기한 세대가 바로 MZ세대다. 취업을 포기하기도 했지만, 급격한 산업지형의 변화로 어리둥절한 듯 대부분 스마트폰과 SNS로 소통하며 사람과의 관계를 유지해 나갔다.

MZ세대는 디지털화의 영향으로 컴퓨터와 스마트폰 밖으로 나오기를 꺼려 한다. 사회와 경영계는 전통적인 생산관리 체계에서 디지털 원주민인 MZ세대를 필두로 디지털화를 가속하고 있다. 말 그대로 현장 중심에서 디지털 중심으로 산업과 사회환경이 변했다. 인공지능(AI)은 인간만이 가질 수 있다던 '직관'의 영역에까지 접근하고 있고, 즐거움, 행복 그리고 고통까지 인간과 흡사한 형태로 구현하는 연구는 성과를 거두고 있다. 여기에

---

1) 니트족(NEET) : Not in Education, Employment or Training, 진학이나 취직을 포기한 사람을 일컫는다.

2) 히키코모리 : 引きこもり, 정신적인 문제나 사회생활에 대한 스트레스 따위로 인하여 사회적인 교류나 활동을 거부한 폐쇄은둔족을 말한다.

서 인간의 영역인 정신세계와, 다양한 변수로 작용하는 생각의 영역을 과연 컴퓨터가 자신의 것으로 받아들이고 느낄 수 있을지는 별개의 문제다.

소프트웨어 산업의 중심에는 젊은 세대가 있다. MZ세대가 성장기에 모바일 환경을 경험한 정착민이라면, 알파세대는 태어나면서부터 모바일을 접한 디지털 원주민이다. 이들은 우리나라의 주요 기업 내에서 과반수를 넘는 비중을 차지하며 변화하는 산업의 핵심 인력으로 자리 잡았다. 디지털 환경에서 나고 자라 디지털 원주민으로 불리는 MZ세와 알파세대는 누구보다 현재 그리고 미래의 산업을 만들기도 하고, 또 소비성이 강한 중요 세대가 된 지 오래다. 그런 MZ세대는 구직 과정에서도 다른 모습을 보인다. 그렇다면 조화보다는 개인의 행복을 바라는 전형적인 MZ세대의 모습은 과연 어떨까.

맵 vs. 내비게이션

X세대가 차 운전을 할 때는 지도(맵)를 보고 길을 찾아야 했다. 안 그래도 1세대에 1명 이상의 입대자가 있어 군대에서 배운 방법이라는 뜻으로 “남자는 맵이지.”라는 말이 있는 것과 비슷하다. 따라서 X세대는 맵 세대라고 할 수 있다. 반면에 MZ세대는 태어나면서부터 테크놀로지의 발전과 함께 성장했다. 자연스럽

게 맵보다는 내비게이션에 익숙할 수밖에 없다. 이들은 지도를 각종 포털사이트에서나 볼 수 있는 조형물쯤으로 여기기도 한다. 따라서 MZ세대는 내비게이션 세대라고 말할 수 있다.

내비게이션과 맵은 기능적 형태보다는 그 활용도에서 차이를 구분할 필요가 있다. 맵은 눈으로 보고 자신의 감각과 방법으로 길을 찾아야 하는 개인 능력에 상당 부분을 의존하게 된다. 그렇지만 내비게이션은 목적지를 입력하고 안내하는 대로 따라가기만 하면 되는 편리함이 있다. MZ세대에게 낯선 지역을 목적지로 알려 줄 때는 내비게이션으로 검색이 가능해야 길을 찾는다. 그들에게 그냥 "어디로 와."라고 말하면 쉽게 찾아가지 못한다. 내비게이션에 목적지를 입력해 주고 길을 찾아갈 수 있도록 구체적이며 명확한 지시를 해 줘야 한다.

사실 명확한 업무지시의 범위를 어디까지 두어야 할지 도무지 가늠하기가 어렵다. '무능력함'이라는 단어 안에서 많은 관리자가 움츠러들 수밖에 없다. "매번 업무마다 정확하게 조목조목 짚어서 알려주어야 하나?"라는 볼멘소리가 나올 수밖에 없기 때문이다. 중간관리자는 매 시간이 소중하다. 위로는 임원을 보좌하고 때로는 업무방향을 설득해야 하며, 아래로는 무엇을 해도 입맛에 맞지 않는 결과물로 나를 테스트하는 직원들 사이에서 고민이 크다. 이런 과정 하나하나가 관리자 역량의 범위에 속한다고 말할 수 있다. 그러나 누구나 한계라는 게 있고, 성인이 모여 있는 조직이라면 어느 정도는 능동적일 필요가 있다.

업무의 결과와 목적을 향하는 직원들이 틀린 방향으로 가지 않도록 조력하는 리더의 성과는 늘 좋았다. 이제부터라도 똑똑하고 일 잘하는 S-player[3]의 기준을 '탁' 하면 '척' 하고 알아서 잘해 오는 직원으로 두지 않아야 한다. 큰 기준을 던져주면 알아서 해오는 게 일을 잘하는 사람이었던 시대는 저물고 있다. MZ세대는 어려서부터 자신이 하는 행동에 대한 이유와 근거가 분명할 때 행동할 수 있도록 훈련 받지 않았는가. 업무지시는 명확히 해 줘야 하고, 진행 중인 업무는 중간중간에 담당자가 함께 점검해 줘야 하는 시간이 늘 필요하다.

3) S-player : 일반적 인사평가의 최우수 등급인 S를 받은 우수 직원을 칭함(S는 Superior의 약자)

선입견과 빠가충[4]

학술적으로 페미니즘을 설명할 때 여성의 권리와 주체성을 강화하기 위한 운동에 빗대어 생각한다. 그 어원은 라틴어 '페미나(femina)'에서 유래했고 '여성의 특징을 갖추고 있는 것'이라는 뜻이 있다. 보통 전 세계적으로 남성과 여성의 분업에서 남성을 중심으로 이루어진 사회를 이겨내고 여성의 권리와 주체성을 강조하는 운동을 지칭한다. 이러한 운동에 동참하는 여성을 페미니스트라고 부르는데, 미국의 팝스타 테일러 스위프트(Taylor Swift)나 유명 배우인 엠마 왓슨(Emma Watson)도 대표적인 페미니스트로 알려져 있다.

남성 우월적 이데올로기에 대항하는 이들은 짧은 헤어스타일로 주목을 끌기도 한다. 물론 여성이 머리카락이 짧다고 해서

4) 말할 때마다 '오빠가'를 붙이는 사람을 비하하여 일컫는 말

페미니스트라고 착각해서는 안 된다. 그러나 사람들은 사회적 시각을 들어 여성이 쇼트커트을 했다는 이유만으로 페미니스트로 몰아세우는 경우가 있다. 분명히 우리가 생각하는 선입견에서 비롯된 착시라고 할 수 있다. 요즘처럼 다양함이 존중받으며 내가 아닌 다른 사람의 개성까지도 존중하는 시대에, 더욱이 여성의 사회적 지위가 그 어느 때보다 높아지고 있는 이러한 현실에는 전혀 맞지 않는 의식이다.

직장인을 비롯해 많은 사람이 자신의 실력을 정상적으로 평가받고 싶어한다. 그러나 다양한 분야에서 그 평가의 기준이 명확하지 않아서 불만을 제기하는 경우가 있다. 직장에서나 모든 장소에서 누군가와 실력을 겨루며 선의의 경쟁을 해야 하는데도, 조직 내에 양성(兩性)을 우선 생각하는 사람은 평소에도 누군가를 삐딱한 시각으로 바라볼지 모르는 잠재적 범죄자일 수 있다.

물론 생각을 하고 있다고 해서 그것만으로 형법상 범죄에 해당하는 것은 아니다. 누군가를 향하는 시선에 성차별적 요소를 지니고 있는 것이 범죄가 되려면 갖춰야 할 양태가 많다. 문제라고 한다면, 이러한 짧고 편향된 시각의 사고가 언젠가는 밖으로 튀어나오게 되어 있다는 점이다. 평소에 가지고 있던 생각은 무심결에 발설하게 되고 또 행동으로 옮기게 된다. 그것이 바로 범죄로 연결되는 가장 큰 이유 중 하나이다. 각종 성희롱 사건의 가해자 대부분이 "나는 이게 나쁜 건 줄을 몰랐다."라고 말하는 것처럼 말이다.

'편견(偏見)', 사전적 결론의 결과인 선입견을 조금 더 합리화하기 위한 의도가 있는 부정적인 견해이다. 즉, 하나의 관념에 사로잡힌 자신의 사고체계를 이해하고 이를 해결하려는 노력을 하기보다는 잘못된 관념을 정당화하려는 과정이라고 할 수 있다. 이것이 편견을 가진 심리적 상태에서 누군가에게 행하는 행위 대부분이 의도적일 수밖에 없는 이유다. 그 때문에 잘못된 관념의 기준을 구분 짓지 못하고, 이를 해결하기 위한 자정 능력도 가동하지 못한다. 이처럼 잘못된 분쟁 대부분이 편견에서 비롯된다.

국어사전에서는 편견을 "공정하지 못하고 한쪽으로 치우친 생각"이라고 정의한다. 실제 삶 속에서는 선입견을 고착화한 형태에서 '이미 그러하다'는 생각을 가진 고정관념이라고 할 수 있다. 대표적인 인종적 편견으로는 '어느 특정 인종은 경제적으로 우수하다', '어느 인종은 많은 범죄에 노출되어 있고 사건 사고의 주역이다(보통 유색 인종을 말함)'는 생각을 들 수 있다. 이런 편견을 지니고 있으면 채용과정에서도 사람의 역량을 직접적으로 바라볼 수 있는 기회를 상실하게 된다.

우리 모두는 존재하는 것만으로도 존중받아 마땅하다. 내가 어디에서 무엇을 하든, 무엇을 추구하며 살아가든 우리의 가치는 하나의 객체로 존재함으로써 증명하고 있다. 때로는 좌절을 맛보기도 하지만, 존재만으로도 힘을 잃지 않을 동력을 찾아낼 수 있기에 가능하다. 그것이 우리의 삶을 지탱해 주고 있다. 그러한 힘은 개인이 모여 집단을 이루는 회사 내에서도 발현되어야만 한다. 하지만 하나의 객체가 아닌 다수의 인식을 위한다고 하더라도 한 사람에 의해서는 불가능하다.

요즘 직장의 트렌드를 보면 위에서 아래로 한 방향으로 흐르는 업무지시가 아닌 상호 간의 자유로운 커뮤니케이션을 통해 의견을 교류하면서 효율성을 찾는다. 그러기 위해서는 선입견과 그로 인한 편견을 쌓아놓으면 안 된다. MZ세대는 사람 하나하나를 객관적으로 평가하고 그에 걸맞은 보상을 해주기를 바란다. 특별히 더도 덜도 아닌 자신이 가지고 있는 역량을 개발할 수 있는 환경과 더불어, 발현된 업무의 결과를 공정한 방식으로 평가받기를 원한다.

빠가충

H 해운사 해외 마케팅팀의 사회 초년생인 최서영 씨의 이야기다. 이날은 최 씨가 수습이 종료된 날이었고, 축하 겸 회식을 준비한 김재식 팀장은 평소에 팀원들과 자주 가던 G치킨집을 예약했다. 매콤하고 달달하기도 한 치킨에 시원한 맥주잔이 몇 번 오고 가면서 분위기가 좋다고 생각했는지, 김 팀장은 40세에도 아직 결혼하지 못한 박호연 차장을 최서영 씨 옆자리로 불렀다.

김 팀장은 노총각인 박 차장과 신입 사원인 최 씨가 잘되기를 바라는 마음으로 둘을 엮어 보려는 게 확실하다.

"최서영 씨, 치킨 좋아하는 모양이네? 집이 어디라고 했지?"
"아마도, 김호연 차장하고 비슷한 동네에 살지 않나?"
"치킨 좋아하면 둘이 만나서 치킨 먹고 하면 되잖아. 날 잡아 봐."

최서영 씨는 이렇게 말했다. 그리고 잠시 적막이 흘렀다.

"저 오늘부터 치킨 안 좋아하는 것 같아요."

최 씨의 발언에는 꼰대적 개념과 그리고 성희롱과 관련이 있다. 곧바로 권리구제 절차에 들어가고 직장 내 성희롱으로 신고했다. 최 씨 사건의 결론부터 놓고 본다면, 성희롱에 해당된다는 1심 법원 판결에 손해배상까지 인용된 사건이다. 이런 상황을 성희롱으로 보기는 상당히 애매한 건 사실이다. 누군가에게 만나 보라고 말하는 농담은 평소에 누구나 할 수 있고, 그렇게 기분 나빠할 일이 아니라고 볼 수도 있기 때문이다. 문제는 자신의 반대 의견을 적극적으로 개진하기 힘든, 20세의 나이 차이가 경우에 따라서는 상황 판단의 근거가 될 수 있다는 점이다.

즉, 무언가를 요구하는 경우에 두 사람의 나이 차이가 크다면 그 요구는 거절하기 힘들다는 한국 사회의 특징을 고려한 판결이다. 직장 내 괴롭힘이나 성희롱은 보통 나이 차이가 상당할 경우에 상대가 자신의 거부 의사를 분명히 하기 힘든 경우에 자주 발생한다. 때문에 가해자가 관계상의 우위로 인정받을 가능성이 높아진다는 게 대부분 사건의 핵심이라고 할 수 있다. 제아무리 MZ세대라고 하더라도 K-직장문화에 특화된 팀장의 발언에 적극적으로 거부 의사를 밝히기는 힘들기 때문이다.

직장 내 성희롱은 그동안 억눌려 왔던 피해자들이 밖으로 나와야만 인식할 수 있다는 특이점이 있다. 미투운동(MeToo)이 한창이던 시기에도 많은 꼰대들은 "여자가 옷을 저렇게 입고 다니니까 문제가 생기는 거 아니야.", "자신이 더 원했던 거 아니야?"라고 말하면서 피해자의 감정을 전혀 인지하지 못하는 인격장애의 단면을 그대로 노출하기도 했다. 물론 이성뿐만이 아니라 동성 간의 문제도 발생할 수 있는 게 성희롱 문제지만 말이다. 자신의 생각을 다른 사람의 관념에 대입해 강요하는 꼰대들의 정신 승리는 이제 새로운 전환점을 맞이했다.

같은 부서에서 오랫동안 일하다 보면 동료들과 스스럼없이 대하는 경우가 많아진다. X세대에게는 동료의 집에 숟가락이 몇 개인지까지 알고 있을 정도로 가족 같은 교류를 이어온 걸 자랑으로 여겼다. 하루 중에서 가장 오랜 시간을 함께 지내는 직장 동료와의 관계가 때로는 상사나 직원을 '형님, 동생', '언니, 오빠'로 부를 정도로 가까워질 수 있다. 그러나 어디까지나 위계질서가 존재하는 직장 내에서 이어지는 유대관계일 뿐이지, 실제로 그 사람과 의식을 나누는 사람으로 묶여 있지 않다는 점을 유의해서 보아야 한다.

A 항공사 국제선에서 근무하는 오상민 대리는 신입 사원 김민지 씨가 회사에 잘 적응하기를 바라며 궁금하거나 도움이 필요한 게 있으면 언제든지 말하라고 했다. 시간이 어느덧 3개월이 넘으면서 어느 정도 가까워졌다고 생각했는지 오 대리는 무언가 설명할 때 늘 자신을 '오빠'라고 호칭하기 시작했다.

"민지야, 오빠가 설명해 줄 테니까 잘 들어 봐."
"오빠가 잘 알려줄게."
"민지야, 오빠가 지금 설명하는 거 잘 들어."

김민지 씨는 자신을 잘 챙겨주는 건 좋은데, 굳이 오빠라고 자신을 지칭하는 것이 상당히 불쾌했다. 사실 이 원고를 쓰고 있는 내가 들어도 오 대리의 목소리가 들리는 것 같아 짜증이 올라오는데 당사자는 어땠을까. 입사한 지 몇 달이 채 지나지 않은 상태에서 참아보려고 했지만 더는 그냥 둘 수가 없었다. 마음이 굳어지자 곧바로 팀장님에게 그 사실을 알리고, 직장 내 성희롱으로 신고한다고 밝혔다. 증거로는 그동안 오 대리와 통화한 내용과 업무상 대화할 때 확보해 놓았던 녹취록을 근거로 제시했다. 물론 성희롱으로 인정받기까지는 쉽지 않겠다는 생각이었지만 그렇다고 빠가충을 그대로 용인하고 지내는 것도 한계에 봉착했다.

다행히도 회사는 객관적이고 공정한 조사과정을 통해 이 사건을 다루었다. 그러나 결과는 성희롱으로 보기 어렵다는 것이었다. 그동안의 행위와 양태를 보았을 때 성희롱으로 단정하지는 않았지만, 여성 직원과의 비즈니스 매너에는 문제가 있다는 기타 의견으로 결론지었다. 회사는 오 대리를 경징계 처리하고, 비즈니스 매너 강화와 감수성 교육의 이수를 명했다. 제아무리 좋은 의도로 직원을 대하더라도 직장은 엄연한 규정과 규율이 존재하는 곳이지 않은가. 그곳에서 빠가충의 언행은 어디까지나 개인 비위행위에 해당될 수 있다는 점을 분명히 한 사건이다.

직원 간에 사이가 가깝다는 것과 유대관계가 좋다는 것은 엄연히 다른 이야기다. 사이가 가깝다고 느낄 때 실수할 확률이 대체로 높다. 상대와의 관계에서 넘지 말아야 할 선을 교묘하게 넘나드는 문제가 발생하기 때문이다. 동성의 동료와 가깝다는 이유로, 여자 친구나 남자 친구와의 진도를 체크하는 행위도 광의의 개념에서 본다면 성희롱에 해당될 소지가 크다. 대체로 빠가충이나 혼자서 '가까운 사이'라고 착각하는 사람 대부분이 가해자의 입장에 서 있다는 걸 기억해야 한다.

사회성이 없는 MZ세대

L 사의 최성국 부장은 앞자리에 나란히 앉아 있는 직원이 히쭉 웃는 횟수가 늘어날수록 마음이 편하지 않다. 대체 어떤 이야기이기에 자기들끼리 웃고 있는 걸까. 혹시라도 내 얘기를 하는 것일 수 있다는 생각에 심기가 불편하다.

"김 대리, 바로 옆에 있는 직원인데 그냥 말로 하면 되지, 메신저로 얘기하는 건 적당히 좀 해."

최 부장은 참지 못하겠다는 어투로 부하 직원인 김 대리에게 주의를 주었다. 그런데 하지 말아야 할 말을 했다는 듯, 그 후로 최 부장은 젊은 직원들 사이에서 회사의 대표적인 꼰대로 취급되기 시작했다.

카카오톡이나 메신저는 이제 개인의 삶 이상으로 회사에서도 필요한 업무용 기능이 되었다. 많은 회사는 정보 보안을 강화하거나 회사 내에서 사적인 활동을 차단하기 위해 사내용 메신저를 도입하고 활용하고 있지만, 결국 카카오톡을 업무용 PC에서 사용할 수 있게 하는 회사가 늘어나고 있다. 그만큼 온 국민이 다양한 용도로 사용하는 카카오톡이 업무영역에서도 성과를 내는 데 유익한 게 사실이기 때문이다. 부작용도 있지만 그것을 상쇄할 만한 이점도 충분히 있다.

업무용 PC에서 카카오톡이나 외부 메신저를 차단한 회사에서는 MZ세대를 중심으로 그 필요성을 주장하는 데는 이유가 있다. 말을 잘하고 못하고의 차이가 분명해진 MZ세대에게는 말로 설명하기보다는 글로 써 내는 게 편하기 때문이다. 논술 학습이 잘되어 있기도 하고 디지털 사회의 개인화적 성향과 맞물린 사회현상이라고 할 수 있다. 여기에 자신의 생각을 잘 설명하는 말그릇 형성을 위한 교육은 상대적으로 부족한 영향이 크다. 자신의 영역에서 자신만의 생각을 말하고 대화하는 데 익숙한 모습은 이전 세대와 대조적이다.

일본과 미국 같은 일부 국가에서는 신입 사원을 대상으로 회사에서 전화를 잘 받고 말 잘하는 법을 알려주는 컨설팅이 성행하고 있다. 우리 사회도 마찬가지다. MZ세대는 전화를 받기보다는 카카오톡을 하는 게 편하고, 정리된 상태에서 글로 쓰는 게 말로 설명하는 것보다 더 쉽게 느껴진다. 사람과 대면해서 설명하는 게 당연했던 X세대는 이해하기 어려울 수 있다. 여기에 말을 조심해야 한다는 사회적 요구 역시 말보다는 글을 지양하게 하는 데 한몫 했다. 직원이 말로 설명은 잘 못하지만 이메일이나 카카오톡으로 업무 보고를 해 주는 것이 오히려 이해하기 쉬운 게 현실이다.

[MZ+알파세대의 일반적 경향]

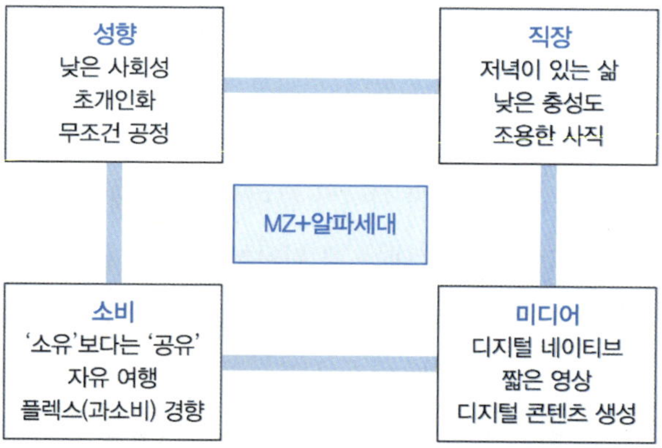

MZ세대의 또 다른 특징은 유튜브나 틱톡과 같은 1인 미디어에 깊은 관심을 두고 있다는 점이다. 책을 읽기보다는 영상을 5분 보는 것을 선택하고, 그 영상에서 주는 메시지를 다른 소통의 장에서 끄집어낸다. 그렇게 함께 나눌 수 없게 된다면 소통의 매개체는 의미가 줄어들게 된다. 우리는 이점을 들어 MZ세대는 어느 세대보다도 완성된 문화와 경제적 환경에서 그 과실을 즐기고 있다고 말하곤 한다. X세대는 새로운 문화의 출현을 알리고 적응하는 시기였고, 베이비부머세대는 한국의 경제성장을 이끌며 후세가 누릴 경제적 완성도를 가꾸어 놓은 역할을 했다. MZ세대는 이제 우수한 K컬처와 경제력을 바탕으로 강한 자존감을 형성하고 있다.

나와 너의 차이

독일의 철학자 포이어바흐(L. A. Feuerbach)는 인간에 대해서 이렇게 말했다.

> "인간의 본질은 인간과 인간을 연결하는 공동체 안에 있는 것이다."

이 말처럼 인간이 인간으로 불리기 위해서는 어떤 물질적 구성 요소보다 한데 모여 생활할 수 있고 공동체 의식을 지니는 게 중요하다. 사람들은 공동체를 구성하고 그 안에서 인간이 나눌 수 있는 공적 이익을 향해 나아간다. 그렇게 사회를 형성하고 회사의 형태를 갖췄다. 공동체 안에서 공존(共存)을 위해 상호작용을 하는 것이 인간의 본질이고, 그것이 축약된 공동체가 바로 회사이기 때문이다. 우리는 이 부분을 짚어볼 필요가 있다.

공동체 안에서의 상호작용은 사회성을 기본으로 하기 때문에 MZ세대와 사회성의 인과관계를 말하지 않을 수 없다. 사회성이 있고 없고에 따라서 생활양식이 크게 달라지기 때문이다. 사회성이라 함은 사회에서 하나의 구성원으로 존재하고 발전해 가는 모든 과정에서 필요한 언어, 공감 능력, 생활 습관을 기본으로 한다. 특히, 윤리적으로 접근하는 상황에서 객관성을 확보할 수 있는지에 관한 능력치를 말하기도 한다. 이는 모든 기업에서 사회화가 잘 되어 있는 직원을 채용하길 원하는 이유다. 이러한 사회성을 측정하는 방법에 대해 늘 고민하고 연구하는 분야가 채용과 인사관리다.

수많은 개개인의 성향과 더불어 어떻게 발전해 갈지를 고민하는 사람과 그렇지 않은 사람 간의 차이는 크다. 성장 잠재력에 따라서 사회성을 발판으로 조직에 도움이 되는 사람으로 남을 수 있고 그렇지 않을 수도 있기 때문이다. 사회성을 갖춘 사람은 '나' 하나만을 놓고 조직을 보는 것이 아니라 다른 사람들과의 원활한 소통을 통해서 '너'의 존재를 인정한다.

X세대는 일반적으로 MZ세대가 사회성이 부족하기 때문에 가상공간에서 활동하는 것을 더 편안해 한다고 생각한다. 물론 '초개인화 MZ세대'와 '초조직화 X세대' 간의 중심축은 다를 수밖에 없다. 시대가 변하면서 개인의 성과를 위해 꼭 정해진 툴(tool)을 이용해야 한다는 고정관념이 무너지는 데는 이유가 있다. 문서를 보더라도 다양한 면을 강조하고자 하는 툴이 늘어나는 추세다. 말보다는 이메일이나 카카오톡으로 설명하고 자기들

끼리의 대화는 부장 몰래 메신저로 하는 모습을 주변에서 쉽게 볼 수 있다. 이러한 현상을 거부하기보다는 받아들이고 활용하는데 익숙해질 필요가 있다.

한국청소년정책연구원(2022)이 발간한 「코로나-19 시대 MZ세대의 사회성 발달 연구」 보고서에 따르면, MZ세대의 사회성은 X세대보다 더 높은 것으로 나타났다. 국민 5,271명을 대상으로 생활태도, 행동양식 등의 사회성을 측정한 결과다. 다양한 측면을 고려하더라도 MZ세대가 사회성이 높다는 결과에 아마 많은 사람이 의아해할 것이다. 보통 사회성이 낮아 사회생활을 잘 못할 거라고 평가받았던 것과는 정반대의 결과이기 때문이다. 이는 선입견에서 비롯된 잘못된 견해라고 할 수 있다. 반면에 X세대는 자신이 사회성이 높다고 말하고 있다.

기업에서 중역을 차지하고 있는 X세대의 '꼰대 기질'로 인해 각종 사건 사고가 발생하는 데는 원인이 여기에 있다. 자신들은 사회화가 잘 이루어져 있다는 생각으로 MZ세대를 보기 때문이다. 이제는 생각의 차이를 조금씩 좁혀 나가야 한다. 변화에는 내외부의 저항이 따르겠지만 시간을 갖고 오래 보면 된다. 늘 '자신이 옳고 상대의 말은 틀리다'고 믿는 '나'를 중심으로 돌아가는 세상이라도 '너'를 인지하고 받아들일 수 있어야 한다. 그리고 이것은 세대를 초월해야 한다. 결과적으로 '너'와 '나'의 존재를 인정해 가는 과정은 건강한 조직문화를 만드는 핵심 가치가 될 수 있다.

꽃가루 인생[5]

정치, 행정, 경영, 노동 그리고 사회를 통틀어서 하나의 일을 오랫동안 하다 보면 '꾼'이 될 수 있다. 이러한 꾼은 일 하나를 처리하더라도 전혀 힘 들이지 않고, 다른 사람의 성과물에 편승하려는 습성이 있다. '재주는 곰이 넘고 돈은 되놈이 받는 격'이다. 우리 앞에 있는 팀장은 부서 내에서 나름의 지위와 경력을 인정받아 팀장이라는 보직을 차지하고 있다. 그러나 중요한 결정을 해야 할 때는 마치 자신은 이 핵심 내용에서 주체가 아닌 듯 말하면서 역시 꾼의 면모를 보인다.

이러한 꾼은 '꽃가루 인생'의 전형이다. 이런 사람들은 보통 "글쎄, 당신은 어떻게 생각하세요?"라고 말하며 말끝을 흐린다. 말에는 초점이 없고 정확하게 어떻게 하라는 분명한 업무의 방

5) 꽃가루 인생 : 동료의 성과에 얹혀 지내며 장수하는 못난 직원의 유형

향을 제시하지 않는다. 좋은 일이든 나쁜 일이든 모든 결정의 테두리에서 말을 보태지 않는다. 그런 듯 아닌 듯 주변 사람이나 위 직급자의 결정에 은근슬쩍 묻어가는 그들은 가히 꽃가루와 흡사하다고 할 수 있다.

일본에는 "튀어나온 못은 망치에 맞는다."라는 속담이 있고, 우리나라에도 "모난 돌이 정 맞는다."라는 속담이 있다. 여러 나라에서 앞에 나서거나 가장 뒤에서 따라가는 사람들의 수명은 짧다고 말한다. 특히 한 국가의 축소판이라 할 수 있는 회사와 같은 조직의 정치적 배경을 보면 쉽게 이해할 수 있다. 자칫 잘못 나설 경우 모든 걸 책임질 수 있다는 점은 피할 수 없는 고민거리다. 은근슬쩍 묻어가는 업무처리 방식에서 사람들의 신뢰는 떨어지게 마련이고 시간이 흘렀을 때 그들 주변에는 아무도 남지 않게 된다. 문제는 이런 꽃가루 인생은 살아도 오래 살고 버텨도 오래 버틴다는 점이다. 말 그대로 생명줄이 길고 별다른 탈 없이 직장생활을 오래 한다.

꽃가루 인생은 MZ세대를 막론하고 모든 세대에게 존재한다. 자신의 주장이 강하고, 또 자신의 언행에 대해서 합리적인 해석의 논리를 갖추고 있는 MZ세대가 보기에 꽃가루 인생은 기피 대상 중 하나이다. 자신이 맞다고 말할 수 있는 논리력이 부족하고 남들 가는 데 끼어 타기에 급급한 모습은, 할 말은 하고 자신의 말과 행동에는 이유가 있다고 말하는 MZ세대와 상반되는 행동 양식이기 때문이다. 세대를 막론하고 꽃가루 인생을 달갑게 바라볼 사람은 아무도 없다.

개개인의 능력이 그 어느 때보다도 중요해지고 있는 시점이다. 개개인의 성향에 따라 자신의 인생목표까지 재설계할 수 있다는 점에서 자기 주도적 삶을 사는 사람은 자신감이 넘치고 주변에 좋은 사람이 많을 수밖에 없다. 이처럼 개인의 가치를 존중해 주고 자신의 가치를 만들어내기 위해 노력하는 시대는 없었다. MZ세대의 등장으로 사람의 가치를 평가하는 기준은 지금도 외부가 아닌 자신 내부의 행복함에 있기 때문이다.

완벽주의자

완벽함을 추구하는 완벽주의자와 꽃가루 인생은 확연히 구분된다. 완벽주의자는 늘 자신이 세운 목표를 이루기 위해 부단히 노력하는데, 자신이 원하는 결과가 나오지 않을 것 같으면 고민에 고민을 거듭하고 횟수에 상관없이 계속 수정한다. 이런 사람일수록 에너지 소모가 크고 심리적 위축감은 배가 되면서 부적응 완벽주의에 이르게 된다. 앞에 놓인 사안을 완벽히 해결하지 못하면 인정받지 못할 것만 같은 상황을 면하기 위해 자신을 심리적 마지노선에 걸쳐 놓는다.

어느 곳에서든 꽃가루 인생은, 있는 듯 없는 듯 자신의 실익을 적절히 챙기면서 무난하게 살아 간다. 자신의 의견은 최소화하면서 누군가가 앞서 나가면 그것에 편승하다가 적절한 타이밍에 빠져나갈 구멍까지 잘 만들어 놓는다. 이런 습성은 부서장이나 임원으로 승진하는 데 장점이 되기도 하지만 리더십을 보여줄 기회가 적다는 면에서 단점으로 작용하기도 한다. 반대로 완벽주의자는 장수하는 경우가 많지 않다. 앞에 잘 나서는 사람일수록 자신에게 쏠리는 화살의 양은 커지고, 그에 못지않게 가시적인 성과를 내야만 인정받을 수 있기 때문이다.

바로 이 점이 완벽주의자가 조심해야 할 부분이다. 다른 사람에게 좋은 평가를 받다 보면 실질적인 성과를 내야 한다는 조바심을 갖게 된다. '나는 잘해야 해', '이번 일을 실패하면 어떻게 하지?', '이번에 내 능력을 보여줘야 해'라는 생각이 온종일 자신을 지배할 가능성이 높다. 물론 완벽하게 업무처리를 하고자 하는 의식은 좋은 결과에 따라서 성취욕을 자극하고 성공을 위한 동기부여가 될 수 있다. 그러나 이는 잘되었을 때의 이야기다.

여러 종류의 완벽주의자가 있겠지만 대부분의 완벽주의자는 불안감을 늘 달고 산다. 머리가 아프고 우울증에 쉽게 노출되기도 하면서 부작용에 시달릴 확률이 높다. 완벽함을 추구하는 게 결코 나쁜 일이라고 할 수는 없지만 각종 실패에 대한 두려움이나 자신을 평가하는 사람의 눈높이에 들기 위한 과도한 자기 몰입은 오히려 실패의 확률을 높인다. 우리는 이를 경계해야 한다. 완벽주의자에 관해서는 다른 챕터에서 더 다루도록 하고 지금은 꽃가루 인생과 완벽주의자의 상반된 삶을 들여다보고자 한다.

꽃가루와 실력

S-player는 자신의 정신적 피해를 감수하더라도 높은 목표를 세우고 앞으로 전진한다. 때로는 비현실적인 목표를 달성하기 위한 노력하다가도 한계를 느낄 때마다 자신의 무능력을 탓하기도 한다. 멋지게 일을 해내지 못하면 사람들이 자신을 형편없이 바라볼 것 같은 심리적 불안감에 시달리기도 한다. 반면에 꽃가루는 팀에서 세운 목표를 달성하는 데 중책을 맡을까 봐 무척 걱정한다. 혹시라도 자신의 무능력이 드러나지 않을까, 자신도 할 수는 있지만 다른 사람이 이 부분에서는 더 강점이 있다며 자신은 빠지는 게 좋겠다는 핑계를 자연스럽게 펼쳐 놓는 재능이 있다.

그런 이들이 어떻게 조직에서 살아남는지는 알고 보면 그렇게 어려운 것도 아니다. 자신의 성공에 대한 목표를 낮게 잡고, 일의 성과는 돋보이지 않도록 중간쯤에 어중간하게 자리 잡고 있다. 여기에는 일 처리를 늘 나이나 직급으로 상대를 누르는 식으로 하거나 어중간한 실력자에게는 큰 일을 맡기지 않는 게 상책이라고 생각하는 윗사람의 안일함도 한몫한다. 결국, 발전하려는 노력이 부족한 그들과 협업을 통한 성과창출은 처음부터 기대하지 않는 게 좋다.

공직사회에 이런 꽃가루가 은근히 많다. 공무원이나 공공기관에 소속된 공직자들은 한 번 맡은 업무가 평생의 보직이 될 수 없다는 취지의 업무규정이 있다. 보통 2년마다 직무변경이 이뤄지다 보니 특별한 업무에서 전문성을 발휘하지 못하는 단점이 있다. 자신의 직무에서 최선을 다하거나 창의적인 아이디어를 제시하는 데 그 의미를 찾기 힘든 이유다. 공직사회에서 꽃가루들은 결재를 해야 할 때, 기존의 관례에서 벗어나는 내용은 승인하지 않고 그저 원래 존재했던 업무에 한정해서 결재하며 업무를 이어 나간다. 굳이 열심히 일한다고 하더라도 잘못하면 업무의 결과에 책임지게 될 수도 있다는 위험 감수가 이들의 발목을 잡기 때문이다. 사기업에도 꽃가루는 연차가 쌓일수록 늘어나고 임원 중에서도 그런 모습을 여과 없이 보여주는 경우가 있다.

IT벤처기업에서 기획업무를 맡은 신효임 주임은 청년취업정책 정부지원금을 기획하고 추진해서 성공했지만 정작 자신의 상급자인 한상진 부장이 회사로부터 칭찬받고 업무능력을 인정받는 모습을 보면서 속이 끓었다. 회사가 정책자금을 받을 수 있을지는 미지수인 상황에서 신 주임은 한 부장에게 일부 인사이동을 하면 수급자격을 갖출 수 있다는 아이디어를 제공했다. 실무를 진행한 주역도 신 주임이었다.

한 부장은 신 주임이 처음에 업무를 제시할 때부터 실무가 진행되고 정책자금을 수급하기까지 한 번도 자신의 의견을 제시하거나 도움을 주지 않았다. 그저 결재서류에 사인만 한 업무성과가 있다고 할 정도로 존재감이 없었다. 아마도 일이 잘못 되었다면 신효임 주임에게 원죄의 책임이 있고 한상진 부장에게는 관리책임 정도의 꼬리표만 붙었을지 모른다. 이처럼 "잘되면 나의 영도력이고, 잘못되면 나는 잘 몰랐다."라고 말할 준비가 된 꽃가루의 패턴은 늘 안정적이다.

종합해 보면 꽃가루와는 가능하면 업무를 깊게 논의하지 않는 게 좋다. 이들은 어떤 형태로든지 자신에게 돌아올 실수에 대한 화살을 피할 묘책을 늘 가지고 있다. 다시 말하면, 잘되면 자신의 성과고 잘못되면 전부 상대의 탓으로 돌릴 만한 논리력을 가지고 있다. 그렇다고 일을 진행함에 있어서 마주하지 않고 살 수 있는 게 아니라면, 가능하면 업무지시 내용을 기록해 두는 것도 한 방법이다. 회사도 사람들이 모여 신뢰를 가지고 함께하는 사회지만, 신뢰보다는 증거가 남아 있는 업무처리가 유용할 수 있기 때문이다.

봄꽃이 만연해지는 5월이 되면 꽃가루 인생도 전성기를 맞으려나. 우리는 어디를 가더라도 조직생활을 해야 하는 사회인이다. 다양한 조직만큼이나 다양한 사람들과 얼굴을 마주해야 하는 삶이다. 그만큼 그 꽃가루의 덫에 빠지지 않도록 주의해야 한다. 꽃가루에 대해서는 제3자에게도 언급하지 않는 것이 중요하다. 앞에서도 언급했지만 자신의 안위를 위해서는 수단과 방법을 가리지 않는 그들의 특성상 언젠가는 나를 상대로 불필요한 분쟁의 씨앗을 키울 수도 있고, 그러면 결국 손해 보는 건 내가 될 수 있기 때문이다.

MZ세대가 없는 MZ세대

아이러니하게도 우리가 MZ세대라고 부르는 청년 대부분은 정작 자신이 MZ세대라는 걸 모르고 있다. 굳이 세대를 나누어 직장 내 패턴을 분석할 필요는 없다고 하지만 여러 전문가가 MZ세대에 관한 정보와 견해를 쏟아내었다. 그러나 정작 학자들은 세대를 구분 지어 정의 내리는 걸 좋아하지 않는다. 일반적으로 세대 간에는 실제 차이가 숨겨질 수 있기 때문이다. 우리가 말하는 MZ세대는 몇 가지 특징을 지니고 있다고 판단한다. 예를 들어, 'MZ세대는 사회성이 낮다. 조직보다는 개인의 권리에 집중한다. MZ세대는 개인화된 세대다'라는 생각이 들 수가 있다.

앞에서 살펴보았듯이 'MZ세대는 사회성이 낮다'는 말은 우리의 선입견에서 비롯한 오류임이 드러나고 있다. 어떠한 근거를 가지고 사회성이 부족하다고 말하기보다는 젊은 세대는 당연히 그럴 거라는 기준점을 바로 기성세대가 세웠기 때문이다. 통념에 비추어 사실성이 부족한 근거라고 말할 수 있다. 전체적 맥락에서 MZ세대를 표현하기에 적당한 단어를 찾아본다면 '특이한 세대' 정도일 수 있다. 즉, X세대가 MZ세대를 평가절하하고 자신들과 구분 지어 기득권 유지에 활용한다고 볼 수 있다. 그 때문에 사회현상을 얘기하기 위해서 조심스럽게 접근해야 할 문제가 바로 세대 간의 차이를 정의하는 것이다.

우리가 지속적으로 관찰하고 발전시켜 가야 할 방향이 있다면 바로 '비상식의 상식화'이다. 많은 부분에서 모두가 똑같은 세대의 특징을 보이는 것만이 아니다. 세대를 상식에 대입해 본다면 서로는 극과 극일 정도로 차이가 있겠지만, 이 모든 것은 개인의 성향이지 세대의 차이라고 단정 지어 말하기는 어렵다.

"사회성이 좋지 않다."라고 말하는 X세대의 주장에 이의를 제기하는 MZ세대의 변은 이렇다.

"많은 부분에서 사회가 불합리를 합리화해 놓은 것뿐입니다. 불합리에 편승하지 않으려고 할 때면 사회성이 나쁘다는 프레임을 씌우기 바쁩니다."

다시 말하면, 객관적이거나 상식적이지 못한 사회 시스템이 문제이지, 그 안에서 합리적 사고를 하는 자신들을 '철이 없다'고 생각해서는 안 된다는 주장이다. 일리 있는 이야기다. 회사 입장에서 어렵게 사람을 뽑아 놓으면 조직원과 문제를 일으키고 퇴직하는 MZ세대를 쉽게 보게 되는 이유도 이러한 입장의 차이에서 비롯된다.

세대보다는 개인

저마다의 기억은 존중받을 만하다. 어느 정도 사회가 이뤄놓은 세대 간의 차이는 사실상 개인의 현실에 빗대어 보면 언제나 있었으므로 특별한 세대 차이라고만은 할 수 없다. 고대 벽화에도 '요즘 애들은 버릇이 없다'는 내용이 적혀 있다. 1900년대에 발간된 「독립신문」의 기사에서도 젊은 세대에 관한 이야기들이 나온다. 공통된 결론은, 지금의 젊은 세대도 '라떼'를 말할 때가 올 것이고 그때는 또 다른 젊은 세대와 차이를 경험하게 될 것이라는 점이다.

즉, 모든 세대가 서로의 차이를 완벽하게 이해할 수 없으므로 세대 차이를 인정할 수 있는 용기가 필요하다. 알고 보면 별것 아니라고 할 수 있는 MZ세대를 바라보는 X세대의 관점는 윗세대가 X세대를 봐온 시각이었고, MZ세대 역시 다음 세대를 바라보면서 서로를 이해할 거라는 데 해답이 있다. 서로 간의 다른 부분을 부각할 게 아니라 한 번은 겪어야 하는 시대의 흐름이라는 점을 이해하려고 하는 포용이 필요하다. 이것이 세대를 관통하는 공존을 위한 첫걸음이 될 수 있다.

최근 마찰의 핵심을 보면 세대 차이보다는 특별한 성향을 지닌 '개인'의 문제에서 비롯한 경우가 많다. 모든 사안을 특정한 세대의 특이점으로 바라보는 것은 지양해야 하는 이유가 여기에 있다. 다시 말하면, 세대의 문제로 단정 지어 보기에는 개인의 문제가 역시 많다는 사실이다. 사회에 진출한 지 얼마 되지 않은 MZ세대는 X세대가 보기에는 엉성하고 부족한 면이 많을 수밖에 없다. 그렇다고 해서 그것이 사회성이 부족하다는 정의를 내리는 데 기준이 되어서는 안 된다.

어려서부터 경쟁에서 이기는 방법에 몰두한 교육을 받은 MZ세대에게 사회는 그저 '자신의 말이 맞다'고 주장해야 하는 하나의 장(場)일 뿐이다. X세대는 경험이 많으니 아무래도 MZ세대가 하는 조직 내 행동 양식이 성에 안 차고 생각하는 범위가 좁아 보일 수 있다. 그러나 X세대도 자신의 젊은 시절을 생각해 보면 지금의 MZ세대를 이해하는 데 도움이 될 수 있다. 젊은 세대는 개인의 권리에 집중한다고 보는 것보다 이제는 이해의 시각을 가져야 한다.

다른 측면에서 본다면 MZ세대에 관해 구분을 지어 'MZ세대니까 그렇다'는 식의 선입견을 넘어서는 리더십이 필요한 이유다. 요즘처럼 각종 정보가 넘쳐나는 시대에 어느 매체에서는 "MZ세대는 호캉스 플렉스를 기꺼이 한다."라고 말하기도 하지만 어느 전문가는 "MZ세대는 중고거래의 활성화를 주도한다."라고 말하는 등 소비에 관해서 상반된 의견이 존재하고 있다.

이런 점에서 우리의 선입견은 그야말로 편견이라는 것이 어느 정도 사실로 확인되고 있다. 말 그대로 MZ세대를 정의해야만 한다는 사회적 압력에 의해 만들어진 함정이 아닌지 짚어봐야 한다.

당연한 것이 아닐 때

기성세대의 물질적 풍요로움 속에서 성장한 MZ세대는 시대의 혜택을 톡톡히 보았다. 그 어느 때보다 정치적으로 안정적(물론 상대적으로)이라고 할 수 있고 경제는 5,000년 역사 중에서 가장 좋다고 해도 과언이 아니다. 이런 환경에서 자신이 원하면 무엇이든 할 수 있는 기회도 사회 곳곳에 존재한다. 이들은 자신이 원하는 것은 언제든지 구매할 수 있는 구매욕을 가지고 있고, 명품이나 자동차에 관심이 많으며, 트렌드에 민감하게 반응하는 배경이다. X세대는 관광 위주로 여행을 했다면 MZ세대는 자유로움을 추구하며 진정한 여행의 의미를 즐긴다.

MZ세대의 일식(日食)집 감성이 남다른 이유도 여기에 있다. 카드빚 50만 원은 못 갚아도 1인당 20만 원이 넘는 오마카세를 먹으러 다니며 SNS에 연신 사진을 올린다. 골프장 그린피를 3개월 할부로 카드 결제 하더라도 골프는 꼭 쳐야 한다고 생각한다. 그렇다고 무조건 대책 없는 사람으로 볼 필요는 없다. 그저 지금 시간을 즐기기 위해서는 다른 무언가를 희생할 수 있다는 그들의 특징을 보여주는 사례일 뿐이다. 물론 무계획의 표본이 아닌가 하는 생각이 들 수 있지만, 그런 생각 자체가 굳이 그들을 이해하지 않으려는 꼰대의 성향에서 나온 건 아닌지 살펴봐야 한다.

'MZ세대는 이렇다'고 말하는 것은 쉬울 수 있다. 아무리 그렇다고 하더라도 세대를 구분 지어 그 차이를 극복해야 한다는 주문은 오히려 세대갈등의 원인이 될 수 있다는 점에서 조심스러운 접근이 필요하다. 우리가 바라보는 MZ세대의 키워드는 사실 내가 생각하는 구분의 차이를 오역해서 설득하려는 것이 아닌지 되돌아보아야 한다. 지금 독자가 읽고 있는 이 책도 마찬가지일 수도 있다. 그러나 조직이 동일한 목표를 가지는 데는 세대를 이해하는 게 중요하다는 측면에서 바라보면 좋겠다.

단순히 출생연도나 성장한 시대적 배경과 세대차이로 사회성을 판단하거나 조직 내 영향력을 측정하는 것은 결코 쉬운 일이 아니다. 세대의 특징을 단순한 키워드로 요약해 버리면 사람들은 그것에만 몰입하게 된다. 그래서 모두가 비슷하게 인지하고 있는 사회적 흐름이 있다 하더라도 세대를 바라보는 정보의 기준은 늘 유연해야 한다. 세대를 나누어 서로를 이해하고자 하는 일은 바람직하겠지만 이것이 다양한 세대를 몇 개의 카테고리에 가두는 편견으로 이어지지 않아야 한다. MZ세대와 X세대의 차이가 없을 수는 없다. 그렇더라도 조직이나 우리가 살아가는 사회가 발전적으로 나아가기 위해서는 서로의 다름을 존중해야 한다. 궁극적으로 개인은 각자의 사고를 하고 자신이 알고 있는 영역을 중시하여 이를 지키려는 습성이 있다는 것을 인정하는 것이다.

다른 사람의 주장을 받아들이는 게 어느 세대든 쉬운 일이 아니듯 누군가를 이해하는 데 있어 세대가 다르기 때문에 발생하는 차이도 작지는 않다. MZ세대는 왠지 모르게 조직에 충성하지 않을 것 같고 계속 정당성을 가장한 요구만 할 거라고 느껴진다. 반면에 온종일 격무에 시달리다가 저녁에 나누는 소주 한 잔으로 하루를 이겨낸 시절을 겪은 X세대는 "회식합시다!"라는 말도 꺼내기 힘들어한다. 엄밀히 말하면 퇴근 후의 일정은 개인화가 강한 MZ세대에게는 '자기 시간을 빼앗는 행위' 정도로 인식될 수 있기 때문이다. 그러나 실제는 그렇지 않은 경우가 많다. MZ세대는 회식을 기피하고, 직장 내에서 주어진 최소한의 업무만 한다고 하지만, 사실 합리적이고 합당하다면 그들도 수긍한다.

MZ세대는 없고 MZ세대라는 이름 뒤에 숨어서 개인화된 사고를 관철하려는 이기주의자가 늘고 있는 이유가 바로 여기에 있다. 이들은 종종 사회가 정의한 키워드 뒤에 숨어 버린다. 자신의 이기심을 채우기 위해 이 키워드를 활용하는 사람이 여기에 해당된다. 반면에 'MZ세대는 원래 이렇다'는 편견에 쌓인 기성세대도 자신의 주장을 합리화하기 위해 MZ세대를 활용하려는 것을 경계해야 한다.

관행이나 K-직장문화 자체를 문제가 많아서 무조건적으로 고쳐야 하는 혁신의 대상으로만 여기는 것은 곤란하다. 물론 예전 기억에 매몰되거나 3세대 괴롭힘과 같은 가해성 행위를 하는 상사는 바뀌어야 한다. 다만 MZ세대가 바뀌어야 하는 것도 적지 않다. 오랜 시간 이뤄 놓은 성과와 그 속에서 만들어진 K-직장문화도 우리 사회를 지켜온 자산일 수 있기 때문이다. 이것이 MZ세대가 개인에게 손해가 발생한다고 생각될 때 자신의 입장에서만 옳고 그름을 따져서는 안 되는 이유다. 그들 또한 한 발 물러서서 다른 세대를 이해하려는 자세를 가져야 한다.

병가는 제2의 휴가

모든 국민은 아프면 쉴 권리가 있다. 아마도 "뭘 이렇게 당연한 얘기를 할까?"라고 물을 수 있는 이 권리에 관한 문제는 요즘 정말 핫한 직장 내 다툼의 원인이다. 자신의 안위를 감당하고 나서야 회사도 존재하고 생산활동과 경제활동을 할 수 있다는 주장은 일리가 있기 때문이다. 물론 회사 내에서도 마찬가지다. X세대는 쓰러지는 일이 있어도 회사에 출근은 해야 한다고 생각했다. 뼛속까지 조직을 위해 헌신하는 모습이 일 잘하는 사람의 기본 자세로 여겨졌기 때문이다. 그러나 세대는 변했고 2000년대생이 사회로 유입되는 오늘날, 개인의 삶도 건강과 관련해서는 전적으로 자기 우선주의에서 바라보고 해결해야 한다.

G 건설회사 품질관리부에 입사한 지 10개월밖에 안 된 박준혁 씨는 월요일만 되면 병가를 낸다. 겉으로 보면 멀쩡해 보여서

도 그렇지만, 매번 같은 요일에 반복적으로 내는 병가는 의심할 수밖에 없다. 처음에 한두 번에서 그칠 줄 알았는 데 끊이지가 않는다. 벌써 다섯 번째 병가를 상신하고 팀장의 결재를 기다리고 있다. 유재식 팀장은 처음에는 정말 아플 거라는 생각으로 결재했는데 이제는 두고 볼 수가 없었다. 유 팀장은 최소한의 확인은 해야만 했다.

"박준혁 씨, 당신 월요병이야? 월요일만 되면 몸이 저절로 아파? 겉은 멀쩡한데 속은 곪은 거 아니야?"

"아파서 그렇습니다. 회사 규정에는 병가 규정이 있어서 그대로 쓴 건데요."

"준혁 씨, 안 되겠어. 진짜 아픈 건지 확인해야 하니까. 화요일에 출근할 때 진단서 가지고 와."

유 팀장은 회사 취업규칙을 들여다보았다. 연간 60일 병가를 사용할 수 있고, 6일 이상 병가는 의사의 진단서를 첨부해야 한다고 명시되어 있다. 이 기준을 달리 보면 5일까지는 진단서 없이도 유급병가를 언제든 쓸 수 있다고 해석할 여지가 있다.

유 팀장은 자신이 혹시라도 병가 때문에 꼰대가 되는 게 아닌지 걱정하면서 마지못해 병가를 조건부 승인했다. 그리고 화요일이 되자 박 씨는 진단서 대신 직장 내 괴롭힘으로 유 팀장을 신고했다. 결국 이렇게 될 줄 알았다. 유 팀장은 속이 울렁거리기 시작하고 쓰라림을 느꼈다. "자신이 아프다고 하면 그냥 병가를 승인해 줘야 하는 건가?"라는 스스로의 질문에 나름의 답을 내린 게 전부였을 뿐인데 말이다. '조직 내 관리 책임이 있는 리더가 의심스러운 일을 확인하고자 하는데 직장 내 괴롭힘이라니…' 유 팀장은 억울함을 넘어 분노할 수밖에 없었다.

팀장의 역할에서 중요한 부분 중 하나가 직원의 근태와 성과 관리이다. 자신의 능력으로 팀의 업무 성과를 높이는 것도 중요하지만, 가장 중요한 부분은 팀원들이 원활하게 일하고 소통하여 공통의 목적을 향해 팀의 성과를 높이는 것이다. 그런 팀장이 매주 월요일마다 병가를 쓰는 직원을 보며 어찌할 방법이 없다는 건 회사에 구조적 문제가 있다는 방증이기도 하다.

사실 박준혁 씨의 입장에서 유재식 팀장은 꼰대일 뿐이다. 팀장은 병가 규정을 악용한 박 씨를 계도하겠다는 생각이었겠지만, 결국 계도는커녕 직장 내 괴롭힘의 피신고인이 되어 버린 걸 보면 알 수 있다. 그렇다면 팀장의 입장에서 박준혁 씨는 어떤 사람일까. 그저 회사의 병가 규정의 취약한 부분을 악용한 직원일 뿐이지 않을까. 그것도 입사한 지 10개월밖에 안 되고, 수습 딱지가 떨어진 지 몇 개월이 지나지도 않은 사회 초년생이라는 사실을 생각한다면 그냥 지켜만 보는 것도 이상하다.

하나를 보는 두 개의 시각

B 게임개발사는 전 직원이 500명 안팎인데 대부분이 MZ세대다. 그중에서 매달 10명 이상이 병가를 사용한다. 한 번 쓸 때마다 7일로 대부분 비슷하게 병가를 내는 데 경영진은 골머리를 앓고 있다. 가뜩이나 인건비가 오르고 경영환경이 좋지 못한 상황에서 직원들은 아랑곳하지 않고 병가를 쓴다. 또 어디가 얼마나 아픈지 가늠하기 어려울 정도로 같은 부서 내에서도 돌아가면서 병가를 사용한다. 대표이사는 경영본부장을 불러 병가를 더는 못 쓰게 하고, 직원이 정말 아파서 쉬는지 철저하게 조사해서 해결방안을 모색하라는 업무지시를 내렸다. B 회사의 취업규칙에는 이런 조항이 있다.

취업규칙 제19조(병가)
① 직원이 업무 외 부상, 질병 등으로 인하여 업무 수행이 곤란하여 7일 이상의 요양이 필요하다는 진단서(또는 소견서)를 제출하는 경우 회사는 1회 30일 한도, 연간 총누계 90일의 범위에서 15일의 유급병가를 인정한다.

경영환경이 좋았을 때, 직원의 선의를 믿고 조합과 합의하여 경영기획본부장이 추진해서 바꿔 놓은 규정이었다. 규정대로 한다면 의사의 진단서도 아닌 소견서 제출만으로도 15일의 유급병가가 확보되고 그것도 7일짜리로 나누어 쓸 수 있다고 볼 만한 규정이다. 사실상 유급휴가가 보장되는 제도라고 볼 수 있다. 누구라도 병원에 한 번 가서 소견서나 2주짜리 진단서를 받아내는 건 그리 어려운 일이 아닌 세상이라는 점을 간과한 오류라고 보는 게 맞을 수 있다.

어쩌다 이런 취업규칙을 만들 생각을 했는지, 누가 보면 잉여자금이 많은 회사라고 할 수도 있고, 아니면 직원 복지가 정말 좋아서 보고 배워야 하는 좋은 회사라고도 할 수 있다. 그러나 팩트만 놓고 본다면 이 회사의 직원들은 병가 규정을 들어 유급휴가처럼 악용하고 있다. 알다시피 한 번 정해 놓은 취업규칙을 직원에게 불리하게 개정하려면 전 직원 과반수의 동의를 얻어야만 한다. B 회사는 시도조차 하지 못하고 있다. 직원들이 이미 적극적으로 활용하고 자신들 입장에서 꼭 필요한 조항을 불리하게 바꾸는 데 동의할 직원은 사실상 없기 때문이다.

병가 제도만 놓고 본다면, 직원은 자신의 권리를 찾아가는 것이고 팀장은 팀 단위의 직원을 관리하는 입장이다 보니 하나의 규정을 보더라도 다른 해석을 하게 마련이다. 여러 직장 내에서 발생하는 세대 간 갈등의 요인은 각자의 처지에 대한 깊은 성찰이 부족하기 때문이다. 사원은 사원이 보는 시각 내에서만 요구하고, 중간관리자나 임원도 자신에게 보이는 정도에서만 해석한다. 물론 그 보이는 시각과 느끼는 감정을 늘려야만 하지만 그게 쉽게 되는 게 아니다. 조직의 규정과 관행이 현행에 맞는지 늘 모니터링을 하고 개선점을 찾아야 하는 이유다.

약점을 파고드는 기술

회사는 특화된 기술이 업무의 성격에 맞는지, 원만한 소통 능력을 지녔는지를 중심으로 적합한 사람을 선발하여 부서에 배치한다. 그만큼 인간관계가 조직에 미치는 영향은 지대하다. 오죽하면 한때 사회생활의 가장 중요한 키워드로 인간관계가 선정되었을까. 서점에 가면 관계를 어떻게 하면 좋게 하고, 자신의 이익을 취할 수 있는지에 관한 책이 즐비하다. 회사는 소통의 중요성을 강조하면서 인간관계도 회사의 목표를 달성하는 데 필요한 기본 가치라고 본다.

가장 어려우면서도 가장 중요한 사회생활의 기능이라고 할 수 있는 '인간관계'가 좋으면 삶의 가치를 높일 수 있고 좋은 영향을 주지만, 그렇지 않은 사람은 늘 부가적인 고민을 하며 시간을 보내게 된다. 누군가와 좋은 관계를 유지하는 것 뿐만이 아니라 잘못된 관계라는 걸 알아가는 것도 중요하다. 사람들은 대체로 지금 자신이 맺고 있는 인간관계가 옳고 정상적이라고 생각하고 그 관계를 공고히 하려는 습성이 있다. 하지만 일반적 시각에서 보면 옳지 못하고 사회적으로 문제를 일으킬 게 분명한 잘못된 관계도 있다.

정부, 병원, 학교, 사기업 등 이 모든 조직은 누군가의 직장이라는 공통점이 있다. 혼자서 존재하는 나만의 직장이 아닌 누군가와 함께해야 하는 이 공간에서 우리는 주당 40시간(일반적인 조직 기준)을 나와 전혀 다른 성향의 사람과 조직의 목표를 위해 어울려야 한다. 함께 있는 것만으로도 스트레스인 사람이 있다면 얼마나 힘들겠는가. 특히나 K-직장문화의 핵심은 조직에 대한 오랜 헌신이라고 했으니 말이다.

카네기공대에서는 사회에 진출해서 일반적으로 성공했다고 평가 받는 졸업생을 추적 조사한 결과를 발표했다. 그들이 성공할 수 있었던 가장 큰 요인은 무엇이었을까. 성공요인으로 자신이 가진 지식·기술을 지목한 사람은 15%에 불과했고, 85%가 '인간관계'를 꼽았다. 보통은 자신의 업무능력을 사회나 조직에서 성공하는 데 가장 중요한 요소로 생각할 수 있다. 그런데 실제로는 사람과의 관계 형성이 성과를 내고 성공으로 이끌어주는 현실적인 능력이라는 것을 우리 주변에서도 자주 확인할 수 있다.

사람을 보는 눈은 대부분 비슷하다. 함께하고 싶고, 생각을 나누고 싶은 사람이 있는가 하면, 깊은 것을 털어 놓으면 무언가

약점을 잡힐 것 같은 사람이 늘 동시에 나타난다. 이때 우리는 시야가 탁해지면서 선입견에 사로잡혀 한 치의 진도도 나가지 못하는 불편한 인간관계를 보게 된다. 그래서 필요한 게 있다면 늘 열린 마음으로 편하게 사람을 대하려는 자세가 아닐까 싶다. 이런 자세를 지닌 사람은 어떤 사람을 만나더라도 표정과 언행이 한결같고 진지한 태도를 보인다.

대개 조직에서 리더나 상위 관리자에게 인간관계의 비중이 상대적으로 높다는 것은 수긍할 수 있다. 입사 초기에는 담당업무와 관련된 지식과 기술이 우선이지만 점차 중요한 직위로 올라갈수록 대인관계의 비중이 높아진다. 직급이 낮을 때의 주변 사람은 주로 부하 직원이나 상사 정도이다. 하지만 직급이 올라갈수록 다른 관계 부서는 물론이고, 조직 외부의 기관, 공직자일 경우에는 국회, 의회, 언론, 시민단체 등 다양한 공식·비공식 외부 조직과 협력해야 할 일이 많아지기 때문이다.

함께 일하고 싶은 사람

내가 알고 있는 지식이 삶의 전부인 양 자신의 이야기에 매몰된 사람을 쉽게 볼 수 있다. 그들이 늘 자신이 성공한 삶의 이야기나 이전 직장에 대해서 늘어놓기 바쁜 이유는 지금 놓인 상황에 자신이 없으므로 예전의 성공적이었던 몇 가지 사례로 지금의 상황을 이해시키려고 하기 때문이다. 일종의 고집을 부리는 이런 꼰대들은 남의 이야기를 귀담아듣지 않는다. 자기가 하고 싶은 이야기를 하기 위해서 경청이라는 보기 좋은 말로 포장한다.

자기를 중심에 둔 자신감으로 보일 수 있지만 사실은 그 반대다. 예전에 자신이 잘 나갔고 또 좋은 경험이 있다고 하더라도, 또 다른 사람의 충고를 듣지 못하는 것이 회사 생활뿐만이 아니라 인생까지 실패하는 지름길임을 모르는 이는 없다. 자신을 믿는 게 나쁘다고 말할 수는 없지만 남의 말을 무시하고 새겨듣지 않는 사람은 비생산적인 사람의 전형이다. 이렇게 자신이 해야 하는 일도 누군가를 시켜서 해결하려고 하고, 자신의 단점을 지우기 위해 탄탄한 고집으로 무장한 사람들의 공통점은 주변에 사람이 없다는 점이다.

누구나 한 번쯤 자신의 삶에서 황금기를 거치지 않는 사람은 없다. 지금까지 없었다면 언젠가는 겪게 된다. 그게 희미하거나 크기가 작더라도 한 번이나 여러 번 거치게 된다. 나에게는 그런 일이 없었다고 말할지는 모르겠으나, 그 당시에는 몰랐던 게 시간이 한참 지나서야 그 시간에 얼마나 소중했는지 알게 되기도 하고, "다시 돌아갈 수만 있다면 얼마나 좋을까!"라고 하며 후회로 시간을 보내기도 한다. 그때는 몰랐지만 알고 보면 좋았던 시간을 우리는 보내며 살아갈 수 있다.

이직을 하거나 자신의 성과에 충분한 보상을 받는 사람은 누군가와 업무를 하면서 자신의 경험이 최고의 선택이라고 착각하는 빈도가 높아진다. 사람은 자신이 알고 있는 만큼만 보이는 경향이 있기 때문이다. 따라서 자신이 경험한 걸 맹신하게 되고 그것의 한계 때문에 상황을 읽어내는 시야는 좁아질 수 있다. 그래서 다양한 경험과 함께 새로운 도전을 하는 사람에게 한 차원 높은 수준의 결과물이 따라오기도 한다.

라떼를 말하는 이들의 특징은 변화에는 무디고 시간만 나면 옛이야기를 꺼내 든다는 점이다. '그리운 기억의 발현'이라고 하기에는 너무나도 의도적으로 자신의 경험치를 자랑하는 거라고 할 수 있다. 자신의 지위 때문인지 지금의 상황을 받아들이는 데에도 인색하다. 지금과 과거의 일을 비교하다 보면 머릿속은 복잡해지고 지금의 판단이 잘못된 것처럼 느껴지는 착시현상이 발생하기 때문이다. 이때 현실을 있는 그대로 바라보는 눈은 사라지고 지금의 잘못된 부분만 크게 보이며 앞으로 나아갈 동력을 잃게 만든다.

조직이 추구하는 공통의 목표를 보면 대부분이 큰 차이가 없다. 사회복지 법인이라면 사회복지의 사각지대를 발굴하고 개선하는 것이 목적일 수 있다. 주식회사에서는 금전적 이익이 존재의 이유이다. 생산된 제품을 일정한 이윤을 붙여서 최종 소비자에게 판매하는 기업을 예로 들면, 회사는 그 회사가 존재하는 목표에 맞닿아 있는 업무능력을 갖춘 사람을 필요로 하는 게 일반적이다. 그러나 실제 회사는 그런 사람을 필요로 하지 않는다.

보다 정확하게 말하면, 임원이나 관리자 자신에게 도움이 될 사람이 필요한 것이지, 이 회사를 위해 일하는 사람을 필요로 하는 게 아닐 수도 있다.

조직에 필요한 사람인지 아니면 자신이 일하는 공간의 다른 구성원에게 필요한 사람인지를 구분 지을 수 있더라도, 어떤 사람을 서로 원하고 있는지는 밝히지 않는다. 이것이 바로 인간관계가 중요한 이유다. 실력과 능력을 겸비했다고 하더라도 조직을 구성하는 사람과의 관계가 원활하지 않을 경우에 발생하는 부작용은 실력만으로 해결하기 힘들기 때문이다. 이는 요즘같이 MZ세대가 회사의 중심축으로 급격히 이동하는 시대에도 통용되는 이야기라고 할 수 있다.

인간관계의 허상

누구나 인생에서 극적인 상황을 꿈꾸기도 하고 때로는 그 꿈 때문에 하루를 버틸 수 있는 용기를 얻기도 한다. 우연히 지나는 길에서 구매한 로또 복권이 1등에 당첨되는 상상을 하기도 하고, 지하철 계단에서 무거운 짐을 들어준 할아버지가 알고 보니 대기업의 회장님이라서 얼마 후 나를 채용해 주는 상상을 안 해본 사람은 없을 것이다. 물론 좋은 일이 벌어지기를 기대하며 하는 선의의 행동은 위선에 가깝겠지만, 재미있는 상상을 하며 선행을 베푸는 것은 해볼 만한 일상의 즐거운 행위이다. 그런 측면에서 보면, 역시나 상황은 쉽게 바뀌지 않듯이 사람과의 관계도 극적으로 변하지는 않는다.

졸음이 몰려오는 오후, 한번은 같은 부서의 김성준 과장이 면담을 신청했다.

"팀장님, 오늘 저녁에 뭐 하세요?"
"아니, 특별한 일은 없어. 왜?"
"인간관계가 너무 어렵습니다. 친구가 뒤에서 내 흉을 보는 거 같아요. 친한 친구인데 어떻게 얘기를 해야 할지 모르겠습니다."

그렇게 나는 김 과장과 곱창이 익어가는 테이블에 둘러 앉아 소주 몇 잔을 나눠 마셨다. 긴장이 풀려갈 무렵 김 과장이 그동안 쌓여 있던 개인 이야기를 털어 놓았다. 이러한 고민은 자주 접할 수 있는 유형이었기 때문에 나는 단호할 필요가 있었다. 이야기를 끝까지 듣고 나는 이렇게 말했다.

"김 과장, 내 얘기 잘 들어. 이제부터는 그 친구를 친구라고 생각하지 마."

인간관계는 잘 지낼 수 있는 사람과 잘 지내면 그만이다. 모든 사람과 좋은 관계를 가질 수도 없고, 많은 사람에게 좋은 사람으로 남으려고 애쓰지 않아도 된다. '좋은 사람 증후군'에 감염되면 결국 남는 건 내 안의 상처뿐이다. 아슬아슬한 관계에 놓여 있다면 일이 더 커지지 않도록 하고, 나를 험담하는 사람은 나의 더 큰 적으로 악화되지 않도록 관리가 필요하다. 때로는 MZ에게서 쉽게 볼 수 있는 모습이다. 즉문즉답이 오히려 편한 MZ세대는 인간관계 역시 실행 가능한 수준에서 맺어가는 경우가 많다.

다양한 사람이 인간관계의 어려움을 호소한다. 제아무리 잘하고 있는 것처럼 보이더라도 속은 타들어 갈 정도로 어려움을 겪는 이는 적지 않다. 그렇게 속앓이를 하다가 이겨내지 못하고 그저 그 상황을 벗어나기 위해 퇴직을 선택하는 경우가 늘고 있다. 정면으로 상황에 맞서 이겨 나가기보다는 순간을 피하면 모든 게 해결되기 때문이다. 조직문화가 안정적이지 못한 곳일수록 '조용한 퇴직'을 준비하는 사람이 줄을 서는 이유는 간단하다. 당장은 누구인지 모르겠지만 금이 간 강둑이 순식간에 무너지듯 썰물처럼 직원이 빠져나가는 시기가 찾아오게 마련이다.

사람들이 밀물처럼 들어오고 썰물처럼 빠져나가는 모습을 보는 것만으로도 우리는 불안정한 회사 생활을 하게 된다. 왜 사람들은 하루가 멀다 하고 조용히 빠져나가는 직원들의 뒷모습을 부러움 섞인 모습으로 바라보게 되는 걸까. 대부분의 퇴직자는 다른 회사로 좋은 조건으로 대우를 받으며 이직한다. 물론 잘 준비된 자기 사업을 확장하기 위해 퇴직하는 사람도 있겠지만, 대부분은 이직으로 자신의 가치를 증명해 낸다.

알 만한 사람은 다 아는 비밀, 아무리 목까지 차오르더라도 퇴직과 관련한 이야기는 가장 친한 사람에게도 하지 말아야 한다는 점이다. 일에 대한 열정이 식었기 때문에 함께 일하기 어려운 사람이 되어버렸다는 뜻이기 때문이다. 늘 그렇듯 굳이 하지 않아도 되는 말로 발목을 잡히곤 한다. 언제 나갈지도 모른다는 말을 평소에 스스럼없이 하는 사람과는 많은 걸 나누는 게 거북할 수밖에 없다. 그래서 대부분은 옮길 자리가 생겼을 때 그리고 사직서를 제출할 수 있을 때 퇴직하는 게 아닐까.

관계에서의 소통은 어떨까. 가끔 우리는 서로 문제가 있다고 생각하면 어떻게든 풀어보고 싶은 마음에 허심탄회한 대화를 시도한다. 이런 행동은 정말 주의해야 한다. 이미 잘못된 관계를 복원하고 싶은 마음으로 속마음까지 나누었더니, 결국에는 약점이 되어 자신을 괴롭히는 경우가 오히려 많기 때문이다. 상대를 믿지 못해서 그랬다기보다는 마음이 안 맞는 상대와 함께하는 게 힘들어서 그랬다고 보는 수밖에 없다. 크게 보면 인간관계는 애당초 손해도 없고 그렇다고 대단한 관계도 없는 법이다. 그러니 앞으로 잘 지내야 하는 사람과 잘 지내는 데 힘을 쓰면 좋겠다. 요즘 애들처럼 말이다.

3요 주의보

여성이 제일 싫어하는 것 중의 하나가 남자들이 군대에서 축구한 얘기라는 말이 있다. MZ세대는 군대 이야기 자체를 성차별적 발언으로 받아들일 수 있기에 조심하는 분위기다. 한편으로는 새로운 세계의 이야기라는 식으로 흥미롭게 받아들이기도 한다. 군대에 간다고 하더라도 쿨하게 입대하는 그들이다. 국방의 의무를 지고 있는 남성의 입장에서는 다소 억울한 면이 있는 그리고 자신의 세계에 관해서 조금만이라도 이해해 주기를 바라는 서운한 마음이 들 수 있는 부분이다.

어차피 동창이나, 친구 그리고 오빠나 동생이 가게 될 군대, 나중에는 결국 자신의 아이가 입대하는 경우까지 합한다면, 넓은 의미에서 입대는 우리 사회 공통의 주제가 된다. 그런 곳에서 우정을 나누고 전투를 차용한 축구 이야기를 재미 없다고만 할 수는 없다. 알 만한 사람은 다 알듯, 군대에서 사용하는 언어는 사회의 언어와 많이 다르다. 이른바 '다, 나, 까(2016년부터 '요'자도 사용)'로 끝나는 용어인데, 처음 접하는 사람에게는 쉬운 문제가 아니다. 회사라고 다르지 않다.

C 유통기업 품질관리부 한용진 팀장은 김재원 사원을 불렀다.

"김재원 씨, 이 보고서 라인을 칼같이 잘 맞춰서 내일 오전 11시까지 나에게 보고해 줘."
"네? 제가 왜요?"

부서 내에서 일 잘하기로 소문난 한 팀장은 같은 팀원인 김재원 씨의 대답에 놀란 기색이 역력했다. 김재원 씨의 간단명료한 답변에 한 팀장은 "그래, 내 얘기를 잘못 들었겠지. 실수할 수 있는 거야."라고 혼자 씁쓸한 미소를 지으며 다시 한번 설명하며 말을 이었다. 제발 "알아들었습니다."라고 말해 주기를 기도하면서 말이다.

"재원 씨, 숫자를 중심으로 하고 전년도 통계를 월 단위로 넣은 내용으로 내일 11시까지 보고해 줘."
"네? 제가 그걸요?"

이번에도 나름 짧다면 짧고, 의미를 담았다면 다 담았을 만한 대답이 돌아왔다. 한 팀장은 가슴속 깊은 곳에서 뜨거운 무언가가 올라왔지만 어금니를 꽉 깨물 수밖에 없었다. 여기에서 잘못 치고 나갈 경우에는 부하 직원 관리능력이 부족하고 리더십이 약한 모습으로 비칠 수 있다. 더욱이 목소리가 커지면서 다른 사람들의 이목이 집중되고 결국 자신의 역량 부족으로 비칠 수 있기 때문이다. 한 팀장은 다시 한번 숨을 깊이 들이마셨다. 그리고 이렇게 말했다.

"내가 지금 해야 하는데 시간이 없고, 너는 지금 크게 바쁘지 않고, 당신은 내 부하 직원이니까 내일 11시까지 나에게 보고해 줘. 알겠지?"
"네? 제가요?"

뭐라고 형용할 수 없는 이야기가 전개되고 사건이 해결되지 않을 정도로 시간이 정체된 듯했다. 전형적인 3요 어택(attack)이다. 많은 미디어에서는 MZ세대가 3요를 쉽게 말할 것처럼 이야기하지만, 말이 그렇지 이렇게 대놓고 "왜요?"라고 말할 수 있는 사람이 얼마나 될까라고 생각할 수 있다. 한 팀장도 MZ세대라고 해도 이렇게까지 3요가 입에서 술술 나올지 몰랐다. 대부분의 사례는 형식만 약간씩 다를 뿐이지 사회에서는 알게 모르게 이런 일이 자주 일어난다. 3요가 젊은 세대를 중심으로 일의 명확성을 확보하는 데 필수요소로 이미 자리 잡은 건 사실이다.

이런 일이 왜 일어날까. 단순히 세대차이가 업무현장에서 발현되는 것일까. 나는 그렇게 생각하지 않는다. 우리는 이미 다양한 세대가 한데 모여 하나의 목적을 두고 조화롭게 그리고 '우리'라는 하나의 공동체 의식을 가지고 지금의 경제적 부를 이룩한 경험이 있다. 기성세대는 기업문화라고 할 것도 없이 지금 당장 회사의 이익만이 자신에게도 도움이 된다고 믿었다. 시키면 시키는 대로 하고 안 되는 일도 되도록 해내야 했던 시대적 · 사회적 필요성은 경영진의 의도에 따라 직원들을 일관성 있게 움직이게 했다.

막 사니 행복해

S 전자에 5년간 다니다 퇴사한 30세 최인성 씨는 최근에 편의점에 취업했다. 대학교를 졸업하고 곧바로 취직해서 정신없이 일에 매달려 왔는데 정작 자신을 챙길 여유가 없었기 때문이다. 적당히 벌고 하고 싶은 것 마음대로 할 수 있는 자유의 몸이 된 것이다. MZ세대에게 직업이란 단순히 돈이라는 수단을 위해 잠시 머무르는 곳이라는 생각이 자리 잡혀 있기 때문이다. 요즘처럼 취업을 포기한 청년도 굳이 직업을 찾아 시간을 할애하기보다는 현재 수준에서 자신의 생활과 마음이 편하다면 그만이라고

생각한다. "막 살기로 했더니 행복해졌다."라고 말하는 그들이 이해된다.

X세대로 기업의 중심축이 이동하는 시기에, 회사도 중요하지만 자신의 삶도 중요하다는 걸 깨닫게 된 큰 이유는 아마도 먹고 살 만해졌기 때문이 아닐까. 주말이면 삼겹살 파티 정도는 할 수 있는 직장인이 늘어났고, 해외여행을 한 번도 안 가 본 직장인이 없을 정도의 여유가 생기면서(보통의 경우) K-직장문화의 중심축은 MZ세대로 빠르게 이동 중이다. 서울시와 같은 공공영역이나 삼성과 같은 주요 기업의 직원 중에서 MZ세대의 비율이 60%에 육박했다는 점은 그러한 변화가 이미 시작되었음을 방증한다. 남과 비교하는 데 익숙한 그들에게 중요한 직장관은 자신이 왜 그 일을 해야 하는지 그 이유가 납득될 때 능력을 발휘한다.

한 달을 일하고 일한 만큼의 월급을 받으면 된다는 생각을 가진 그들이다. 일종의 '월급제' 직원의 재등장이라고 할 수 있다. 조금 더 명확히 말하면, 우리 신체가 직장에 있는 동안의 시간과 기능을 돈으로 환산한 것이 바로 월급이다. 비정규직과 정규직 구분에 매몰되었던 X세대에게는 보이지 않는 부분이 여기에 있다. MZ세대는 직장을 은퇴할 때까지 일할 곳이 아닌 지금 자신의 경제적 필요를 위해 잠시 머무는 곳으로 생각한다.

물론 모든 세대를 통틀어서 돈을 벌기 위해 직장을 다니는 것은 비슷하다. 다만, X세대는 지금의 일을 하나의 교환가치로만 여기지 않았다. 승진에 필요한 성과물을 내기 위해 과도한 노력을 기울였다. 이 부분이 MZ세대와 다른 점이다. 실제로 중앙부처의 MZ세대 공무원은 국장님을 복도에서 마주쳐도 인사하지 않고, 회식 참여 여부를 묻는 질문에 카카오톡으로 답을 보내고 나타나지 않는다. 사실 정부 M 부처의 3급 부이사관 고위공무원은 "요즘은 성공하기가 이전보다 쉬워졌습니다."라고 말한다. 뭐든 열심히만 하면 다른 직원보다 돋보이는 건 시간 문제라는 의미였다.

그만큼 MZ세대는 내가 노력한 만큼의 대가를 정당하게 요구할 줄 알고 또 옆 사람과 끊임없이 비교한다. 물론 자신만의 기준을 두고 있을 뿐 남의 눈치를 보는 게 아니라고 말할 수 있다. 그러나 블로그, 페이스북, 인스타그램과 같은 SNS를 보면 자신을 봐 달라는 희망 섞인 요구가 그 어느 때보다 강한 건 사실이다. 오랜만에 떠난 해외여행에서 혼자만의 시간을 즐겼다고 하더라도 이를 증명할 수 있어야 한다는 강박으로 다양한 사진은 올려서 수많은 팔로워에게 전달한다.

그런 이들에게 목적만 던져주고 나머지는 알아서 잘해 오라는 식의 업무지시는 잘 통하지 않는다. 무엇을 왜 어떻게 해야 하는지 사실상 이전 세대가 느끼는 일의 전부를 알려 주어야 과제를 완성해 낼 수 있다. 그렇다고 해서 그들이 사고 능력이 부족해서가 아니다. 그저 자신들이 해야 할 수준과 지금의 월급에 비례해서 손해 보지 않도록 나름 관리하고 있는 것뿐이니 오해해서는 안 된다. 받는 만큼 적당히 일하는 게 편하다.

2장

그냥 공정할 것

공정과 상식의 기로(회식비 사건)
공정하다는 착각
병을 키우는 병가
연차휴가와 권리
MZ세대의 산업혁명
'법과 원칙'에 민감한 MZ세대
만병의 근원 '비밀녹음'
헤어롤
상대적 박탈감

공정과 상식의 기로(회식비 사건)

회식에 참가하지 않는다고 사전에 밝히고 불참한 주임급 사원이 자신에게 할당된 회식비를 지급하지 않았다는 이유로 고용노동부에 '임금체불' 고소장을 넣었다. 헛웃음이 나오겠지만 2022년에 내가 근무한 K 공공기관에서 있었던 실제 사건이다. 신고인은 부서를 옮겨서 교육 프로그램을 맡아 일한 지 2년밖에 되지 않은 정은미 씨였다. 그녀에게는 각종 업무와 민원인에게 겪는 어려움보다는 매월 팀별로 있는 회식이 가장 피하고 싶은 시간이었다. 전형적으로 개인화된 성격에 자신은 술도 마시지 않고, 필라테스 하러 가야 하는 시간과 회식 시간이 늘 겹쳤기 때문이다.

매월 있는 부서 회식에 참석하고 싶지 않다고 선배에게 말했지만, 번번이 거부당하고 오히려 사회 부적응자처럼 대하는 게 느껴졌다. 은미 씨가 선택할 수 있었던 건 정부의 도움, 즉 고용노동부를 찾는 것이었다. 이른바 '회식비 사건'이다. 요즘 유행하는

MZ세대와 관련된 밈(meme)을 보면 비슷한 얘기가 있다. 그 대부분은 실제로 현장에서 발생하고 있는 유형의 이야기라는 점에서 유의 깊게 봐야 한다. 그중에서 단연 1위는 금전과 관련된 요구다.

실제로 젊은 직원들은 회식비를 자신을 위해 할당된 임금성 비용으로 착각하는 경향이 있다. 사실 일부분 맞는 말이기도 하지만 정확하게 보면 사실은 그렇지 않다. 공공기관에서 회식비는 '조직관리비' 명목으로 정부지침에 따라 매년 정해진 예산을 사용하는데, 은미 씨는 그 예산의 책정기준이 인원수라는 걸 알게 되자 1인당 할당된 회식비를 돈으로 달라고 팀장에게 정식으로 요구했던 것이다.

여러 전문가의 법리 공방이 있었지만 K 공공기관의 정은미 씨 사건은 큰 무리 없이 '임금체불 없음'으로 고용노동부에서 내사 종결되었다. 물론 취업규칙이나 근로계약서, 단체협약에 지급 기준이 명시되어 있다면 당연히 지급해야 하지만, 그렇게 협약을 체결할 정도로 단순한 회사는 없지 않을까 싶다. 법적인 사항을 따지기보다는 그저 자신의 자발적인 의사로 회식에 가고 싶지 않으면서 그것에 상응하는 별도의 보상을 해달라고 요구하는 것은 사실 현실성 없는 개인의 일탈이라고 보는 게 타당하다.

진짜 일은 이후에 발생한다. 회식에 번번이 불참하는 정 씨의 반응이었다. 정은미 씨는 회식비를 기관으로부터 받아낼 수 없다는 걸 고용노동부의 '혐의 없음' 결정으로 알게 되면서, 또 다른 허점을 파고들었다. 정 씨는 술 한 잔도 못 마시는 사람이고, 퇴근 이후에는 자신의 시간이 중요하다는 이유로 회식이 있으면 음식 1인분을 포장해 가겠다고 요구하고 나섰다.

듣고 보면 틀린 말도 아닌 요구에 팀장은 속이 끓었다. 그렇다고 시대의 변화를 부인할 수는 없지 않은가. 이런 분쟁을 정리하기 위해 존재하는 것이, '조직관리비 운영 방침'이다. 회식비는 회사의 인력 운영상 직원 개개인에게 할당되는 것이 아니다. 기관의 인력 운영상 화합과 단합이 필요할 경우에 팀장이나 본부장의 전결권 내에서 사용하는 일시적 경비이므로, 어디까지나 관리자의 재량에 속하는 관리비이다. 이를 근거로 팀장은 조직 내에서 직장인이 가져야 할 자세 등 다양한 논리를 만들어서 회식에 참가하지 않는 것은 인정하지만 1인분 포장은 불가하다는 입장을 분명히 했다.

예전에는 너무나 당연했던 것이 그렇지 않은 시대가 됐다. 사실, 팀장이 할 수 있는 일은 그 정도까지다. 세태가 변하여 이러한 형태의 MZ세대가 조직 내에 존재해 왔던 문화에 대해 개인적 사고로 거부 반응을 보이며 각종 분쟁으로 이어지고 있다. 공공기관이나 사기업 할 것 없이 세대 간 갈등이 직장 내 사건 사고로 이어지지 않도록 다양한 채널을 활용해야 하는 시대가 된 것이다.

MZ세대는 그렇다. 말로 설명하기보다는 규칙을 정해 주는 게 더 빠르다. 기준이 있다면 이를 따르는 게 합리적 사고라고 믿기 때문이다. 원칙과 기준은 철저히 따르되 불합리한 내용이 기준에 있다면 이를 정정해 달라고 요구한다. 그렇지 않고 기업문화라든가 관행에 기인한 규율은 사실상 MZ세대로서는 따를 이유가 없는 주관적인 양태이고, 불합리함을 증명하기 위해 역으로 논리를 세워 회사를 공격하는 요인이 된다. 이는 상식을 넘어서는 것도 아니고 부당함과는 다르기 때문이다.

얼마 전 온라인을 뜨겁게 달궜던 회전초밥집 '무한 리필' 사건도 같은 맥락으로 볼 수 있다. 서울의 A 회전초밥집은 1인당 5만 원에 100분 동안 무한 리필이 가능한 가게다. 어느 평일 오후, 군대를 전역한 지 한 달 됐고 먹성이 좋은 세 사람이 자신들이 좋아하는 초밥을 정해 놓고 그것만 집중 공략하여 1시간 만에 셋이서 170그릇을 먹었다. 이를 지켜본 사장이 나가달라고 요구하면서 싸움이 붉어졌다. 사장은 업무방해라고 주장하며 경찰을 불렀고, 그 친구들은 무한 리필 가게에서 많이 먹는다는 이유로 쫓아내는 건 부당하다고 맞섰다. 여러분이라면 이 상황을 어떻게 해석할까를 생각해 보면 좋겠다.

사회현상의 관여

최근 큰 사회적 이슈 중에서 MZ 노조의 출현이 있다. MZ세대 선생님 중심으로 움직이는 교사노동조합의 반정치적 노선의 선택도 여기에 해당된다. 절대로 있어서는 안 되는 서울 서이초등학교 사건처럼 선생님의 자살로 인해 전국의 선생님들은 여의도로 모여 들었고, 강력한 집회로 추모의 힘을 보탰다. 그때 교사노동조합 지도부는 정치적 구호를 원천적으로 금지한다는 내부 규율을 정하고 추모 집회를 이어갔는데 그 취지는 정부와 국민의 마음을 움직이는 데 나름대로 작동되었다.

MZ세대 노조는 노사정 관계자의 기대와 우려 속에서 출범했다. 처음 100명 수준의 조합이 1년 만에 10만 명 규모와 전국단위 조합으로 성장하면서, 청년이 그동안 노동활동에서 느끼는 피로도가 어느 정도였는지를 확인시켜 주는 기회가 되었다. 이들은 자신들의 근로조건 개선과 환경의 변화를 꾀할 뿐이지 정치 세계와 경계를 분명히 하고 있다. 모든 노동자를 대표하기를 주저하지 않던 A 노총과 B 노총이 노동자의 권익을 개선하기 위해서 필연적으로 정치적 활동을 해야 한다는 강론을 가지고 있었던 점과 큰 차이가 있다.

노동운동에서도 MZ세대는 실용적이고 현실적인 면을 중요시하면서, 자신들의 이익과 직접적인 연계성이 부족할 경우에는 그 노선의 차이를 분명히 하는 추세다. 따라서 MZ세대는 사회현상에 깊이 관여하기를 꺼려하지만 관찰자의 역할을 하며, 큰 틀에서 벗어나려 하지 않는다. 지금의 나에게 와 닿지 않는다면 기꺼이 비주류가 될 준비가 되어 있는 게 바로 MZ세대다. 이들은 자신이 추구하는 지향점이 누구의 요구에 의해서 결정되지 않는 자기중심적 사고를 지니고 있다. 이처럼 변해가는 개인의 성향은 삶과 고용노동환경의 변화에 영향을 주고 있다.

공정하다는 착각

- 공정(公正)하다 : 공평하고 올바르다.

이 책 원고를 쓰면서 놀라운 사실을 알게 됐다. 바로 '공정'이라는 단어를 무려 30번 이상 사용했다는 점이다. 이는 지금의 세태를 이야기할 때 공정은 빼면 말이 되지 않음을 의미한다. 사실 공정함이 화두가 된 지는 오래되지 않았다. 이 단어는 MZ세대와 함께 수면 위로 올라왔다. MZ세대의 출현과 더불어 기울어진 운동장이 사회에 던지는 메시지는 명확했다. 기회와 절차상의 공정함은 그냥 지나칠 수 없는 시대의 핵심이 되었다. 그만큼 청년세대를 말할 때 공정과 상식은 기본값이다.

모든 사람이 똑같은 기회를 가질 수만 있다면 자신의 실력 부족을 인정하는 건 상대적으로 쉽다. 자신이 능력만 있으면 경제적 자립을 일찍 할 수 있다는 말도 수용할 수 있다. 설령 개개인의 능력치가 다르더라도 기회만큼은 동일해야 한다고 생각한다. 그렇다면 동일한 기회와 절차상의 공정함이 가장 잘 적용된 분야는 어디일까. 아마도 제일 잘 지켜지고 있는 분야는 스포츠라고 생각한다. 누가 땀방울을 더 흘렸느냐의 차이가 결국에는 순위로 나타나기 때문이다. 그러나 요즘 같은 시대에 완전한 공정성이 확보된 조직이나 분야를 찾는 건 사실 쉽지 않다.

사회의 흐름에 편승한 것일까. 아니면 사회의 흐름을 뒤엉키게 한 문제의 시발점일까. 정치세계는 이 '공정'이라는 키워드를 MZ세대를 움직일 수 있는 홍보활동에 활용했고, 어느 정도 원하는 목적을 달성하기도 했다. 다양한 정책을 동원하면서 오히려 역차별을 불러오기도 했다. 비판하기 어려운 선의의 정책이더라도 결국 절차에 공정함이 배어 있지 않으면 결국 나쁜 정책이 될 수밖에 없는 게 '공정'과 관련한 것이다.

사회에 갓 진출한 젊은 세대는 에너지를 감당하지 못할 정도로 업무역량이 잘 갖추어져 있다. 단군 이래 최고의 스펙을 자랑하는 우리의 MZ세대는 말할 것도 없다. 이들이 사회에서 바라는 건 어쩌면 기회의 제공뿐일지도 모른다. 자신의 아이디어를 사업으로 구현할 만한 기회, 조직문화를 활성화하고자 하는 아이디어를 제안할 수 있는 기회 등 말이다. 그들은 자신이 생각하는 대로 일할 수 있는 기회를 원하고, 결과에 대해 공정한 평가를 받고자 한다.

그러나 아직 우리 사회는 공정하다고 말하기 어려운 부분이 많다. 사실 모든 걸 공정하게만 할 수는 없다는 것이 세상을 움직이는 이치 중 하나라고 할 수도 있다. 작게는 태어난 환경에서부터 인생의 성패가 어느 정도 갈린다. 유독 심해진 경쟁체제에서 손해 봐서는 안 된다는 관념은 청소년에게 선택권이 없는 영역이었다. 공정이라는 테두리 안에서 경쟁하는 우리는 넘어져도 다시 일어날 용기를 얻게 된다. 때로는 자신이 맡은 역할에 최선을 다할 수 있는 희망을 느낄 수도 있으며, 결국에는 세상을 긍정적으로 바라보는 시각을 얻게 된다. 긍정적일수록 좋은 에너지가 넘치고 그 에너지는 주변 사람에게도 전달된다.

무조건 긍정적으로 생각하고 행동하라고 말하는 선배가 있다. 그런데 이유 없이 긍정적으로 생각하고 행동하라는 말에는 다소 강요가 섞여 있다. 나는 이 말로 인해 많은 청년이 혼란을 겪고 있다고 생각하는 입장이다. 뭔가 납득할 만한 이유가 설명될 수 있을 때 긍정의 사고를 할 수 있기 때문이다. 무조건 '잘될 거야. 좋은 일만 생길 거야. 지금의 불공정한 문제는 잘 해결될 거야'라고 생각하는 게 긍정의 사고라고 주장하는 것은 시대의 해석과는 차이가 크기 때문이다. 긍정은 생각을 그렇게 하고, 무조건 긍정적인 행동을 한다고 해서 발현되는 게 아니라 주변 환경의 영향 역시 중요하다.

회사나 조직이 공정한 기회를 준다고 평가받기 위해서는 개개인의 차이를 평가할 수 있는 잣대가 있어야 한다. 결국, 안정적인 배경을 지닌 사람이나 더 좋은 환경에서 자라며 교육을 받은 사람이 역설적으로 좋은 평가를 받게 될 가능성이 높다. 그 때문에 공정의 사고는 자신의 현실을 받아들이는 데서 시작해야 한다. 실제로 개개인은 환경이 공정하다고 느껴지지 않으면 취약한 조직문화로 인식한다. 그런 면에서 MZ세대는 공정에 관해서 받아들이는 속도가 남다르다.

근로조건의 향상을 꾀하기 위한 노사 간 협상에서도 공정 이슈는 영향력이 있다. 예를 들어, X세대는 회사의 경영성과급이 직원 간에 잘 분배되는가에 민감했다면, MZ세대는 경영성과의 도출과정과 성과급 산정 자체에 관해 근본적인 궁금증을 가지고 있다. 지불 가능한 금액의 산정을 확인하면 요구할 수 있는 실질적인 범위를 정할 수 있기 때문이다. 그것은 전적으로 회사의 재량이라고 볼 수는 없다고 주장한다. 업무환경에서의 공정과 성과배분에서의 공정의 의미는 바라보는 세대에 따라 다르게 읽힌다. 이는 젊은 세대의 공정에 관한 생각의 차이를 엿볼 수 있는 대목이다.

채용과 공정

선입견이란 "어떤 대상에 대하여 이미 마음속에 가지고 있는 고정적인 관념이나 관점"을 말한다. 여러 해석이 존재하겠지만 분명한 것 하나는 '사전적 결론'을 내리는 판단의 영역이라는 점이다. 우리의 뇌는 무의식 중에 개인의 관념에 따라 작동하기도 한다. 관념은 지속적으로 늘 생각하게 하는 기능이라고 볼 수 있다. 그 기능의 요점은 자신이 의도하지 않더라도 마음은 어느 한쪽을 향해서 고정적 시각을 확보하게 되고, 그러한 과정 속에 있는 견해는 결국 '늘 그렇다'는 결과를 믿게 만든다.

채용 과정에서도 관념이 작동할 수 있다. 이에 채용 주체는 선입견을 차단하기 위한 각고의 노력을 하기도 한다. 블라인드 채용이 대표적인 예이다. 개인의 신상을 자세하게 밝힐 수 없도록 해 사전에 개인을 판단하지 못하게 하는 방법이다. 어떤 기업에서는 출신 학교, 거주 지역을 표기할 수 없게 한다. 그런데도 자기소개서에 은근슬쩍 드러낸 지원자는 서류전형에서 탈락시킨다. 물론 개인의 역량을 평가하기 위해 신상정보를 확인하는 과정에서 선입견을 갖지 않는 것은 쉽지 않다. 신상정보 없이는 기업의 입장에서 채용 평가를 적절하게 하기 어렵기 때문이다.

채용에 있어서 부모 찬스를 배제하고 동등한 기회를 제공하는 게 유행처럼 번지고 있다. 국회나 정부는 공정 이슈가 커지는 지금 공정채용의 법제화를 강화하고 있다. 블라인드 채용은 공공기관과 대기업 중심으로 널리 퍼져 나갔고, 공무원 조직이나 공공기관은 이미 의무적으로 시행한다. 정부는 강제에 가까운 압박을 가하며 업무능력을 평가하는 데 불필요하다고 생각되는 학력, 출신, 나이 등을 채용 내용과 과정에서 통째로 걷어냈다. 그렇게 하고 나니 실무진은 서류전형에서부터 난관에 봉착한다. 여러 시행착오를 거치면서 공정채용의 핵심은 조직 내 실무 담당자를 힘들게 만들고 있다.

블라인드 채용은 사실 영미식(英美式) 채용방식을 그대로 국내로 들여와 우리 식으로 변형하여 사용하고 있는 대표적인 모방 형태다. 블라인드 채용이라기보다는 '블라인드 식 채용'이라고 표현하는 게 맞을 수 있다. 딱히 블라인드 채용이라고 하지 않더라도 해당 채용과정 자체가 '블라인드'이기 때문이다. 대부분의 나라가 비슷하긴 하지만, 미국은 전 국민의 평균소득이 상위 1%와 상당한 차이를 보이는 곳으로 유명하다. 그만큼 많은 국민이 계층별 소득의 차이를 인정하면서 자신의 상황을 받아들인다. 이처럼 사회적 차이를 인정하는 곳이더라도 여러 차별을 사전에 차단하기 위한 블라인드식 채용은 시장에서 널리 쓰이고 있는 점은 생각해 볼 만한 가치가 있다.

예를 들어, 입사 지원서에 뉴욕 H 지역 출신이라고 기재한다면 평가자는 그 지원자가 저소득층일 거라고 무의식적으로 '사전적 결론'을 내리게 된다. 가족이나 친구들도 저소득층일 것이고 때에 따라서는 다인종을 떠올리는 인종 차별적 관념을 갖게 된다. 결국, 질 나쁜 교육을 받았을 거라는 편견과 생활환경도 범죄에 쉽게 노출될 수 있다고 생각하게 된다. 어느 지역에 사는지에 따라서 그 사람의 소득수준이나 삶의 환경을 판단할 수도 있다는 잘못된 결론에 이르게 되고, 결국 우수한 인적자원의 확보에도 어려움을 겪게 된다. 이러한 선입견과 편견은 사회적 계층이 분명한 곳에서도 떼어내야 할 불필요한 요소라는 점을 알 수 있다.

공정이 없는 공정채용

G 공공기관 인사팀 채용 담당자는 '공정채용'에 진땀을 빼고 있다. 알 만한 사람은 다 아는 그 무서운 공정채용의 세계는 잘못하면 사법기관의 수사 의뢰로 연결되곤 하는데, 매번 정부 시책까지 바뀌며 실무자를 어지럽게 한다. 세부계획은 주무부처의 승인을 받은 NCS기준 '소방안전' 관리자 직군이었다. 일정에 따라서 필기전형을 마치고 면접전형을 진행했을 때, 외부 면접위원으로 참여한 한 대학교 교수가 A 면접자에게 이런 질문을 하면서 사건이 발생했다.

"면접장에 오시는 데 불편하지 않으셨어요?"
"네, 불편하지 않았고 금방 찾아올 수 있었습니다."
"그래요? 어디에서 오셨어요?"
"서울 ○○○동에서 왔습니다. 지하철을 두 번 갈아타기는 했지만 불편하지 않았습니다."

보통 이와 같은 질문의 취지는 이 사람이 회사에 불편함 없이 출근할 수 있는지를 점검하는 것일 수도 있고, 면접 초반에 면접자의 긴장을 풀어주고 자신 있게 면접에 임할 수 있기를 바라는 마음에서 하는 질문일 수도 있다. 그런데 이 질문과 답변에서 거주지역을 확인하는 하나의 오점이 있었다. 며칠 후 면접 결과가 나왔는데, 때마침 이 사람은 탈락자 명단에 포함되어 있었다. 그 내용을 통보받은 A 면접자는 국가인권위원회에 '공정하지 못한 채용'이라는 내용으로 기관을 상대로 민원을 넣었고 면접 채점표를 공개할 것을 요구했다.

자신이 공정하게 옳은 평가를 받지 못했다고 생각하면 곧바로 이의를 제기하는 MZ세대의 특징이라고 말할 수 있다. 사실은 세대만의 문제가 아니라 사람을 평가하는 데 성별, 종교, 나이, 출신 지역, 학력은 중요하지 않다는 게 중론이다. 그러나 기성세대를 포함한 X세대는 대체로 아직도 그 편견에서 벗어나지 못하고 있다. 이제 더는 필요 없는 기준으로 사람을 평가해서는 안 되는데도 말이다. 이제는 누구라도 다양함을 인정하고 받아들일 수 있는 용기가 필요하다.

채용과 공정에 관해서 2017 인천국제공항공사 사태는 빠지지 않는 단골이다. 당시 '인국공사태'로 불렸던 인천국제공항 이슈에서 볼 수 있듯이 우리 사회는 공정하다는 뜻의 이면에 숨겨 있는 현실적인 관점에 대해 관심이 부족했다. 당시 정부는 공공기관을 중심으로 비정규직의 제로화 정책을 거침없이 추진했고, 그 첫 번째 사업장이 인천국제공항이었다. 공공 부문에서 예산상의 인력운영에 관해서 깊이를 알 수 없는 일반 국민이 볼 때 나름 괜찮은 정책이었을 수도 있다. 그런데 사실 이 정책은 좋은 취지와는 다르게 노사갈등뿐만 아니라 정규직과 비정규직 간의 역차별 문제와 같은 극심한 노노갈등만 불러일으켰고, 아직도 해결의 실마리를 찾지 못하고 있다.

정치 현상에 따라서 정권이 몇 번이 바뀌고 그 배경 속에서 정책의 방향도 여러 번 바뀌게 된다. 개인이 성장하는 데도 공정이 필요하고, 학업을 이어 나가는 데도 공정함은 기본이 되어야 한다. 기업의 인사운영에 직접적으로 영향을 미치는 고용노동정책도 정권에 따라서 향방이 결정되고 유지되는데 이는 권력을 지닌 사회 지도층의 철학에 따른 자연스러운 변화라고 볼 수 있다. 다만 선거가 끝난 후 정치지형의 변화로 인해 정책은 또다시 변화를 겪게 되는 데, 이것이 바로 공정함의 잣대와 기준점이 불분명해지고 결국 기업에서 받아들이기 힘든 다소 복잡한 정책만 남게 하는 원인이다. 비정규직과 정규직 그리고 채용이라는 틀에서 더욱 그렇다.

당시 정부의 업무지침에는 "국민경제에 실질적 영향이 없는 범위 내에서 비정규직의 정규화 추진"이라는 지침을 발표했다. 사실상 추가 예산을 투입하지 않는 범위에서 정규직화를 추진하라는 이 말은, 정확히 말하면 정규직화의 실패(실무진 입장에서)를 인정한 것과도 같다. 물론 성공적인 사례도 찾아볼 수 있지만, 애초의 방침처럼 공공기관의 직접 고용 또는 자회사 고용으로부터 파생된 역차별과 불법파견 문제는 여전히 식지 않고 있다. 공정과 소득분배만을 추구하는 단순한 논리와 미진한 준비로 인해 아직도 수많은 조직에서 혼란을 겪고 있다. 다양한 변수에 관한 충분한 검토가 아쉬운 부분이다. '공정성'과 '균등 기회'라는 기치 아래에서 선의를 위한 정책이더라도, 결국 이해타산이 맞지 않으면 그것을 추진하는 데 한계가 있음을 보여주었다.

병을 키우는 병가

• 병가(病暇) : 병으로 말미암아 얻는 휴가

병가에 대한 세대 차이는 다양한 곳에서 발견된다. 커피 전문점을 운영하는 MZ세대 유지혜 씨는 일하다가 손가락을 다쳤다고 주장하는 아르바이트생에게 5일의 유급병가와 병원 치료비, 교통비 일부를 지급하기로 했다. 사업주로서 당연히 해야 하는 일이라고 생각했다. 일하다가 다쳤다면 산재보험을 통해 요양급여(치료비)를 받을 수 있지만, 자영업자 입장에서 처리절차가 복잡하다고 생각했던 점도 작용했다. 무엇보다도 자신의 사업장에서 다친 직원을 나 몰라라 할 수 없었기 때문에, 충분히 휴식을 취하고 회복하기를 바라는 마음이었다.

"일주일 동안 푹 쉬고 출근하세요."

"네, 알겠습니다. 그런데 쉬는 걸 '킵(keep)'해 놨다가 원할 때 나눠서 쓸게요. 우선 2일 쉬고 3일은 다음에 쓰겠습니다."

아르바이트생의 깜짝 놀랄 만한 대답에 유 씨는 뒷목을 잡을 수밖에 없었다. 자신이 뭔가 잘못 들었나 싶어서 몇 번을 더 확인하고 나서야, 아르바이트생이 진짜로 요구하고 있다는 걸 알게 되었다. 정확하게는 다음 주 화·수·금요일에 출근하면 결과적으로 휴가를 2일 사용하는 것이기 때문에 나머지 3일은 '킵' 해 두었다가 다음에 사정이 생기면 쓰겠다는 것이었다. 이것으로 끝나지 않았다. 며칠 후 아르바이트생은 1주일의 휴가를 더 요구했다.

"드레싱은 풀었지만 손가락이 완전히 낫지는 않았어요. 1주일만 더 휴가로 해주세요. 제가 일을 안 하고 싶어서 안 나가는 게 아니잖아요."

아르바이트생의 요구사항은 유 씨를 공황 상태로 내몰았다. 추가로 병가를 요구하는 입장에서 증거라고 보여주는 손가락에는 아주 작은 화상 자국이 남아 있었다. 더는 안 되겠다고 생각한 유 씨는 아르바이트생의 요구를 거절하면서도 씁쓸한 표정을 지을 수밖에 없었다. 아르바이트생이 서운해 하는 모습을 지켜보면서 악덕 사업주가 된 게 아닌가 싶은 마음 때문이었다. 사실 병가 부여는 의무가 아닌 재량의 영역이라는 걸 몰라서 괜히 일을 키운 것이었다. 여러분이 유 씨였다면 이 상황에서 어떻게 대처했을지 생각해 보면 좋겠다.

사실 사업장 내에서 다치면 산재신청을 하고 요양급여를 받는 게 정상적인 업무 절차다. 경미한 경우에는 요양급여를 받을 수 없기 때문에 때에 따라서 상호 합의를 한 상태에서 사업주가 책임지는 '공상처리'를 할 수도 있다. 무엇보다도 중요한 점은 이미 사업주가 산재보험료를 부담하고 있고, 사업장에서 발생하는 사건 사고를 고의로 은폐하려는 경영자를 방지하고자 하는 게 법의 취지임을 이해하는 것이다. 보통 사업주는 '무급 처리'를 하는 게 원칙이고 급여를 받지 못한 직원은 산재 요양급여를 수급하면 된다.

병가는 제2의 휴가

병가를 바라보는 세대 간 생각의 차이를 놓고 볼 필요가 있다. 「근로기준법」상 보장되는 연차는 온전히 개인 사유로 인해 자신의 선택에 의해서 사용 여부를 결정할 수 있다. 보통은 개인 일정 때문이거나 때로는 몸이 아픈 경우에 연차를 사용하는 게 사회에서 보는 통념이라고 할 수 있다. 그러나 MZ세대는 연차를 온전히 해외여행이나 맛집을 찾아 가기 위해 사용하는 리프레시용 휴가의 연장선으로 받아들인다. 아픈 경우에는 병가를 사용해야 하고 그 병가도 유급이 보장되어야 하는데, 아픈 정도에 따라서 병가의 지급 여부를 결정해서는 안 된다고 말한다.

X세대는 쓰러지더라도 회사에 출근해서 쓰러져야 한다고 생각한다. 기성세대는 그것이 회사 생활을 잘하는 사람인 듯 자랑삼아서 말하곤 한다. X세대에게 병가는 정말 몸져누울 정도로 아플 때 쓰는 것이다. 이들은 그마저도 눈치를 보면서 쓰며 사원 시절을 보낸 사람인데, 이들 눈에 MZ세대가 병가를 쓰는 방식이 어떻게 보이겠는가. 반면에 MZ세대에게 병가는 그저 자신이 쉬고 싶을 때 쓸 수 있는 제2의 휴가와도 같다. 마음의 병도 요즘 두드러지는 병가의 대상이라는 주장은 나름의 설득력이 있어도 X세대에게는 쉽지 않은 이해의 영역이다. MZ세대는 눈에 보이지 않는다는 이유로 아픔을 인정하지 않는다는 건 시대적 흐름을 역행하는 인식이라고 생각한다. 이처럼 많은 조직에서 '아픈 자'와 '아픈 게 맞는지 의심하는 자' 사이의 갈등이 심화되고 있다.

병가를 규정한 대부분의 회사 규정은 오래된 경우가 많다. 가끔 한 번씩 근로감독관이 지적한 사항이나 관련 법령의 기제 필요성에 따라서 꼭 필요한 부분만 정비하기 때문이다. 이러한 규정은 이제 세대와 경제 생태계의 변화에 발맞추어 대폭 뜯어고치는 게 우선적으로 필요하다. 다양한 세대가 이해할 수 있도록 해야 규정도 통용될 수 있고 신뢰할 만한 조직문화의 근간이 될 수 있기 때문이다. 물론 규정을 정비한다고 해서 병가로 인한 세대 간의 갈등을 원천적으로 막을 수는 없다.

앞서 소개한 사례를 보면서 우리는 결국 조직 내에서 자주 발생하는 휴가와 관련된 각종 갈등의 원인을 '사람'의 문제로도, 구조적 결함을 안고 있는 '조직'의 문제로도 볼 수 있다는 걸 알 수 있다. 그러나 모든 분쟁의 원인을 사람과 조직구조의 문제로만 볼 수 없다는 점에서 힌트를 찾아야 한다. 일종의 조직문화의 단면이기 때문이다. MZ세대는 나름대로의 권리를 주장하는 것이고, 앞선 세대는 오래전부터 뿌리 깊게 남아 있는 생각에 매몰되어 현상의 깊이를 들여다보지 못하고, 세대 차이라는 단적인 면만 살피는 식으로 조직문화를 개선하지 못했다.

X세대의 등장과 MZ세대의 특별함을 경험한 우리 사회는 그 시대의 배경을 학습해 왔다. 그러므로 세대를 보면 그 세계를 볼 수 있다는 점에 동의한다. 특히 젊은 세대는 시대를 잘 보여주는 거울과도 같다는 점을 우리는 알고 있다. 병가도 정말 아프지 않으면 쓰지 않아야 한다는 관념에 사로잡힌 X세대의 시각 자체를 MZ세대는 이해하기 어려워한다. 반면에 부여된 규정의 범위를 자신을 위한 권리로 받아들이는 MZ세대도 병가의 의미를 상식의 선에서 읽을 수 있어야 한다.

풀리지 않는 문제는 거의 없다. 병가를 요청하는 직원에게 처음에는 규정에 따라 승인해 주더라도 두세 번 반복하면 자신이 주장하는 요구가 규정을 잘못 해석한 데서 비롯된 것임을 충분히 설명해 주거나 차후에는 진단서를 제출하게 하여 병가의 본 취지를 살려서 쉬는 문화가 정착되는 하는 게 중요하다. 병가 사용자는 스스로 아픔을 증명해야 한다는 점을 사전에 알려 놓는 것도 필요하다. 그래야 이전과 비슷한 패턴으로 악용할 때 제약할 수 있기 때문이다. 팀장은 사전 고지, 계도의 시간을 거친 후에 원하는 말을 해도 늦지 않다. 물론, 세대 간 갈등만을 낳는 오래된 규정을 시대에 맞게 대대적으로 정비해서 현실에 맞는 질서를 세우는 것이 기본이라고 할 수 있다.

연차휴가와 권리

사실 병가와 관련한 분쟁은 연차휴가에 비하면 그리 대단한 일도 아니다. 많은 조직에서 머리 아파하는 일은 보통 개인의 '권리'와 맞닿아 있는 경우가 많다. 그중에서 연차는 단연 1위라고 해도 과언이 아니다. 단 하루의 연차를 쓰더라도 누군가의 승인을 받아야 하는 점도 부당하다고 여기는 경우가 많다. 10분 단위의 연차 제도를 운용하는 몇몇 대기업에서는 실제로 직원이 필요하다면 쪼개서라도 연차를 사용하도록 권장하고 있다. MZ세대다운 생각이 이제는 산업계를 대변하는 형국이 되어버린 게 바로 요즘 연차에 관한 인식이다.

C 리테일 기업의 일이다. 늘 실적 압박에 시달리는 임승수 과장은 오늘도 김도형 팀장의 업무지시에 짜증부터 난다. 한 달에 한 번은 열리는 실적 개선회의에서 자신이 담당하는 권역의

실적이 평균치의 50%에도 미치지 못한 걸 공개적으로 지적했기 때문이다. 기본적인 표현이 나름대로 부드러웠으니 망정이지 그렇지 않았으면 물리력을 동원해서 싸움이 일어날 모양새였다. 말 그대로 살얼음판인 실적 회의, 그렇게 쌓여온 김 팀장과 임 과장의 관계가 임계점에 도달하는 건 시간 문제였다.

앞서 말했듯이 회사는 월말에 실적 마감을 하는데, 그때가 되면 실적이 부족한 직원은 그것을 채우기 위해 분주하게 움직인다. 그런 월말에 임승수 과장은 개인 일정이 있다며 연차를 쓰려고 한다. 그것도 바로 내일이다. 평소에 좋지 못한 임 과장의 근무태도나 근태기록을 종합해 볼 때, 돌발적인 연차 사용에 김 팀장은 속이 타들어갈 수밖에 없었다. 게다가 점심시간에 다른 팀원으로부터 들은 얘기가 김 팀장을 화나게 만들었다. 바로 내일 임 과장은 친구들과 골프 약속이 있었던 것이다.

대부분의 영업조직에는 비슷한 점이 있다. 바로 자신의 실적이 팀의 실적이 되고, 팀의 실적은 본부의 실적이 되며, 결국에는 회사의 수익으로 연결된다. 삶을 빗대어서 말한다면 '생사의 기로'에 서 있는 시기에 자신의 일은 포기한 듯이 친구들과 골프의 약속을 이유로 당장 내일 연차를 쓰겠다는 얘기는 좀처럼 받아들이기가 힘들다. 물론 우리나라 「근로기준법」 제60조(연차유급휴가)에 따라서 연차휴가를 주어야 하고, 그것은 순전히 근로자의 권리로 보는 것이 타당하다.

"만약에 내일 연차를 써서 안 나오면 컴퓨터를 복도 끝자리로 옮겨버릴 거야. 알아서 해."

김도형 팀장은 전자결제로 올라온 임 과장의 연차를 승인하자마자 말했다. 임 과장은 아무런 대답 없이 자신의 자리로 돌아갔다. 김 팀장은 가뜩이나 팀 실적이 나쁘기도 하고, 특히 평소에 임 과장의 업무태도 때문에 불만이 많았는데, 이번에는 바로 잡아야 하겠다고 생각했다. 게다가 주간회의에서 팀 분위기 쇄신을 위한 방편으로 책상 자리를 재배치하자는 데 의견이 모아졌던 터다. 팀장은 서로 책상을 옮기기로 했으니 임 과장이 연차를 사용하면 그때 컴퓨터를 제일 끝자리로 옮겨야겠다고 생각했다.

다음 날 임 과장은 예정대로 하루 휴가를 떠났고, 김 팀장은 화가 머리끝까지 치밀어 오르는 걸 주체할 수가 없었다. 그러고는 이 대리를 불렀고, 곧바로 임 과장과 복도 끝에 있는 이 대리의 자리를 바꿀 것을 지시했다. 며칠 후 임 과장은 복도 끝으로 옮겨진 자신의 짐을 보자 곧바로 지역 고용노동지청을 찾아가 '직장 내 괴롭힘' 사건으로 진정을 넣었다. 임 과장이 자신의 정당한 연차 사용권을 행사하는 데 '회사를 대표하여 행하는 자'에 속하는 팀장이 자신이 없는 시간을 틈타 책상 전체를 사전 동의 없이 이동시킨 행위를 지목했다. 이는 업무상 적정범위를 현저히 넘어서는 불법적 행위라는 주장이었다. 고용노동부는 회사에 공문을 보내서 사건의 즉각적인 조치를 요구하고 나섰고, 결국 김 팀장은 괴롭힘으로 인정되어 감봉 1개월의 처분을 받았다. 승인된 연차를 사용했다는 이유로 불이익을 주었다고 본 것이다. 물론, 이러한 사례는 다소 극단적인 상황이긴 하다.

"팀장님, 제가 개인 일이 있어 다음 주부터 연차를 사용하겠습니다."

P 제철사 본사, 총무부 하민우 신입사원은 11일의 연차를 연말에 몰아 쓰겠다며 일정을 상신했다. 임현수 팀장은 달력을 봤다. 크리스마스 휴일까지 합하면 15일 후에 복귀하는 일정이었다. 임 팀장은 혹시라도 자신이 잘못 본 게 아닌가 싶어 두 눈을 연신 비볐다. '사실이 아니겠지?' 신입사원이 11일을 붙여서 사용한다는 게 가당치 않다고 생각한 임 팀장은 일단 반려했다.

"하민우 씨, 연차를 왜 이렇게 가는지 상세하게 이유라도 말해줘야지. 그리고 아무리 연말이라고 해도 한 번에 연차를 다 붙여서 쓰면 회사 일은 누가 하나?"

임 팀장은 하민우 씨가 입사한 지 1년도 안 된 직원이라서 선배들에게 나쁘게 보일까 봐 걱정이 되기도 했다. 그래서 선배의 입장에서, 팀장의 입장에서 다소 쓴소리처럼 들리더라도 가만히 있으면 안 되겠다고 생각했다. 그런데 며칠 후 임 팀장은 머리를 감싸며 신음할 수밖에 없었다. 들리는 소문에 의하면 하민우 사원은 2주 동안 친구들과 함께 튀르키예 여행을 하려고 짐을 다 싸놓고 있었다는 것이다. 그런 계획은 팀장에게 말하지 않고 날짜가 임박하자 그제서야 급하게 연차를 요구한 것이다.

결론부터 말하면, 임 팀장은 결국 연차를 허용했다. 신입사원이 하던 업무분배가 다른 직원들 보다 어렵지 않다는 점도 작용했다. 재미있는 점은 문제가 많아 보였던 하민우 사원은 장기 연차를 다녀와서 정말 열심히 일했다는 것이다. 그는 튀르키예 여행을 잘 다녀오고 나서 열심히 일했고, 승진까지 하면서 회사에 잘 다니고 있다. 말 그대로 자신의 개인 일정과 회사의 일을 정확하게 분리해서 살아가는 MZ세대의 모습이라고 할 수 있다. 이들은 자신에게 부여된 연차 사용의 전적인 권한이 자신에게 있다고 생각한다. 이들에게 회사 사정을 이유로 연차 일정까지 변경하라는 건 사실상 개인 권한의 침해라고 생각한다.

장기간의 연차휴가 신청을 바로 전주에 상신하는 하민우 사원의 행동을 받아들이는 게 쉽지 않다. 실제로 우리 현행법상 연차를 가지 말라고 하는 것은 문제가 될 수도 있으나, 회사에서 전후 사정을 잘 설명하는 과정을 거치는 등 노력을 다한다면 연차 반려가 심각한 갑질이라고 할 수 없을 것이다. 물론 개인의 권리를 정당한 논리도 없이 허용하지 않는 것은 전형적인 꼰대 짓이라고 생각하는 사람도 있다. 그러나 사건의 요점은 다른 데에 있다.

MZ세대의 직장 밖 활동을 지지하고 장려해야 한다는 점이다. 그들이 자신의 시간을 보내는 것에 합리적 이유가 없어 보이더라도 존중할 수 있어야 한다. 무한 경쟁하는 사회에서 자신 하나가 중요한 자산인 청년들은 개인의 삶이 안정적일 때 조직 내에서도 성과를 내기 위해 힘쓰기 때문이다. 회사 일과 개인의 삶을 별개로 보며 자신의 행복을 외부에서 찾으려는 현 세대가 지닌 특별함이라고 하겠다. MZ세대에게 직장은 자신의 삶을 온전히 누리기 위한 수단이라는 것을 잊지 말아야 한다.

MZ세대의 산업혁명

MZ세대는 어렵게 입사한 회사에서 일한 지 2~3년도 채 되지 않았는데 이직을 하거나 창업의 길을 선택하는 도전을 서슴지 않는다. 조직의 안락함과 안정감에 기대는 X세대와 기성세대에게는 다소 무모해 보인다. 그러면서도 그들의 행보에 쉽게 응원을 보내지 못하기도 한다. 그저 찡그린 얼굴로 '이 친구가 나가서 정말 잘되면 어떻게 하지?'라는 생각을 한다. 이렇게 평소에 아무런 도전도 못 하며 불안을 느끼는 근본 이유는 어쩌면 패배의식 때문일 수 있다.

작게나마 조직의 규모를 갖추고 있거나 여러 사람의 행동규범을 통제할 장치가 있다면, 그러한 규범의 연속성은 어떠한 문제를 해결하는 데 근간이 되기도 한다. 다시 말해서 조직은 여러 사람을 한데 묶는 규정으로 질서를 잡고 행동을 관리함으로써 조직문화도 발전시켜 나갈 수 있다는 것이다. 이게 사실이든 아니든 직장에 속해 있는 구성원은 그렇게 믿을 수밖에 없고, 그렇지 않더라도 진실로 믿어야만이 조직에 남아 있을 수 있다.

최근 조직에서는 다가오는 미래를 위해 '변화'를 꾀하고 있다. 1880년대 영국에서 시작된 1차 산업화를 시작으로 대량 생산체계를 갖춘 인류는 새로운 차원으로 발전할 수 있는 기초를 닦았다. 2차 산업혁명의 부흥으로 초연결 사회를 만들어 냈고, 3차 산업혁명은 우리 삶의 시계를 100만 분의 1초 앞당겨 세계를 지배했다. 이제 우리는 4차 산업혁명을 인공지능(AI)을 통해서 경험하고 있다. 경제학자나 사회학자들은 4차 산업혁명의 범주를 정의할 때 모든 것을 바꾸어 놓은 3차 산업혁명에 비하면 그 변화의 크기는 작을 수 있다고 말한다. 컴퓨터의 발전과 AI의 상용화가 이루어지고 있다고 하더라도 완성에 이르기에는 아직 갈 길이 멀어 보이기 때문이라는 것도 이유 중에 하나다.

X세대는 회사를 위해서 자신을 바친다는 마음이 크고, 조직을 우선으로 두고 그 조직이 추구하는 성과를 위해 자신의 미래를 걸었다. MZ세대와는 미세하지만 분명히 다른 부분이 있다. MZ세대는 자신이 일한 만큼의 보상을 원하고 자신의 노력 여하에 따라 할 수 있는 일이 많다는 걸 알고 있으며 그 점을 잘 활용한다. 취미로 시작한 것이 부업이 되어 투잡을 하는 직장인이 늘어나는 이유이기도 하다. 회사를 위해서 일한다기보다는 자신을 위해 회사에 나와 있는 것뿐이다. 물론 X세대도 비슷하게 관점

의 이동이 두드러지고 있다.

[세대별 핵심 관점]

X세대	vs	MZ세대
열심, 최선		만족, 보상

X세대에게 개인의 삶을 대표하는 대명사는 '열심'과 '최선'이었다고 해도 과언이 아니었다. 노력 여하에 따라서 성과의 질이 달라질 수 있다는 확신이 있었다. 반면에 MZ세대에게는 '만족'과 '보상'에 의미를 부여한다. 자신을 챙겨야 한다는 이야기를 담은 책들이 연일 베스트셀러에 등극하고 있는 걸 보면 알 수 있다. 이제야 조금씩 자신으로서 살아가기 위한 노력이 결실을 맺는다고 해야 할까. 개인의 삶, 회사의 삶 그리고 조직문화의 개념에서 자신들이 추구하는 바를 거침없는 논리로 자신을 압박해 오는 사회에 반박하고 있다.

세대(世代)의 어원은 라틴어로 '낳다(Generate)'에서 찾을 수 있다. 시대적 배경에서 그에 적합한 개성이 두드러진다는 뜻이기도 하다. 그러나 인류학자들은 세대를 구분 지어 말하는 것은 다소 모순된 행위라고 말한다. 시대적 사건과 세대의 개성이 일치한다고 단정 지어 말할 수 없기 때문이다. 다만 그 시대를 대표하는 사건에서 젊은 세대가 어떻게 반응하며 적응하는지를 살펴보는 것은 세대를 이해하는 데 큰 도움이 된다.

스마트폰이 본격적으로 상용화되면서 사람들은 전화번호를 암기하지 않게 되었다. 전화번호와 정보가 빼곡하게 적힌 수첩이 구석기시대의 유물처럼 되어 버린 데는 스마트폰이 일등공신이라고 해도 과언이 아니다. 챗GPT는 우리 스스로 생각하지 못하는 정보의 집합체를 구성하여 우리에게 제공한다. 이처럼 우리 일상의 변화는 조금씩 우리의 두뇌 활동을 게을러지게 한다. 그런 측면에서 4차 산업혁명을 겪고 있는 우리는 현재의 변화를 마냥 기쁘게 받아들이기보다는 다소 경계심을 가지고 살펴볼 수밖에 없다.

산업혁명은 변화를 추구하던 인간의 삶이 어떻게 바뀌었는지를 확인하게 하고 하나의 기치로 볼 수 있는 변화의 시기를 주도했다. 다시 말하면, 우리의 삶은 컴퓨터에 의해 빨라졌고 생산성은 걷잡을 수 없을 만큼 높아졌다. 다만, 우리가 담당해야 할 기초적이면서도 꼭 필요한 활동이나 다양한 업무가 컴퓨터에 의해 처리된다고 해서 우리의 삶이 윤택해진다고 정의하기는 어렵다. 이미 3차 산업혁명을 거친 우리의 일상이 그저 3차 산업의 연장선상에서 인공지능을 경험하는 시대에 살고 있다고 하는 게 맞을 수 있다.

전통적 위계

"김 대리, 보고서 작성해서 내일 아침 9시까지 내 책상 위에 올려 놔. 어렵지 않지?"

퇴근 시간이 다가오는 오후 5시쯤 매우 복잡하고 공수(工數)[6]가 많이 들어가는 보고서를 작성하라는 업무지시가 떨어진다. 그러고 나서 하는 말은 늘 기가 막힌다. "이거 어렵지 않지?" X세대는 이런 업무지시와 위계질서가 자신의 의사와는 무관하게 얼마나 강제성을 띠고 있는지에 관심이 적었다. 오후 5시에 업무지시를 하고 다음 날 오전 9시까지 보고하라는 부장님의 모습은 전통적 위계질서에 의지한 성과주의의 단면인 만큼 이를 따르는 MZ세대는 많지 않다.

그러나 운영을 위해서 기본적으로 규율이 중요한 조직에서 직원의 거부 반응은 결과적으로 개인의 평가에 영향을 미친다는 점은 중요하다. 그런 면에서 X세대는 "아닙니다."라고 쉽게 말하지 못했지만 이제는 다른 접근이 필요하다. 단순히 업무지시에 따라야 한다는 강제성에 방점을 둘 것인지, 아니면 지금의 상황이 합리적이고 정당한지에 관한 MZ세대의 사고는 이전 세대

6) 일정한 작업에 필요한 인원수를 노동 시간 또는 노동일로 나타낸 수치

와 많은 면에서 다르기 때문이다.

[직장인의 인식 변화]

X세대의 관점		MZ세대의 관점
◦ 회사의 일원이라고 생각한다.		◦ 회사와 협력하는 파트너라고 생각한다.
◦ 조직을 위해 능동적으로 행동한다.		◦ 계약에 근거하여 알맞게 행동한다.
◦ 회사에서 본인의 미래를 찾아야 한다.	⇨	◦ 개인의 미래는 모든 곳에 존재한다.
◦ 위로는 선배, 아래로는 후배를 챙겨야 한다.		◦ 파트너십을 가지고 상호 대우한다.
◦ 조직의 규정을 준수한다.		◦ 프로라는 내적 기준에 따른다.

MZ세대와 그들을 마주하고 있는 X세대가 느끼는 위계질서에 관한 견해가 어떻게 다른지를 확인하는 작업은 중요하다. 디지털 포메이션에 최적화되어 있고 개인의 성향이 두드러져서 할 말은 하고 사는 MZ세대는 '시키는 건 해야 한다'는 식의 전통적인 위계질서를 이해하고 받아들이는 게 쉽지 않다. 그들은 자신의 역할과 업무 성과에 중점을 두고 그 결과물에 대한 객관적인 평가를 마다하지 않는다. 특히 상사와의 관계에서도 자유롭고 막힘없는 의사소통과 협력을 선호하는 경향이 강하다.

조직의 질서에 유연한 태도를 보이는 MZ세대는 위계질서에 대해서 전통적인 행동 규범을 중요시하는 X세대와는 다른 형태의 모습을 보이고 있다. 행동규범에 대한 다른 이해를 바탕으로 같은 공간에서 생활이 이뤄지다 보니 MZ세대와 X세대 사이에서 충돌이 늘어날 수밖에 없고 이는 보통 괴롭힘의 발단이 되어버리는 데 조직문화의 붕괴와 밀접한 관계가 있다. 그 원인을 몇 가지로 축약할 수 있다.

첫째, 의사소통의 문제이다. MZ세대는 보다 열린 자세로 개방적으로 상사와 의사소통 하는 것을 선호하는 경향이 있다. 보통의 경우에는 자신의 견해를 설명할 수 있는 충분한 자신감이 이를 뒷받침한다. 반면에 X세대는 보다 구조적이고 전통적인 의사소통 방식에 익숙하다. 앞서 말했던 것처럼 자신의 지위와 경험을 토대로 상대 직원을 통제할 수 있을 때 능력을 발휘할 수 있다는 점에서 수동적인 소통 방식에 익숙하다. 이로 인해 의사소통에 대한 기대치와 성과가 부딪히는 일을 자주 목격할 수 있다.

둘째, 선호하는 업무방식의 차이이다. 초연결 시대에서 디지털의 자유로움을 겪으며 성장한 MZ세대는, 자유로운 근무환경과 유연한 업무방식에 익숙할 수밖에 없다. 그 시기에 터진 코로나19 팬데믹의 영향은 원격근무를 강제할 수밖에 없는 환경적 영향까지 상황을 촉진하게 했다. 생산직이나 기술직이 아닌 이상 노트북만 있으면 언제 어디서든 자신이 해내야 하는 업무의 결과를 충분히 만들어 낼 수 있다. 이처럼 4차 산업혁명의 장점인 초연결 사회는 모두에게 익숙하다. 그러나 아직도 X세대에게는 그 경험이 생활로 받아들여지기에 다소 거리감이 있다. 사회현상으로 인해 전통적인 위계질서가 무너지고 있다고 느끼기도 한다.

셋째, 다양성과 리더십이 조직에 미치는 영향을 정의하지 못한다. MZ세대는 조직의 다양한 의식을 존중하고 포용하는 것을 강조하곤 한다. 이로 인해 위계질서가 다양성을 제한한다고 느끼는 경우에 부당하다고 느끼게 된다. 리더십의 개념에 대한 이해의 차이로 인해 X세대 리더와 MZ세대 구성원 간에 분쟁이 발생할 수 있다는 얘기다. MZ세대는 미래를 주도하는 열정적인 리더십을 선호하며, X세대 리더는 여전히 전통적인 위계질서를 중시할 수 있기 때문이다.

조직은 이러한 차이를 관리하고 다루기 위해 열린 대화가 가능해야 한다. K-기업문화 때문에 갈등이 빚어진 것이라면 이를 보완할 교육을 강화해야 한다. 의사소통, 선호하는 업무방식 그리고 다양성과 리더십은 현재 우리가 겪고 있는 복잡한 갈등과 분쟁을 해결할 수 있는 열쇠이다. 세 가지를 개선하면 상사와 부하 간의 이해와 상호존중의 문화가 자리 잡히게 된다. 이렇게 조직 내에서 위계질서와 관련된 충돌을 줄이는 데 도움이 될 수 있다. 물론 조직은 다양한 세대 간의 관계가 구축되는 것을 지원하고 상호 협력을 장려하는 방안을 모색해야 한다.

'법과 원칙'에 민감한 MZ세대

대부분의 조직은 가족의 범위보다 크고(그보다 작을 수도 있겠지만) 위계질서를 중심으로 성과를 창출해 나간다. 이것이 일반적인 조직의 형태라고 할 수 있다. 이러한 조직은 자체적으로 변화를 꾀할 수 있고 정화기능이 작동할 수 있도록 설계되어 있는 게 특징이다. 조직의 크기를 달리 보더라도 다양한 구성원이 하나의 목표를 설정하는 데 규율이 중요하다. 조직의 제 규정은 위계와 질서를 한데 묶어 조직이 추구하는 궁극적인 목표에 구성원이 집중할 수 있게 한다.

회사에는 보통 취업규칙을 기준으로 조직의 규율을 정해 놓고 있지만 유야무야 잘 지켜지지 않는 경우가 있다. 그 안에서 운영하는 직원들의 조직문화 자체가 규정이라는 성문이 아니라, 한 사람의 판단에 의해서 유동적으로 변하고 활용하는 경우가 많기 때문이다. 주로 '그것을 왜 지켜야 하는지'에 관해서 깊은 이해가 없는 경우가 그렇다. 규율도 일종의 조직문화라고 할 수 있는데 조직문화의 차이가 어떠한 결과로 연결되는지는 역사적 사례를 통해 알 수 있다.

근대화가 시작된 인도의 한 지방정부는 독성이 강한 코브라 때문에 골치를 썩고 있었다. 가뜩이나 사회가 혼란한데 도시 곳곳에서 코브라가 출몰하면서 다치거나 죽는 사람이 늘었기 때문이다. 지방정부는 번뜩이는 아이디어를 냈다. 코브라를 잡아서 가져오면 한 마리당 비용을 지불하기로 했다. 그렇게 정책을 시행한 지 몇 달 후 코브라의 개체 수가 확연히 줄어드는 걸 볼 수 있었다. 그런데 이게 어찌 된 일인지, 2년이 지나자 다시 코브라가 늘어난다는 보고서가 발표되었다. 그 이유를 찾아보니 사람들이 코브라를 사육해서 지방정부에 넘기고 있었던 것이다.

직장 내 질서를 유지하기 위한 각종 규정이 잘 갖추어 있더라도, 그것을 시행하고 따라야 하는 구성원의 의식이 바르지 않으면 그 규정은 있으나마나 한 것과 같다. 사실상 사문화된 규정을 열심히 들여다본다고 해서 우리의 직장문화가 변화되는 건 아니기 때문이다. 규정을 잘 갖추는 것보다 그 안에서 사람들의 의식이 뒷받침되지 않을 경우에 조직이 추구하고자 하는 목표와 동떨어진 인사정책이 나올 수밖에 없다. 이처럼 조직문화는 규율만으로 해결되는 것이 아니다.

많은 회사에서 제 규정을 잘 갖추고 있을 뿐만이 아니라 각종 서류와 보고 자료까지 잘 구비하고 있다. 겉보기에는 문제가 없어 보이는 규율과 문서들을 보면서 조직은 착각에 빠지는 경우가 많다. 이런 경우를 제외한다고 해서 그 조직 역시 조직 소통의 문제가 없는 것은 아니다. 앞에서 말한 것처럼 구성원의 의식이 가장 중요하기 때문이다. 하나의 사건에 대한 해결책이 다양한 결과물로 이어진다면 이것 역시 규율이라고 할 수 없다. 가능하면 변수가 많지 않도록 다양한 결과를 지양해야 하는 이유다.

여러 번 얘기하겠지만 세대가 젊으면 젊을수록 가장 중요하게 생각하는 사회적 가치 중 하나는 '공정'이다. 보통 공정이라는 단어에는 '기회의 균등'이 내포돼 있다. 똑같은 기회에서 나오는 결과에 대한 공정한 평가가 있을 때 깨끗하게 인정할 줄 아는 게 MZ세대의 특징이다. 인생 자체가 '운'에서 비롯된다고도 할 수 있겠지만, 그 이면에는 똑같은 기회가 주어졌을 때와 그렇지 않았을 때에 대해 젊은 층이 받아들이는 크기는 다를 수밖에 없다.

똑똑함보다는 유연함

사람이 모이면 하나의 조직이 되고 하나의 사회로 연결된다.

그 사회의 구성원이 늘어나고 하나의 집합체가 필요할 때 국가를 이루어 비슷한 가치를 추구하며 살아간다. 즉, 사회라고 한다면 가족이 있고 회사가 있고 크게는 국가가 있다. 가족 범위 안에서는 그들만의 가치가 다른 가족과는 다르듯이, 회사 역시 경영자가 추구하는 가치관에 따라 기업의 문화는 달라진다. 국가를 이뤘을 때, 국가 지도층의 가치관은 국가의 비전을 밝힐 수도 있지만 갉아먹을 수도 있는 것과 같다.

이때 모든 집단에는 다양한 사람이 모여 있다는 복잡성이 존재한다. 그러나 그 집단이 목표로 하는 가치는 늘 비슷하다는 측면에서 다양한 의견을 종합하여 운영할 수 있는 룰이 필요하게 된다. 가족으로 본다면 '가훈'이 될 수 있고, 회사로 본다면 '취업규칙'이 있으며, 국가에는 '헌법과 법이' 존재한다. 이 룰은 다양한 사람이 모인 하나의 집단 내에서 질서를 유지하기 위한 가장 합리적인 기준이라고 할 수 있다. 회사에는 직원이 노동력을 제공하고 임금을 받기 위해 작성한 개별 합의 문서인 계약서가 존재한다.

결국, 조직 내에 존재하는 여러 규정은 다양한 사람이 한데 모여 있더라도 모든 구성원이 공정하게 운용할 수 있어야 하는 필수불가결의 원칙이라는 공통점이 있다. MZ세대는 이러한 규정에 민감하다. 각종 미디어를 휩쓸고 있는 다양한 상식 밖의 일은 수많은 불합리를 겪은 불만의 표출이기도 하다. "그냥, 이 정도 선에서 끝냅시다.", "적당히 하지, 뭐 하러 그렇게 따지고 드나?"와 같은 X세대의 '좋은 게 좋은 거다'는 원칙 없는 타협에 MZ세대가 민감하게 반응하는 이유다.

반면에, 업무와 관리의 개념을 집대성한 제 규정과 업무 매뉴얼이 사람의 발전적 사고를 제약하고 있다고 주장하는 학자도 있다. 이는 순전히 결과론적 안정을 위한 관리 포인트이지, 업무 절차의 명확성을 확보하기 위한 경영자적 장치라고 말하기에는 모순이 숨겨져 있다. 효율성보다는 공정성에 기인한 업무방식이 자리 잡힌 공공기관과 공무원의 형태에 답답함을 느끼는 이유가 여기에 있다. 하지만 틀에 갇힌 업무성과와 결과를 더 다양하게 인정하기 위해, 그 기준을 조금 더 넓히고 보이지 않는 성과에 집중한다면 수용력이 늘어날 수 있다.

[세대별 의식구조]

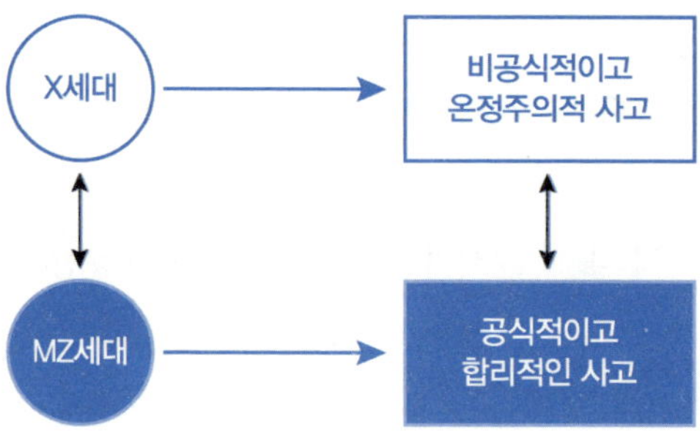

MZ는 공식적이고 합리적 사고를 추구한다. 물론 사안별로 정도의 차이는 있다. 반면에 기성세대는 비공식적이고 온정주의에서 비롯된 고무줄 같은 기준으로 조직생활을 하는 경향이 있다. 회사 내에서 문제가 발생할 때, 취업규칙과 원칙이 있음에도 불구하고 관리자 자신의 개인기로 일을 해결하는 경우가 많다. 이러한 원칙 없는 타협을 중요하게 생각하는 사람은 위로 갈수록 늘어난다. 개인의 역량으로 치부하려는 조직문화의 문제일 수도 있고, 사실을 공개하면 조직에 해가 될 수 있다는 충심에서 나오는 타협일 수도 있다. 문제는 이렇게 원칙을 훼손하는 일이 늘어날수록 조직의 경쟁력은 떨어지고 언젠가는 무질서한 조직이 된다는 점이다.

제아무리 개인 역량이 뛰어난 리더라도 자신이 할 수 있는 모든 일의 영역은 기준과 원칙 안에서 이뤄져야 한다. 조직에서 발생하는 사고도 기준 내에서 공개 가능한 수준에서 업무처리를 할 필요가 있다. 대부분의 묵혀둔 문제가 크게 터지게 마련이다. 투명하지 못한 사례가 쌓이면 내부에서 썩게 되고 그 조직은 쉽게 무너질 수밖에 없다. 앞에서 말한 것처럼 조직의 구성원은 회사를 믿지 못하고 인적·물적 경쟁력이 떨어지면서 위기에 직면하게 된다.

MZ세대는 무조건적으로 공정할 것을 요구한다고 하지만 이것은 사실 왜곡된 표현이다. 그 안을 들여다본다면 이미 정해져 있는 규칙을 지켜주기를 바라는 게 다이기 때문이다. 약속한 그 내용을 그대로 이행하고, 평가표를 채우는 데 반칙이 없기를 바라는 것인데 이것을 마냥 공정을 추구한다고 보는 건 사실 잘못된 시각이다. 근로계약서를 작성했다면 출퇴근 시간을 지키고, 이외의 시간에 대해 연장근로수당을 요구하는 건 너무나도 당연하다고 말하는 것이다. 규정과 절차를 잘 지켜 달라고 요구하는 것으로 MZ세대의 태도를 문제 삼는 것은 과한 처사라고 할 수 있다.

MZ세대 역시 마찬가지다. 정당한 요구를 팀장이나 선배에게 하는 경우에 정해진 틀과 법만을 설명해서 정당성을 관철하려고 하기보다는 적절한 타이밍과 조직의 원활한 운영 정도에 대해 최소한의 고민을 해 보아야 한다. 이미 수십 년 동안 만들어져 온 K-직장문화가 하루아침에 변하는 데는 한계가 있기도 하지만, 선배나 팀장으로서는 부득이하게 업무 요청을 하거나 소통해야 하는 경우가 많기 때문이다. 정당하다고 해서 무조건적으로 관철하려는 '똑똑함'보다 환경을 이해하려는 '유연함'이 때로는 팀장을 이해시키는 데 도움이 될 수 있다.

만병의 근원 '비밀녹음'

대기업 미디어팀에서 2년 계약직으로 근무하고 있는 손정식 씨는 이상한 낌새를 느낄 때마다 녹취 버튼을 누르곤 한다. 업무실적이나 사람들 간의 소통문제가 불거지면 자신이 권고사직 1순위라는 걸 누구보다 잘 알고 있기 때문이다. 반면에 정규직이자 팀장인 임설우 부장은 일 처리가 매끄럽지 않다는 이유로 손정식 씨를 어떻게 하면 일찍 퇴직시킬 것인가를 고민한다. 보고서의 내용은 요점이 없었고 미디어를 분석하는 능력도 동료들보다 떨어졌다. 여러 번 개선방법을 알려주고 타일러도 달리 개선되지 않아서 이제는 지쳤다. 임 부장은 손 씨를 회의실로 불렀다.

"손정식 씨, 입사한 지가 벌써 1년이 넘었는데, 매번 다른 부서에서 말이 안 통한다는 이야기를 듣는데 이렇게 일하면 더는 함께하기 힘듭니다."

손정식 씨는 한참을 뜸들이다 입을 열었다.

"부장님, 지금 저보고 나가라고 말씀하시는 건가요?"

"뭐, 잘 생각해 보시고요, 다음 주까지 답을 주면 좋겠습니다. 우리 인연은 여기까지라는 거예요. 잘 판단해 보시고 다시 얘기합시다. 실업급여가 중요할 건데, 필요하다면 권고사직으로 처리해 드릴 수도 있으니까, 얘기해 주시고요."

다음 날, 손 씨는 회사에 출근하지 않았다. 아니나 다를까. 몇 주 후 회사는 노동위원회로부터 '부당해고 구제신청'에 관한 자료제출 요구와 출석 통지를 받았는데, 내용은 이러했다. 신고인 손정식 씨는 1년의 계약기간이 남았는데, 특별한 사유가 없음에도 불구하고 팀장이 구두로 해고 통보를 했다는 내용이었다. 그리고 구두로 해고를 통보했다는 증거물로 며칠 전 있었던 임설우 부장과의 대화 녹취록이 제출되어 있었다. 녹취록에는 손 씨의 "저는 나갈 이유가 없는 것 같은데요."라는 내용이 포함되어 있었다. 임 부장은 녹취된 사실보다 녹취록이 이렇게까지 활용될 수 있다는 점에서 심리적 충격을 받았다.

회사와 해고를 주장하는 손정식 씨 간의 치열한 법리 다툼이 이어졌고, 결과적으로 손정식 씨는 원직 복직에 해당하는 '부당해고' 판정을 받게 되었다. 이미 회사의 경영자를 대신해 업무를 하는 팀장의 보직자가 근로자의 퇴직을 종용하는 발언 자체가 이를 받아들이는 직원의 입장에서 해고 통보라고 인지하는 것이 합당하다는 판결 취지가 포함되었다. 다시 말하면, 해고 통보를 서면으로 하지 않아 '절차상 하자'가 있으므로 해고 자체가 무효가 된다는 사건이었다. 손 씨는 원직 복직보다는 그 이상의 합의금과 권고사직이라는 두 개의 성과를 취하고 사건은 마무리됐다.

비밀이 없는 사회

비밀녹음은 직장 내 괴롭힘과 밀접한 관계가 있다. 「근로기준법」에 직장 내 괴롭힘에 관한 규정을 삽입한 개정안이 시행되면서 우리 사회는 '갑질'에 관한 '을의 항변'을 넘어서는 다양한 사건으로 부작용을 겪고 있다. 「근로기준법」 제76조의2(직장 내 괴롭힘의 금지)에는 "사용자 또는 근로자는 직장에서의 지위 또는 관계 등의 우위를 이용하여 업무상 적정범위를 넘어 다른 근로자에게 신체적·정신적 고통을 주거나 근무환경을 악화시키는 행위를 하여서는 아니 된다."라고 명시돼 있다. 물론 직장 내 괴롭힘이 형법상 폭행이나 모욕죄 등이 성립될 수 있고 사회에서 퇴출해야 하는 조직 내 암덩어리인 것은 사실이다.

C 화장품 제조회사 생산관리부 심숙희 대리는 올해 승진 대상자였는데 이번에도 승진 명단에서 누락되었다. 심 대리의 평소 깨끗한 근태와 싹싹한 모습을 보면서 당연히 승진할 거라고 알려져 있던 분위기에서 거듭된 고배는 모두가 의아하게 생각하는 부분이었다. 나름 팀원과의 관계도 원만한 그에게 부족한 게 있다면 잦은 업무상의 실수 정도였다.

"너, 이렇게밖에 못 하니?"
"대학교 나온 사람이 보고서에서 뭐가 중요한지, 아닌지도 구분 못 해?"
"왜 항상 오탈자가 나오는 거야? 국어 안 배웠어?"

심숙희 대리의 상사인 생산관리부 구은희 부장은 심 대리의 잦은 실수만 눈에 들어왔다. 문제는 지적이 늘어난 그때부터 발생했다. 심숙희 대리는 평소 자신의 평가점수를 낮게 주고 평가에 대한 피드백도 적당히 얼버무리며 넘어가는 구은희 부장과 언젠가는 한 번은 부딪힐 것 같은 예감이 들었다. 그날부터 심 대리는 구 부장과 대화할 때마다 비밀녹음을 했다. 녹취라는 건 향후 발생할지도 모를 분쟁에서 내가 주장하는 바를 증명하기 위해 가장 널리 쓰이는 방식이라는 점에서, 누구든지 적극적일 수밖에 없다. 그러나 제아무리 좋은 방식이라도 그만큼 상호 신뢰를 해친다는 점에서 불편한 방식임에는 틀림없다.

구 부장은 심 대리가 실수를 할 때마다 내용을 지적하는 데 진심인 편이었다. 사소한 것 하나도 그냥 넘어가는 일이 없을 정도로 집요하다고 해야 할까. 심 대리는 자신을 가만히 놔두지 않는 모습에 '내가 나가기를 바라는 건가?'라는 생각이 들 수밖에 없었다. 평소에 구 부장은 근태관리는 직장인으로서 기본 자질이라고 생각하고, 사람들과의 좋은 관계를 유지하는 것은 일종의 환경적인 요소일 뿐이지 직장인으로서의 핵심적 가치는 아니라고 생각했다. 일을 잘 하는 게 중요하다고 생각했던 구 부장에게 잦은 업무 실수는 치명적이었던 것이다.

더는 미룰 수 없었던 심 대리는 자신이 반격할 시간이 왔다고 생각이 들었고 사내 고충처리 채널을 통해서 '직장 내 괴롭힘'을 신고했다. 던져진 주사위는 되돌릴 수 없지만 더 이상 참을 수는 없었다. 구 부장의 의도된 괴롭힘의 평가결과 때문에 승진까지 누락되었다며 승진심사 재심 요구도 함께했다. 자신의 행위가 정당하다고 믿는 상황에서 퇴사를 고민할 정도로 마음이 약한 심 대리가 아니었기에 가능했다. 할 수 있는 모든 조치를 가용하는 건 당연했고, 먼저 선수(先手) 치는 것도 나쁘지 않다는 판단이 섰기 때문이다. 다만, 심 대리가 원하는 대로 사건은 흘러가지 않았다. 회사는 전후 사정을 조사하고 인사위원회를 열었지만 혐의점 없음으로 사건이 종료되었다.

어느 정도 예상된 결정이었다. 심 대리는 여기서 멈추기에는 억울한 면이 있었고 결국 사법기관을 찾아 이 사건을 재판에 회부했다. 재판에서 이 사건을 다루는 데 중점적으로 살펴본 것은 과연 이것을 괴롭힘으로 볼 것인지의 핵심으로 업무의 적정성을 넘었느냐의 문제였다. 회사는 직원의 잦은 실수를 바로잡아야 하는 의무가 있고, 실수를 방지하기 위해서는 때에 따라서 적절한 업무로 대체해야 할 수 있다는 논리는 설득력을 얻었다. 결국, 양쪽의 손을 들어주는 쪽으로 가닥을 잡았다. 법원은 승진 누락에 관해서는 회사의 손을 들어줬지만, 직장 내 괴롭힘은 성립된다고 보았다. 공개된 자리에서 모욕적 언사는 짚고 넘어갈 문제였다. 이때 녹취록은 재판부가 판단하는 데 결정적인 역할을 했다.

기술이 낳은 불신

중요한 증거물로 활용된다는 점에서 녹취록은 또 다른 문제를 생산하기도 한다. D 대학교병원 진단검사의학과 송진수 임상병리사는 업무 재배치로 인해 두 명의 간호사와 근무하게 됐다. 하는 업무가 다른데 한데 모여 있으니 문제가 발생할 수밖에 없었다. 송 씨는 간호사에게 왕따를 포함해서 직장 내 괴롭힘을 당했다며 담당 부서인 인사팀 임현수 부장에게 사건을 신고했다.

그러나 객관적 증거가 부족하다는 점이 문제였다. 인사팀 임 부장은 피해 사실의 주장을 뒷받침할 수 있는 녹취록이 가장 중요한 증거가 될 수 있다는 점을 안내했다.

문제는 이제부터 커지게 됐다. 피해를 주장하는 송 씨가 임 부장의 조언을 듣고 광범위하게 비밀녹음을 시작했기 때문이다. 전화 통화를 이용한 녹음뿐만이 아니라 피신고인 간호사들과의 대화도 녹취했다. 그런데 결정적인 증거물이 부족하다고 생각한 송 씨는 업무장소에 비치된 PC 본체에 마이크가 달린 이어폰을 설치하고 피신고인 간호사들이 하는 대화까지 수집하기에 이르렀다.

때마침 PC에 수집된 녹음 내용에는 괴롭힘 행위를 시인하는 내용으로 녹취가 담겨 있었고, 송 씨는 회사에 증거물로 제출했다. 그렇게 간호사 2명은 감봉 처분을 받았다. 같은 시기, 최근 자연스럽지 못한 송 씨의 모습을 이상하게 생각하던 간호사 한 명이 PC에 설치된 마이크를 확인하여 녹취가 되어 왔다는 것을 알아차렸다. 병원은 어떻게 대응을 했을까. 송진수 씨가 제출한 녹취록은 통신비밀보호법에서 금지하는 '감청'에 해당하여 증거로서 효력이 없다고 보고, 피신고인 간호사의 징계를 취소했다. 추가로 송 씨를 직장 규율 및 질서 문란과, 형사사건 위반에 해당한다며 면직 처분했다.

이 사건은 인사팀에서 직장 내 괴롭힘을 당할 때 녹음하라고 안내하는 것도 문제지만 괴롭힘을 입증하고자 공개된 장소에서 다수의 음성을 녹음하면서까지 승리에 매몰된 범죄 행위를 했다는 점이 더 큰 문제이다. 이는 사회적 신뢰마저 깨트린 심각한 개인의 일탈이기 때문이다. 오히려 구체적 사실과 정황을 일기장에 써 놓은 메모 내용이 사실을 증명하는 데 도움이 될 수 있는데도 말이다.

덧붙여 본다면, 항상 비밀녹음은 문제를 일으킨다. 테크놀로지의 발전에 기대어 다양한 사람이 자신의 권익을 찾는 데 기술을 활용하는 건 너무나 당연하겠지만, 서로 의심하고 감시하는 게 일상이 되어가는 데 가장 널리 사용되기 때문이다. 전화를 해도 문자를 보내더라도 우리는 언젠가는 그 모든 게 자신에게 불리하게 작용될 수 있다는 심리적 위축감을 가지고 살아가게 된다. 문명의 발달이 문명의 이기심을 부채질하는 모양새다.

사람과의 신뢰가 직장에서 가장 중요한 가치였는데 언제쯤 그 신뢰가 되돌아올 수 있을까. 언제부터 우리 사회는 서로를 믿지 못하고 몰아세우면서 깎아내리기에 바빴을까. 우리들은 나에게 득이 되면 내 편이고 나에게 약간이라도 불이익이 된다고 판단하면 언제든지 적으로 설정해서 공격하며 끌어내리기 위해 갖은 노력을 불사한다. 직장 내에서도 마찬가지다. 건전한 노사관계를 이어가는 곳이 있는 반면에, 대립적 노사관계 사업장을 보면 적과 아군만 남아 있고 터지기 직전의 화산과 같은 모습이다. 그렇게 되기까지는 괴롭힘과 권리구제 사례가 시발점인 경우가 많다.

사회적 이슈는 사회의 구조적 변화를 재촉한다. 범죄가 많으면 그 범죄를 예방하고자 CCTV 설치를 늘리고 처벌을 강화하는 형식이다. 급격하게 많은 변화를 거친 회사도 마찬가지다. 말을 할 때나 통화를 할 때에는 어디선가 녹음이 되고 있다고 생각하고, 행동할 때는 5대의 CCTV가 나를 지켜보고 있다고 생각해야 한다. 이런 감시와 기록의 환경을 벗어날 수 있을까. 다소 숨 막히는 이야기가 될 수 있지만, 우리는 이미 그런 세상에서 살고 있다.

헤어롤

지하철을 타고 출근하다 보면 앞머리에 '헤어롤'을 하고 있는 여성이 꼭 있다. 이분은 출근을 하는 것인지, 아니면 아침부터 친구 모임에 가는 것인지 헷갈린다. 아무튼 헤어롤을 하는 여성은 앞머리가 자신의 전 재산인 양 단단히 고정하곤 한다. '집에서 머리를 할 시간이 없었겠지'라고 생각하는 건 그렇게 어려운 일은 아니다. 평범한 출근길의 모습이라고 할 수 있다. 그러나 다른 장소에서 이런 일이 발생할 경우에는 바라보는 시선이 크게 달라진다.

중소기업에서 수출 업무를 담당하는 이미지 씨는 업무시간에 '헤어롤'을 하고 있었다. 퇴근 후 오랜만에 대학교 동기들과 약속이 있었기 때문이다. 화장실에서 거울을 들여다보는데 머리 스타일이 원하는 모양으로 되지 않았던 게 신경이 쓰였나 보다.

회사가 자신의 집과도 같다고 생각했던 것일까. 때마침 그 앞을 지나가던 50대 사장이 그 모습을 목격했다.

"잠깐만, 이봐! 회사에서 왜 헤어롤을 하고 있는 거야. 여기가 당신 집이야? 학교 다닐 때 껌 좀 씹었던 거 아니야?"

그도 그럴 것이 사장의 눈에는, 철없는 여성이 집에서 하던 버릇대로 회사에서도 한다고 생각할 수밖에 없었다. 반면에 이 씨 입장에서는 사무실에서 특별히 외부인과 대면 접촉이 없기 때문에 잠시 헤어롤을 해도 괜찮다고 생각했을 수 있다. 50대 사장과 20대 여직원 간에 남아 있는 생각의 차이라고 볼 수 있을까. 일반적으로 20대 여직원의 행동이 다소 과하다고 보는 사람이 다수일 가능성이 높다. 그러나 50대 사장이 여직원에게 태도를 문제 삼으며 언쟁까지 벌여야 하는지에 대해서는 의견이 다를 수 있다. 사장의 한마디에 다른 사람 같았으면 "네, 알겠습니다."라고 말하며 바로 정정하는 모습을 보였을 텐데 이 씨는 이렇게 말했다.

"네? 제가 뭘 잘못했는데요. 책상에 앉아 있을 때만 잠깐 하는 건데요?"

실제로 이 씨는 뭐가 문제인지 모르고 있었다. 사장은 채용 면접을 볼 때 이런 사람인 줄 몰랐다는 듯 속이 부글부글 끓어올랐지만 별 수 없었다. 그러고는 바로 인사팀장을 불러 해당 여직원을 빨리 회사에서 내보내라고 지시했다. 실제로 회사는 여직원을 해고했지만, 결국에는 노동위원회에서 괴롭힘을 포함해서 부당해고로 인정받았고 여직원은 곧바로 복직됐다.

사실 헤어롤은 1970년대부터 바쁜 현대 여성이 미용실이나 전문가의 손길 없이도 간단하게 머리를 정리할 수 있는 도구로서 인기를 끌었다. 오죽하면 2017년 대통령 파면 선고를 하는 당일, 이정미 헌법재판소장 권한대행은 헤어롤을 두 개나 말아 놓고 그대로 출근해 화재가 되었을까. 전 국민은 이정미 권한대행을 보며 소박한 서민의 모습이라는 파면을 앞둔 대통령과 비교하면서 찬사를 보낸 반면, 수많은 외신은 한국 여성 사회의 지극히 사소한 실수라며 웃어넘겼다.

전 세계가 지켜보는 대통령 탄핵이라는 역사적 사건 현장에서 그 결단의 책임을 지고 있는 헌법재판관의 모습에는 어쩌면 우리 사회가 헤어롤을 바라보는 시각이 담겨 있는지도 모르겠다. 그만큼 지극히 일반적으로 사소하고 개인적인 모습으로 보는 게 사실이다. 물론 회사에서도 그렇다. 헌법재판관도 헤어롤을 하고 그대로 출근하는 모습이 전 세계의 카메라에 담겼는데, 하물며 직원이 헤어롤을 하고 있는 것을 큰 사건으로 보기에는 어렵다는 시각도 존재한다. 특히, 사무실에서 헤어롤을 해서는 안 된다는 등의 복장기준이 명확하게 있지 않다면 더욱 그렇다.

일반적인 직장인의 눈이라면 해당 여직원이 사무실에서 헤어롤을 하고 있는 행동 자체를 어떻게 볼까. 지극히 개인적인 행동으로 보고 신경을 쓸 만한 정도는 아니라는 입장과 여러 사람이 모여 있는 사무실에서 일반적이지 않게 헤어롤을 하고 있는 자체가 개념을 상실한 것이라고 보는 입장으로 나뉠 수 있다. 다시 말하면, 직장 내에서 직원의 업무상 개인 용모에 대한 자기 결정권이 어느 수준까지 인정받을 수 있는지의 문제로 봐야 한다는 것도 틀린 말은 아니다.

언젠가 회사의 MZ세대 직원에게 이 사례에 대해 어떻게 생각하는지를 물어본 적이 있다. 의외로 20대 여직원은 "그 사람 정말 개념 없는데요? 일하러 온 회사에서 헤어롤은 다른 사람들이 보기에 불쾌할 것 같아요."라고 말했다. 그렇지만 해고로 연결된 것까지는 받아들이지 못했다. 또 다른 20대 남성 직원은 "사장님이 완전 꼰대네요. 헤어롤은 여직원의 사적인 영역 아닌가요?"라고 답했다.

요즘 애들

나이 든 꼰대의 약세 속에서 젊은 꼰대의 성장이 두드러지는 게 최근의 양상이다. 세상 부러울 것 없이 자랐고 자신이 하는 행동의 정당성을 찾는데 익숙한 MZ세대 꼰대의 특징은 실수를 쉽게 인정하지 않는 데 있다. 물론 나이 든 꼰대라고 해서 다르지는 않지만 말이다. 기성세대나 X세대는 회사에서 어떤 실수를 하면, 그 실수에 대해 사과하고 그 실수를 만회하기 위해 노력했다. 그러나 젊은 꼰대들은 실수 자체를 인정하는 데 인색하고, 자신의 실수를 합리화하기 위해 논리력을 총동원한다.

"옛날 같았으면 저런 거 두고 보지도 않을 텐데 요즘 많이 좋아졌어."라며 우리 꼰대들은 옛 시간을 회상하며 현실 도피를 해보지만, MZ세대와의 마찰만 늘어날 뿐이다. 많은 직장에서 직원 사이 갈등의 원인으로 지목되는 것이 세대 간 생각의 차이이기 때문이다. 직장뿐만이 아니다. 사람이 모여 있는 대부분의 장소에서는 옛 기억에 심취해 있는 사람들과 자신의 주장이 타당하다는 걸 증명하기 위해 행동으로 보이고 있는 젊은 세대의 갈등이 깊어만 가고 있다.

이럴 때일수록 모두가 납득할 만한 하나의 규칙은 중요하다. 만약, 남성이든 여성이든 회사 내에서 특유의 복장을 착용하거나 헤어롤을 하는 게 적절하지 못하다고 생각한다면 '복장 규정'

과 같은 기준을 세워서 전 직원이 이해할 수 있도록 하는 절차부터 짚어봐야 한다. 질서의 유지는 잘 잡힌 기준에서 비롯되어야 하기 때문이다. 그럴 때 비로소 MZ세대도 그런 기준에 부합하는 행동을 할 것이다. X세대는 단순히 '요즘 애들'이라고 생각하기보다는 그들이 그렇게 행동하는 이유를 생각해 보고 행동의 원칙을 잡아나가는 것부터 실행해야 한다.

상대적 박탈감

시간이 지날수록 X세대와 MZ세대 간에 소득과 자산의 격차가 벌어진다. 이런 현상을 몸으로 겪고 있는 젊은 세대는 인터넷뱅킹을 쉴 새 없이 드나들며 빗투에 열을 올린다. 자산의 형성이 근로소득만으로 이뤄지지 않는다는 점은 이미 다 알려진 사실이기 때문이다. 가장 시급한 문제는 주거와 먹는 문제다. 주거가 안정적이어야 하지만, 사실 우리의 젊은 세대들은 아직도 1평 남짓의 고시원에서 사회생활을 시작하기도 한다. 정부는 '청년정책보좌관'을 두며 MZ세대의 자립을 위한 각고의 노력을 기울이고 있지만, 체감할 만한 정책은 그다지 많지 않은 게 사실이다.

소득과 자산의 차이는 결국 계층을 이동할 수 있는 사다리의 한계를 느끼게 해준다는 점에서 사회적 문제가 되고 있다. 사회의 양극화는 날이 갈수록 심화되고 양질의 일자리는 줄어들지만, 그 파이를 나누어 먹기 위한 경쟁은 격해지고 있다. 코로나19 이후로 사회적 계층 이동 사다리는 복원이 더 어려워진 듯하다. 사회적으로 계층 간 이동으로 일부 기득권의 특권을 희석시켜야 할 과제가 있지만, 누구도 손쓸 방법을 속 시원히 제시하지 못한다.

경제적으로 지원이 부족한 소득계층의 청년은 어렵게 입학한 대학교 학비를 대출로 조달하고 생활비는 아르바이트로 충당하면서, 정작 집중해야 할 학업은 뒷전으로 미룬다. 그렇게 졸업과 취직을 하지만 '현타(현실 자각 타임)'를 맞는 데 오랜 시간이 걸리지 않는다. 치솟는 물가와 동떨어진 월급으로는 미래를 계획하기는커녕 지금의 생활을 유지하는 데도 빠듯하기 때문이다. 희망이 신기루처럼 꿈에서만 머무는 삶을 겪으며 고단해진 청년이 주식과 코인 그리고 부동산에서 자신의 꿈을 실현하려는 이유다.

다시 말하면, 경제적 측면에서 소득격차는 '빚투족'을 양산하는 데 충분히 기여했다. 주식 투자는 물론이고, 2021년에 부동산 시장이 과열되면서 가격이 하늘 높은 줄 모르고 올라가고 있을 때 가장 많은 구매의사를 밝힌 연령대가 20~30대 청년이었다. 지금이 아니면 더 높은 가격에 살 수밖에 없다는 초조함의 결과다. 청년들은 기회가 지금밖에 없을 거라고 생각하지 않았을까. 이들이 은행 빚을 써서라도 주식 투자를 하거나 부동산을 구매할 수밖에 없었던 이유는 그것이 인생에서 부자가 될 수 있는 유일한 길이라는 점을 파악했기 때문이다. 말 그대로 젊은 세대에게는 이전 세대가 삶의 목표로 삼았던 '내 집 마련의 꿈'이 말처럼 와 닿는 문장이 아닐 정도로 계층 간의 차이는 공고해졌다. 그 어느 세대보다도 공정함이 미치는 사회의 영향에 관심이 깊은 MZ세대 아닌가. 강남 개포동에서 19세의 무직자가 아파트 청약에 당첨되어 잔금을 치루고 실제로 입주까지 하는 모습을 보면서, 기울어진 운동장의 사회적 현상을 체감한다. 자신만의 출구를 찾다 보니 무리한 투자가 반복되거나 벌어진 계층에 불만이 쌓이며 사회에 악영향을 끼친다.

공정하다는 착각

상대적 격차라는 결과가 나는 데는 물론 시대의 변화도 한몫했다. X세대를 포함해서 이전 세대는 자신이 노력하면 사회적으로 지위가 높아질 가능성이 있었지만, MZ세대에게는 구조적으로 계층 이동의 기회가 줄어든 것이 사실이다. 자신이 제아무리 노력하더라도 결국 중요한 것은 얼마나 안정적인 환경에서 부모님의 지원을 받으면서 성장했는지이다. 세대 간에 비교 의식을 키우고 우리 사회 풍토를 운에 기대도록 어둡게 만든다. 이는 권력을 가진 사람에게서 더욱 두드러지는 현상이다.

단거리 경기와는 다르게 마라톤을 보면 모두가 똑같은 출발

선에서 달리기를 시작하는 것은 아니다. 성장기, 청년기 그리고 결혼에 이르기까지 가족의 전폭적인 지원을 받을 수 있는 사람과 그렇지 못한 사람사에는 천지 차이가 있다. 한번 벌어진 거리는 좀처럼 좁히기 힘든 게 우리 사회의 구조적 결함이라는 건 부인하기 힘들다. 많은 곳에서 그 차이를 인정하고 받아들이라는 무언의 압박을 한다는 점에서 MZ는 혼란스럽다. 그렇다고 해서 자신의 능력치를 보여주지도 못하고 사장시켜야 한다면, 그보다도 억울한 인생은 없지 않을까.

MZ세대는 신분 상승의 꿈을 꾸는 게 아닐 수도 있다. 그저 자신에게 내재된 능력을 한껏 발휘할 수 있는 평평한 운동장을 얻는 것이고, 그렇게 돌출된 자신의 능력을 객관적으로 평가받는 게 그들의 바람일 수 있다. 내 가치 이상으로 보상해 주기를 요구하기보다는, 최소한 자신이 한 만큼의 능력치라도 인정해 주기를 바라는 마음이라고 할 수 있다. 그렇게 시작된 공정과 기회 균등의 제공에 관해 바라보는 시각에 따라서 서로 다른 평가를 내린다.

앞서 언급한 인천국제공항공사 비정규직의 정규직화 과정에서 가장 큰 반대의 목소리를 낸 세대가 바로 MZ세대였다. 동등한 입장에서 치열하게 경쟁하여 입사한 정규직 직원이 정부 방침만으로 정규직이 된 비정규직 직원을 향해서 '무임승차'라고 말한다. 사실상 역차별이 복합적으로 엮여 있는 발언이라고 볼 수 있는 대목이다. MZ세대는 자신의 소득과 환경에서 불공정을 느끼기보다는 자신이 가질 수 있는 기회 자체가 없을 때 어려움을 느낀다. 이때 등장하는 용어가 바로 '상대적 박탈감'이다. 자신의 경험이나 능력을 보여줄 수 있는 기회를 다른 사람의 불공정한 개입으로 박탈당하는 상황을 쉽게 받아들이기 어려워한다.

조금은 다른 이야기일 수 있지만, MZ세대도 이점을 알아 둘 필요가 있다. 조직이나 사회에서 무조건적 공정성을 유지해야만 능력을 알아주는 조직으로 평가받는 게 아니라는 점이다. 때에 따라서는 효율성이나 평가결과를 근거로 기회 제공을 한정적으로 운용할 수밖에 없는 경우도 있기 때문이다. 공통의 목표를 위해서 조직이 하나의 유기체가 되어야 한다는 주장은 아무리 시대가 바뀌었다고 하더라도 쉽게 변하기 어렵다.

3장

지방러의 출현

서울 수저의 등장

입사 동기, 뒤바뀐 직급

한국형 카(car)스트 제도

말만 했다 하면 괴롭힘

3세대 괴롭힘

농담과 괴롭힘

외모와 칭찬

과도한 똑똑함

서울 수저의 등장

요즘 MZ세대는 새로운 수저의 등장에 부러움을 느끼고 있다. '다이아 수저'에 이어서 '서울 수저'의 등장이다. 서울에서 태어난 사람은 자기 집에서 학교를 졸업하고 서울에서 직장까지 얻는다. 그 때문에 주거비용과 같은 초기 비용이 들지 않는 이점으로 인해 경제적으로 안정적일 수밖에 없다. 대한민국의 인재가 서울로 집중되는 이유는 간단하다. 지방에서 태어나서 건강한 환경에서 자라더라도 대학교는 서울로 향하게 되고, 결국 서울에 있는 직장에 취직하면서 빚을 내 방을 얻고 의식주 해결을 위해 많은 시간과 자본을 투입한다. 그만큼 낯선 서울에서 생활하기 위해서는 일단 써야 할 비용이 많을 수밖에 없게 된다. 이들에게 문화의 다양성은 덤이다.

한 가지 다행인 것은 역대 정부는 청년 탈출로 인해 소멸해가는 지방을 살리기 위한 다양한 고민을 하고 있다는 점이다. 반대로 굳이 서울에 오지 않아도 된다는 정책이라고 할 수 있다. 고령인구가 급속도로 늘어나고, 인구감소율이 20%대에 이르는 부산의 영도구는 이제 소멸의 시대를 받아들이고 있다. 우리나라 제2의 도시인 부산이 이럴 지경인데, 다른 지역은 얼마나 더 심하겠는가. 도심 외각에 있는 편의점 아르바이트생 Y 씨는 "우리 조상은 왜 이곳에 터를 잡고 살았을까. 농사를 지어도 이왕이면 서울에서 살았다면 나는 이미 안정적인 삶에 한 발짝 일찍 다가섰을 텐데."라고 하소연한다.

지방을 살리기 위한 정책자금이 무수히 투입되고 있다. 지방소멸위기를 막기 위한 대책은 저출산과 깊은 관련이 있다. 인구분산정책과 맞물려 있기 때문이다. 이러한 정부시책은 늘 공공기관을 중심을 이뤄진다. 대표적인 사례는 공기업을 지방으로 이전하여 수도권 인구를 분산하는 것이다. 이는 이전하는 지방에 해당 공기업을 중심으로 새로운 산업인프라 구축과 인구 유입을 위한 현실적인 정책으로 여겨지고 있다. 실례로 한국전력공사는 이미 전라남도 나주시에 터를 잡았고 이를 중심으로 한국에너지공과대학교가 개교한 것처럼, 여러 지역에서 지방 살리기에 사력을 다하고 있다.

그러나 현실은 쉽게 흐르지 않는다. 서울에 남아 있는 몇 안 되는 정부 부처는 최고급 인재가 넘쳐나서 때 아닌 호황을 경험하고 있다. 2023년 행정고시 수석합격자는 불과 몇 년 전까지만 해도 기피 대상이었던 비인기 차관급인 P 부처를 지망했고, 우수한 근무평정의 5급 사무관은 어떻게든 서울에 남기 위해 몸부림쳤다. 정부의 핵심적인 부처가 대부분 자리 잡은 세종시를 피하기 위해서였다. 서울과 지방 사이에 말로 설명할 수 없을 정도의 격차는 이처럼 공무원 사회에서도 화제가 된 지 오래다. 아파트 특별공급과 같은 인센티브를 유인책으로 내놓았지만 악용 사례만 늘고 있다.

수도권을 중심으로 자리 잡고 있던 공기업과 공직유관단체가 전국 각지로 흩어지는 과정에서, 지방으로 이사해야 하는 직원 간에 발생하는 분쟁도 적지 않다. 마포구에 자리 잡은 A 인력공단이 울산으로 이전하면서 다수의 직원이 멘붕에 빠졌다는 건 누구나 다 아는 사실이다. 이전 사업 초기에 직원 중에서 지방으로 가겠다는 사람은 대부분 남성이었다. 주택 청약 우선권과 같은 다양한 지원책으로 어느 정도 안정적인 가정을 이룬 X세대는 지방이라도 괜찮다는 심정으로 이전에 동참했다.

내가 갈게

"지방으로 본사를 옮기면 함께 이전할 수 있는 사람은 '신청서'를 작성해서 제출하세요."

K 공기업 홍보팀장은 팀원들과 회의하다가 안내사항을 공지

했다. 34세의 최윤정 과장도 회사가 내 걸은 인센티브가 눈에 들어왔고 밑져야 본전이라는 생각으로 남편과 이제 갓 초등학교에 입학한 딸아이를 서울에 두고 혼자서 지방으로 가기로 마음먹었다. 요즘처럼 교통환경이 좋고, 또 연락을 취하거나 사생활을 누리는 데 큰 부담이 없는 시대의 장점을 살리면 지방에서 몇 년 지낸다고 해서 크게 문제 될 것 같지는 않았기 때문이다. 남편과 아이를 놔두고 가야 한다는 점은 걱정스러웠지만, 이미 이야기는 잘되어 있었다. 그러나 문제는 늘 당사자가 아닌 주변에 있다.

최 과장이 신청서를 정성스레 작성해서 제출한 다음 날이었다. 그 이야기는 팀을 넘어서 다른 부서에까지 알 만한 사람은 다 알게 될 정도로 널리 퍼져 있었다. 티타임이라도 있으면 모두가 그녀에 대해 이야기했다. 무슨 이유에서였을까. 평소 친분이 있다고 생각했던 부장님들과 동료들로부터 무수히 많은 질문과 걱정의 눈초리를 받게 된다. 내용은 하나같이 최 과장의 남편과 아이에 대한 걱정이었다.

"최 과장, 애는 어떻게 하고 지방으로 혼자 가려고 그러는 거야?"
"남편이 허락해 주셨어요? 대단하다! 그렇게 가면 애가 걱정되지 않아요?"

최 과장은 속으로 '무슨 질문이 이따위지? 내 걱정을 하고 있는 건지, 남편과 아이 걱정을 하는 건지 모르겠다'라며, 그동안 함께해 왔던 사람들의 낮은 동료의식에 점점 더 실망하게 됐다. 온종일 보는 사람마다 걱정해 준다는 명목으로 던지는 이야기를 잘 들어보면, 걱정이라기보다는 성차별적 이야기일 뿐이었다. '지방으로 이전하는 회사와 함께 이사를 고려하고 있다는 점이 무슨 문제가 있을까?'라고 생각하겠지만, 우리가 모르는 다른 면이 여기에 숨겨져 있다.

다른 남성 부장, 차장, 과장, 대리가 지방으로 이사한다고 하면 별다른 이야기가 없다가, 결혼하고 아이까지 있는 여성 직원이 지방으로 이사한다고 하면 시끄러워진다. 그게 사람들의 이목을 집중할 정도로 대단한 일일까? MZ세대에게는 이해할 수 없는 세대 간 불합리의 표본이지만 아직도 현실은 그렇다. 세대 차이가 깊어질수록 늘어나는 직장 내의 성차별적 언행이 어디에서 시작되고 있는지 궁금할 뿐이다. 수위가 높아지자 최 과장은 부장 몇 명을 직장 내 괴롭힘으로 신고했고 결국 괴롭힘으로 인정받았다.

이번에는 정반대 이야기다. 전국에 지점이 있는 친환경기업의 기술개발팀에서 일하는 김민서 대리는 대구에 있는 지사로 발령받았다. 여대를 졸업하고 입사할 때부터 늘 여성 임원을 꿈꾸어 왔던 김 대리다. 애초에 지방 지사를 경험하면서 업무경력을 쌓으면 큰 도움이 될 거라고 생각했다. 큰 고민은 없었다. 대구 지사는 서울에 있는 본사보다 팀원 분위기가 화기애애하고 적극적으로 김 대리를 환영해 주었다. 발령 첫날 팀장은 김 대리와 각 부서를 돌면서 일일이 소개하면서 지사에 잘 적응할 수 있도록 노력했다.

본사에서 온 새로운 직원이 출근하면서 팀 분위기는 밝아졌고, 팀장은 며칠이 지나서 동성로에 있는 막창집에서 회식을 하자고 했다. 이날만큼은 김 대리를 위한 환영식이었고, 술잔이 몇 번 오고 가면서 분위기는 정말 한 가족이 될 수 있겠다는 생각이 들 정도로 편안했다. 김 대리는 역시나 다양한 사람과 함께하는 새로운 분위기 속에서 지방으로 오기를 잘했다고 생각했다. 분위기가 고조되자 늘 그렇듯 환영식에서 결혼은 했는지, 고향이 어디인지를 물으며 호구조사가 진행됐다.

"김 대리님, 그러면 대구에 내려와서 집은 어뎁니까?"
"아네, 우체국 길 건너편 동아오피스텔에 살아요."
"아, 나도 거기 살아. 가까운 데 사는데요."

기술개발팀장은 김 대리가 대구에서 잘 자리 잡기를 바라는 마음에 여러 질문을 하면서 관심을 보였다. 그때 에이스로 소문난 미혼남인 박찬희 차장도 맞장구를 쳤다. 박 차장 자신도 같은 오피스텔에 산다고 말하며 일이 생기면 언제든지 얘기하라고 당부까지 했다. 역시 회식은 직원 간의 관심을 서로 나누면서 하루의 피로를 잊게 하고, 내일 또 다른 도전을 이어나갈 수 있도록 하는 묘한 맛이 있나 보다. 다행히도 이날 회식은 1차에서 마무리하고 늦지 않은 시간에 해산했다.

"어제 잘 들어갔나요? 잘 잤어요?"
"낯설어서 잠이 잘 왔으려나…"

다음 날, 박 차장은 출근한 김 대리에게 잘 잤는지 몇 마디를 더해서 아침 인사를 건넸지만 아무런 대답이 없었다. 그러고 며칠이 지났을까. 김민서 대리는 사내 이메일을 통해서 감사팀에 자신을 '직장 내 성희롱'의 피해자라며 신고를 했다. 박 차장을 가해자로 지목했는데, 김 대리가 말하는 주장은 이러했다. 자신의 집을 알고 있는 누군가가 자신이 잘 자고 있는지를 걱정하고 있다는 생각에 한숨도 잠을 잘 수 없었다는 것이다. 김 대리는 혼자 있는 자신이 "무서울 수밖에 없지 않냐."라며 구체적 사실인 듯 말을 이어나갔다.

"저녁에 샤워하고, 밤 12시 반에 혼자 누워서 자고 있는 내 모습을 떠올리고 있을 박 차장님이 소름 끼치게 무서웠어요."

순식간에 성희롱의 가해자가 된 박 차장은 미칠 지경이었다. "내가 미쳤냐?"라고 말하고 싶을 정도로 억울했지만, 피신고인이 된 건 어쩔 수 없었다. 사실 집이 어디인지 확인하고 잘 자라는 말과 몇 마디의 관심을 보인 박 차장의 언행만 놓고 본다면 문제가 있다고 보기 어려운 부분도 있다. 같은 건물에 살고 있지 않더라도 간단하게 건넬 수 있는 아침 인사가 어떤 사람에게는 불쾌함을 넘어서 성적 수치심을 느낄 수 있게 한다는 사실에, 사건을 처리하는 사람도 놀랄 수밖에 없었다. 이번 사건의 판단은 여러분에게 맡겨보겠다. 이 사례처럼 요즘 사건의 양상은 다양해지고 있기도 하고, 누군가의 말과 행동에 대해서 인식하는 MZ세대의 관점은 뜻밖인 경우가 많다.

세대 간의 분쟁이나 젠더 문제로 인한 대부분의 사건은, 몰라도 될 상황까지 알고 싶어 하는 호구조사에서 시작되는 경우가 많다. 자신이 당사자가 아니라는 생각 자체는 상대가 느끼게 되는 피해 감정에 관한 문제의 시작점을 구분하지 못하게 한다. 특히, 여성이기 때문에 가족과 떨어져 지내는 데 그 책임을 다하지 않는다는 생각이나, 혼자 지내는 여성을 보호하고 관찰한다는 명목으로 과도하게 조사를 하듯 확인하는 일이 없어야 하는 이유다. 여러 차례 얘기했지만 MZ세대는 지금 하는 일에 관한 필요 이상의 정보는 중요하게 생각하지 않는다.

입사 동기, 뒤바뀐 직급

김지영 차장은 결혼에 아이를 낳기 전까지 C 의류회사 영업부에서 잘나가는 실력자로 정평이 나 있었다. 남편은 복지가 좋다고 소문난 공기업에서 안정적인 직장생활을 하는 터라 아이를 키우기 위해 굳이 맞벌이를 하지 않아도 될 정도의 경제력은 확보된 상태였다. 김 차장은 출산휴가가 끝나자마자 1년 육아휴직을 받아 육아에 전념한 후 며칠 전 회사에 복귀했다. 그런데 이게 웬일일까. 자신과 동기인 옆 부서의 신진수 차장이 어느새 부장으로 승진하고 같은 부서의 팀장으로 승진 발령이 나 있는 게 아닌가.

승진은 공정한 회사의 평가와 시스템을 거친다고 하더라도, 인사권자의 재량이 가장 중요한 요소라는 걸 모르는 사람은 없다. 김 차장은 도저히 신 부장을 팀장님으로 호칭하며 결재서류를 내밀어 자신이 쓴 보고서의 내용을 설명할 자신이 없었다. 안 그래도 경쟁의식이 만연했던 둘 사이가 결국에는 팀장과 팀원으로 구분되었으니 이해되는 부분이다. 그렇게 회사에는 출산휴가를 다녀온 여성 직원과, 남아 있던 남성 동료가 구분이 되었다. 김 차장은 동료와의 격차를 실감하며 불편한 마음을 삭여야 했다. 물론, 회사 입장에서는 근속한 직원과의 형평성 문제를 고려하지 않을 수 없는 노릇이다.

「남녀고용평등법」에는 "사업주는 육아휴직을 마친 후에는 휴직 전과 같은 업무 또는 같은 수준의 임금을 지급하는 직무에 복귀시켜야 한다. 또한, 제2항의 육아휴직기간은 근속기간에 포함한다."라고 명시돼 있다. 합계 출산율 0.72명을 기록하고 있는 대한민국의 출산장려정책에서 늘 소외되는 부분이 바로 육아휴직과 복귀 후 회사의 처우 문제다. 회사도 나름의 할 말이 있겠지만, 휴직하고 온 직원이 다양한 불합리함을 감수해야 하는 이 구조적 문제를 해결하는 것이 시급하다.

아무튼 신진수 팀장은 복귀한 김지영 차장의 업무실력이 예전만 못하다는 말을 스스럼없이 했고, 늘 김 차장에게만 사소한 트집을 잡았다. 부당함을 느낀 김 차장은 법령을 근거 삼아 괴롭힘으로 신고를 할까 말까 고민했지만, 결국 회사를 떠나기로 마음먹었다. 안 그래도 아이를 키우면서 맞벌이를 하는 게 힘들었기 때문이기도 했지만, 남편이 "직장에서 저평가를 받는 데 뭐하러 버티냐? 그냥 때려 치워!"라는 말을 듣고 홧김에 사직서를 제출해 버렸다. 아직까지 우리 사회에서 흔히 볼 수 있는 출산

가정의 비애이자 자주 접할 수 있는 회사의 방식이다.

아무나 못하는 승진

T 건설사는 3대 회장이 경영하는 그룹사다. 형태만을 놓고 보았을 때 한국의 대표 재벌 기업다운 수직적인 의사결정 구도를 오랫동안 유지한 기업이다. 이런 회사에 전국 단위 상급단체를 둔 노동조합이 설립된 지는 1년이 채 되지 않았다. 그 이유를 명확히 설명하기는 어렵지만, 다수의 기업은 노동조합 설립 자체를 반갑게 여기지 않는 분위기다. 물론 일부의 이야기겠지만 말이다. 기업의 입장에서 정치적 성향이 짙은 노동조합의 설립 과정에서 발생하는 대부분의 사건을 긍정적으로 보지 않는 이유는 다양하다.

T 건설사는 노동조합과 단체교섭을 진행하고 있지만 잘 풀리지 않아 불안한 노사관계가 지속되고 있을 무렵이었다. 때마침 매년 시행하는 정기승진 일정이 다가왔다. 이목이 집중되었던 승진대상자에는 노동조합 설립을 주도한 김지원 과장이 있었다. 김 과장은 이미 회사를 상대로 존재하지도 않은 임금체불과 각종 부당노동행위를 위시해서 노동지청과 노동위원회에 사건을 진정 · 고소한 상태였다. 회사는 정기승진 대상에서 김 과장과 다른 노동조합 간부를 제외했다.

물론, 승진 심사 대상자라고 해서 무조건 승진이 되는 게 아니라는 점은 분명하지만, 당사자는 회사가 의도적으로 승직을 누락시켰다고 판단할 만한 정황이었다. 김 과장은 노동위원회에 노동조합 활동을 저해하기 위한 목적으로 행한 정기승진 대상자 누락은 '부당노동행위'에 해당한다며 구제신청을 했고, 치열한 법리 다툼이 이어졌다. 문제는 승진 누락이라는 결과만 보았지 평소에 자신의 행동은 잊고 있었다는 데 있다. 노동위원회의 판단은 종합적일 수밖에 없었다. 종국에는 상사의 업무지시를 따르지 않는 등의 이유로 낮은 평가를 받은 사람이 승진이 누락된 사례로써 "부당노동행위에 해당하지 않는다."라는 판정을 받게 된다.

이 사건에서 자세하게 들여다보아야 할 대목은 노조 간부나 회사의 임원이라고 하더라도 회사의 업무과정에 위해가 되는 상황은 결국 직원으로서 평가받게 된다는 점이다. 평소의 행실과 평가를 받은 내용을 근거로 한 인사조치는 회사의 정당한 인사권 행사로 볼 수 있다. 반대로 부당한 처우를 주장할 수밖에 없는 사람과는 팽팽한 대립이 유지된다는 점에서, 평소 현장의 노무관리가 적절히 이뤄지고 있는지에 관한 점검이 필요하다. 정확한 업무지시와 객관적인 자료를 통한 관리는 중요하다. 추가로 회사는 인사평가를 공정하게 해야 하는데, MZ세대가 가장 바라는 점은 바로 이러한 부분이다.

그러나 경직된 회사의 '공정'이라는 단어에는 미처 생각지 못한 사실이 숨어 있다. 승진할 사람은 이미 정해져 있는 경우가 많다는 점이다. 제아무리 열심히 하고 회사에 실익이 남는 무언가를 개발했다고 하더라도, 결국에 좋은 평가를 받는 대상은 윗사람을 잘 보시고 때로는 위험부담을 떠안지 않는 꽃가루라고 의심하게 된다. 그렇지 않다고 말할 수 있겠지만, 일반적으로 사람을 평가하는 데는 객관성보다는 주관적 견해가 가장 크게 작용하기 때문이다. 결국 윗사람이 함께 일하고 싶은 사람을 눈여겨보고 좋은 점수로 평가하는 건 어쩔 수 없다. 다만, 시대가 변하여 개인의 역량과 성과만으로 객관적인 평가를 받기를 바라는 MZ세대의 요구는 이제 보편화되었다는 점을 이해해야 한다.

나보다 직급이 올라간 후배

S 케미칼 34세 김용수 과장은 올해 차장으로 진급했다. 반면에 같은 부서에서 근무하는 입사 선배 최진수는 아직도 과장의 타이틀에서 벗어나지 못하고 있다. 최 과장은 이러다 만년 과장이라는 소리를 듣게 될까 봐 내심 걱정이 된다. 그러다 보니 매사 소극적이고 업무에 자신감이 보이질 않는다. 무엇보다도 입사 후배인 김 차장과 선배인 최 과장 사이의 미묘한 신경전은 서로에게 스트레스만 쌓이게 했다. "일을 잘하셔야죠." 김 차장은 나름의 리더십을 보여줄 기회라고 생각했는지 최 과장과 다

른 직원과 비교하는 발언을 스스럼없이 했다.

개구리가 올챙이 시절을 모른다고 X세대는 나서기를 좋아하거나 잘난 척하는 사람에 대해서 좋은 평가를 하지 않는 경향이 있다. 튀어 봐야 돌아오는 건 언어맞는 돌뿐이라는 이 말은 MZ세대에게는 와 닿지 않겠지만, 이전 세대의 보편적 가치관임은 틀림없다. 재미 있는 점은 남들보다 빠르게 진급하고 또 그 직급에 맞추어 팀장의 역할까지 맡아서 하다 보면 늘어나는 건 아집과 일방향 소통뿐이다. 진급한 김 차장도 고집만 늘어나는 게 불통의 선배를 답습해 간다. 무엇을 하더라도 자신의 기준에서 생각하게 되고 늘 자신의 경험치가 존중받기를 원하는 전형적인 꼰대의 모습을 갖추어 나갔던 것이다.

여의도 정치세계에서만 계파갈등이 있는 게 아니다. 집안에서도 엄마와 아빠 사이에 낀 아이들은 어디에 줄을 서야 할지 망설이기도 한다. 사회에 진출한 성인도 누구를 따라야 자신의 미래 가치가 상승할지를 고민한다. 그렇게 사소한 일로 김 차장과 최 과장은 자주 부딪쳤다. 이때 발생하는 게 직장 내 정치세계다. 이제는 점심도 같이하지 않는 사이가 되고, 조직에서 가장 강력한 두 개의 계파만 형성되었다. 이들은 서로의 실수를 용납하지 않는 쪼잔함의 대표 주자가 되었다. 그렇게 시간이 흐르고 사고 하나가 발생하게 된다. 문제의 발단은 팀장이 주재하는 회의에서 김 차장이 한 말이었다.

"왜 우리 회사의 상품을 쓰지 않고 경쟁업체의 상품을 쓰는 거죠? 지금 타사 제품을 사용하고 있는 사람들은 전부 자사 제품으로 바꾸세요. 특히, 최 과장 말입니다."

아니나 다를까 며칠 후 회사의 고충처리 신고 채널에 직장 내 괴롭힘 신고가 들어왔다. 신고한 사람은 역시나 최 과장이었고, 신고내용은 '회의시간에 자신의 휴대폰을 특정업체의 것으로 바꾸라고 요구하는 것은 업무상 적정범위를 벗어난다'는 것이었다. 인사팀장은 사건 접수를 받자마자 깊은 생각에 잠긴다. 명확한 직급의 차이는 존재하지만 알고 보면 직급은 하나의 딱지에 불과하고 김 차장과 최 과장 사이에 명확하게 선을 긋는 것은 무리가 있어 보였기 때문이다. 이전부터 쌓여온 다툼의 불씨를 해소하는 데도 속시원한 해결책도 마땅하지 않았다. 결국, 혐의 없음으로 사건이 종결되자, 입사 선배인 최 과장은 퇴사를 결정한다. 신고한 사람이라고 공공연히 소문난 상황에서 주변에서 쏠리는 비난과 저평가를 이겨내는 게 쉽지 않았다.

대부분의 사례가 그러하듯 직장 내 괴롭힘을 신고한 것 자체가 괘씸죄가 되는 경우가 많다. 명확한 가해자가 보이지 않고 누구의 잘못을 따지기에 불분명한 사건은 다양하게 일어난다. 이 사례에서처럼 한 사람의 문제로만 볼 수 없는 괴롭힘 사건이 요즘 들어 늘어나고 있다. 승진으로 직급상 위로 올라섰지만 엄연히 입사 후배인 사람과 함께 일하는 게 결코 쉬운 일은 아니다.

특히나 우리나라처럼 나이에 민감한 사회에서는 이런 문제를 나이순으로 정리하는 경향도 분명히 존재한다. 그렇다고 마냥 군대에서 차용한 문화처럼 직급에만 맞추어 선후배를 대하는 방식도 한계에 봉착했음을 인정해야 하지 않을까.

조직문화가 중요한 이유는 여기에 있다. 개인 간의 직위와 직급 연차, 때로는 나이를 감안해서 서열을 정한 회사 내 문화에도 문제가 있겠지만, 충분한 고민 없이 시행하는 직급의 역전 현상도 여러 곳에서 분쟁의 씨앗으로 남아 있다. 나이와 직급의 차이는 엇비슷하게 연동될 거라는 심리적 확신이 있기 때문이다. 우리 사회에 뿌리 깊게 박혀 있는 서열문화에서 비롯되었으니, 마냥 나쁘다고만 말할 수도 없다. 나이가 찬 선배들의 경험과 배움까지도 나의 발전으로 인정할 수 있는 문화라면 거부만 할 수 없기 때문이다.

한국형 카(car)스트 제도

• "자기소개를 해 보세요."

가장 많이 들어본 면접 질문이다. 이 질문에 대답하기 위해서 우리는 면접 대기 상태에서부터 얼굴은 이미 경직되어 있고, 똑바른 자세로 대검찰청에 출두하듯 결연한 모습을 하게 된다. 스마트폰을 보면서 자신이 준비했던 질문과 대답을 연습하거나 굳어지는 얼굴 근육을 이완하기도 하고 화장실을 몇 번이고 드나들면서 긴장을 풀기 위해 노력한다. 자신뿐만 아니라 가족의 생계를 책임져야 한다면 그 긴장감은 배가 되기도 한다. 그렇다고 혼자서 삶을 살아가는 청년들의 긴장감이 낮은 것도 아니다.

취업 준비생 김진수 씨는 대학교에서 경영학을 전공했다. 졸업하고 지원했던 50개가 넘는 회사의 서류전형에서부터 광탈(광속 탈락)하자 김 씨의 멘탈은 흔들리고 있었다. 그렇게 6개월이라는 시간이 흐르고 어느 날 아침이었다. 어느 때처럼 전날 늦게까지 인터넷 나들이와 '리그오브레전드'의 전사를 자처하다가 잠이 들어 점심까지 침대에 누웠다.

"안녕하세요. 김진수 씨 되시죠? 여기는 F 자동차인데요, 서류전형에 합격하셨기에 전화드렸습니다."

김 씨는 잠자고 있는 목소리가 들킬까 봐 벌떡 일어나서 목소리를 가다듬고 통화를 했다. 그렇게 면접을 준비하는 김 씨는 어떻게 하면 이 회사에 적합한 사람으로 보일지 밤낮으로 고민했다. 그리고 당일 면접에 참석했다. 다(多) 대 다(多) 면접의 특성상 옆 사람과의 차별성을 보여야만 한다는 압박을 느꼈다. 면접이 마무리 되어갈 무렵 김 씨는 자신의 강점을 충분히 보여주지 못한 것 같아 불안함이 엄습해 왔다. 그리고 면접관의 "마지막으로 하고 싶은 말씀이 있으면 해주세요."라는 질문이 자신을 보여줄 수 있다는 마지막 기회라는 생각에 평소 자신의 생각을 그대로 말했다.

"저는 카 푸어(car poor)가 되는 게 목표입니다! 회사에서 제일 좋은 차를 타고 싶습니다. 제가 만약에 귀사에 입사하게 된다면, 회사에 가장 비싼 차를 제일 먼저 사겠습니다. 귀사에서 가장 비싼 차를 사서 회사에 대한 애사심을 높이고 제 가족에게도 자랑스러운 사람이 되겠습니다."

김진수 씨의 최종 결과는 어떻게 나왔을까. 의외의 결과를 예측할 수 있었고 신입사원 명찰을 달게 된다. 면접관들은 입사 지원자들이 늘 비슷하고 정해진 틀에서 대답하는 것에 흥미를 느끼지 못한다. 무언가 다른 사람을 찾고 싶은 마음이 항상 존재한다. '카 푸어?' 사실 이 회사의 비싼 차는 3억 원이 넘는다. 그런 차를 타고 다니면서 늘어나는 카드 빚을 갚아 나가겠다는 사람을 보면 딱 두 가지의 면모를 발견하게 된다. '무언가 다른 사람' 또는 '계획이 없는 사람'. 다소 과장된 표현이었지만 어쩌면 MZ세대의 소비 패턴을 보여주는 대표적인 모습이자 MZ세대다운 면접이라고 할 수 있다.

물론 실제로 이렇게 회사의 상황을 역으로 이용하여 자신이 하고 싶은 말과 회사에 대한 애착을 간접적으로 보여줄 수 있는 취준생은 많지 않다. 그래도 분명한 건 면접관으로 참석한 사장님이나 이사님, 부장님이 앉아 있다고 해도 사실 자신이 입사를 해야 사장님이고 이사님인 것이지, 떨어지면 그냥 동네 아저씨보다도 못한 사람이라는 점이다. MZ세대는 면접을 한다고 해서 떨어질까 걱정하거나 떨 이유는 없다고 생각한다.

앞에 앉아 있는 저 사람이 나에 대해서 어떻게 생각하는지 머릿속으로 생각하고 있다면 생각을 달리할 필요가 있다. 과도하게 상대를 의식해서 다른 사람의 눈치를 보는 게 그것이다. 내 생각을 말하지만 굳이 상대의 기분에 맞추거나 그 사람이 듣고 싶은 이야기인지 아닌지를 확신하지 못해서 발생하는 소심함일 수 있기 때문이다. 그렇게 되면 의도적으로 상대를 의식하게 되고 자신의 이야기를 진심으로 하지 못하게 된다.

MZ세대는 상대가 듣고 싶은 이야기에 초점을 맞추기보다 자신이 하고 싶은 이야기를 중요하게 생각한다. 어떻게 보면 조금 더 진솔하게 느껴질 수 있지만, X세대에게는 불편하게 느껴지는 부분도 여기에 있다. 상대가 듣고 싶은 이야기는 어쩌면 당당함과도 연관이 깊은데, 내가 말하거나 행동하는 게 과연 나를 위한 것인지 상대를 위한 것인지가 불분명하기 때문이다. 다만, MZ세대가 하는 모든 행동의 중심에는 내가 있음을 이해해야 한다. 집단보다는 개인의 행복을 추구하는 것이 MZ세대의 특징이기 때문이다. 내가 행하는 모든 기준이 나를 위하고 있다는 건, 자만도 아니고 다른 사람을 힘들게 하는 것과도 다르다.

현대 vs. 벤츠

C 대학병원 4년 차 간호사 정지윤 씨는 얼마 전 독일 B사의 자동차를 구매했다. 자신의 연봉보다 2배 이상 비싼 차지만 60개월 할부로 구매하는 데 주저하지 않았다. 매월 원금과 이자만으로 100만 원이 통장에서 사라지더라도 개의치 않는다. 그녀에게는 차를 산다면 제대로 된 이름이 있고 자신의 지위를 올려놓을 만한 차를 구매하는 게 중요했다. 그래서 구매하기까지 고민을 하지 않았다. 원하는 것은 언제든지 가질 수 있다는 의식은 이미 잡혀 있다. 전형적인 MZ세대인 정지윤 씨는 B사 구매 계약서에 사인을 하면서 이렇게 말했다.

"다른 사람들과의 차별성을 확실히 보여줄 수 있는 차가 아니면 의미가 없어요."

근·현대에 식민지 피해와 전쟁을 겪은 우리나라는 급속도로 발전한 경제의 성과물로 인해 이제는 어려웠던 시절을 잊고 살 만할 정도의 부를 쌓았다. MZ세대는 그 발전된 우리 사회의 실익을 별다른 거부감 없이 경험하고 있다고 해도 과언이 아니다. 그만큼 세대가 이뤄낸 성과는 다르더라도, 사람을 평가하는 우리만의 기준인 다른 사람과 비교하는 문화는 변화시키지 못했다. MZ세대는 SNS를 통해서 가장 빠르게 주변 사람과의 문화 경제적 수준을 비교하는 데 익숙하고 움직임이 빠르다.

"국산 H 브랜드의 아○떼를 타면 왠지 모르게 못사는 사람처럼 보여요."

정지윤 씨가 던진 마지막 말에 부정하기 어려운 우리 사회의 단면이 보였다. 사실이 그렇다. 남의 시선을 중요하게 생각하고, 체면과 허세가 중요한 우리 사회에서는 그만한 이유도 나름 있기 때문이다. 국산 소형차를 타거나 차가 없는 직장인은 왠지 모르게 무언가 문제가 있지 않을까 하고 불편한 기색이 역력해진다. 작은 차를 타면 무시당한다고 생각하기 때문이다. 가능하면 큰 차를 타거나 수입산 차를 자연스럽게 찾게 되는 이유다.

앞서서 언급한 '카푸어'에 진심인 김진수 입사 지원자와 C 대학교병원 정지윤 간호사의 공통점처럼, 비싸고 크고 좋은 차에 해당하는 수입산 차를 구매하고 싶은 이유는 간단하다. 비싸더라도 좋은 차를 타는 사람은 자신의 신분이나 경제적 지위를 상위 그룹과 동일 선상에 올려놓고자 하는 신분 세탁을 희망하기 때문이다. 한국형 카(car)스트 제도라고 할 수 있다. 무언의 기준을 두고 그 안에서 상급 지위로 올라서는 선제적인 조치로 구매욕을 불사르는 것이다.

유독 차에 관해서는 크기를 중요하게 생각하는 우리 사회에서 MZ세대도 뒤처지지 않았음을 알 수 있다. 물론 일부의 이야기라고 반론을 제기할 수 있다. 다만, 20대의 젊은 직장인도 작은 차는 '없어 보이고, 못사는 사람처럼 보인다'고 생각하는 이때 MZ세대의 경제관념은 사회적 신분과 연결되고 있다. 카드할부로 골프를 치러 가더라도, 빚이 있어도 오마카세 만큼은 꼭 먹어야 하는 MZ세대의 소비패턴은 직장생활에서 그들이 무엇을 목적으로 생활하는지를 짚어볼 수 있는 대목이다.

말만 했다 하면 괴롭힘

사업장에서 직장 내 괴롭힘 분쟁으로 발생하는 물적·경제적 손실은 사실 가늠하기 어려울 정도로 크다. 피해자의 정신적 피해까지 고려한다면 더욱 그렇다. 경영환경이 악화되면서 조직문화가 통째로 흔들릴 수 있고, 그로 인해서 구조적 안정화에 취약성을 노출한다. 이게 바로 조직 내에서 발생하는 직장 내 괴롭힘의 사전 예방이 필요하고, 다양한 이해관계자가 생각과 행동의 변화를 가져야 하는 가장 큰 이유이기도 하다.

단지 조직 내에서의 문제만은 아니다. 사회적 비용의 크기로 본다면 아직 가늠조차 힘들다. 직장 내 괴롭힘을 금지하는 법이 시행된 지 여러 해가 지났지만, 우리 사회에는 일관되지 않은 정책과 사안을 판단하기에는 무르익지 않은 제약이 아직 많기 때문이다. 법의 입법취지는 조직에서 자율적 해결을 유도하되 사전에 사고를 예방할 수 있도록 선제적인 조치를 하는 데 있다.

그럼에도 대부분 조직에서는 장마철에 강둑이 무너지듯 쏟아지는 다양한 분쟁을 쳐내기에 바쁜 게 현실이다. 하나를 해결하면 하나가 또 시작되는 뫼비우스의 띠와도 같다. MZ세대에게 법은 악용하기 좋은 시스템에 불과할지도 모른다.

대부분의 법이 추구하는 목표는 비슷하다. 사고를 유발한 당사자에게 사후 벌칙을 부여함으로써 재발 방지를 하고, 이를 반면교사로 삼아 처벌을 받을 수 있다는 경각심을 다른 사람에게 심어준다. 결국 이를 토대로 범죄자가 되지 않도록 사전 예방을 하는 심리적 안전장치를 두는 것이다. 사실 이러한 입법취지는 대부분 그 실효성 면에서 큰 도전을 받기도 한다. 처벌이 강화된다고 해서 처벌이 두려워 행위를 하지 않는다는 논리는 책상 위에서나 할 수 있는 말이기 때문이다. 실제로, 기존에 없던 법을 만들었을 때 그 사건의 발생비율이 오히려 올라가는 건 증명된 수치다.

조직에서도 마찬가지다. 회사의 규율을 정하고 질서를 바로 잡기 위해 새로 제정한 규정은 오히려 피해 갈 수 있는 사고의 기준이 되기도 한다. 물론, 질서유지와 상호공존하는 사회의 한 구성원으로 존재하기 위해서는 법령과 규정을 준수할 필요가 있다. 이는 바로 공정의 이슈에 민감한 MZ세대와 밀접한 관련이 있다. 여러 번 설명했지만, 대부분의 젊은 세대는 나에게도 적용될 수 있는 기회를 다른 사람이 독점하는 부분에 민감하게 반응한다. 이들은 같은 기회를 제공받기를 원하고, 그 안에서 평가받기를 원하기 때문이다.

보다 더 명확히 말한다면 다른 구성원이 똑똑하고 잘난 것은 받아들이지만 동일 선상에서 출발하지 못하는 100m 달리기에는 부당함을 느낀다. 물론 비약적인 표현일 수 있지만, 그래서 생겨난 '수저 이론'은 사회 혼란을 부추기고 있다. 이제는 어디에 숨어 있었는지 모르겠지만 절대로 깨지지 않는다는 '다이아수저'까지 등장하지 않았는가. 물론 자신이 '흙수저'로 태어났다고 해서 모든 걸 포기하지는 않는 게 또 MZ세대이다.

「근로기준법」 '직장 내 괴롭힘의 금지' 조항의 궁극적인 목적은 예방과 조직문화 개선에 있다는 점을 잊지 말아야 한다. 모두가 아는 사실이지만 괴롭힘이라는 게 참 일반적일 수밖에 없다. 모든 절차와 결론까지도 신고인인 피해자 중심으로 이뤄져야 한다는 점에서 피신고인인 가해자의 주장은 쉽게 받아들여지지 않는 게 현실이다. 상황이 이렇다 보니 적지 않은 사람들이 회사에 적응을 잘못하거나 문제가 발생하면 그것을 타개할 목적으로 선제적으로 직장 내 괴롭힘으로 신고해 버린다. 정확히 말하자면 직장 내 괴롭힘인지 아닌지를 판단하기가 어렵더라도 먼저 지르고 보는 형태다. 역설적으로 많은 회사의 인사경영권은 직장 내 괴롭힘 문제 때문에 괴롭힘을 당하고 있다.

성과평가가 나쁘거나 상급자와의 충돌이 있을 때, 일단 신고부터 하고 보는 '선 신고, 후 대응'인 선고후응(先告後應) 방식은 이렇게 시작되었다. 대부분 괴롭힘이나 성희롱 사건의 경우에

신고자가 진짜 피해자인지 확인되지 않은 상태에서, 신고한 사람이라는 이유만으로 일단 적극적인 보호의 대상이 된다는 모순된 틈이 있기 때문이다. 단순한 논리로 본다면 신고한 사람은 일단 사건의 우위에 설 수밖에 없다. 현실이 그렇다고 하더라도 크게 문제 삼을 수도 없는 현행법은 정말 '누구를 위한 법인가'라는 질문만 남긴다. 다양한 악용사례의 출현을 접하는 이때에, 정책적으로 해결방안을 모색해야 하는 이유다.

네버엔딩 스토리

공공부문에서 골격을 잡은 '직장 내 괴롭힘', '직장 내 성희롱' 사건과 사건 처리절차에 관한 트렌드는 민간으로 넘어가는 추세다. 사실 조직 내에서 상하관계가 명확하고 경영실적이 매우 중요한 사기업에서 상급자와 부하직원 간에 자리 잡힌 갑질문화를 어쩔 수 없는 사회적 현상으로 인정했던 게 사실이다. 그러나 개개인은 인격과 존엄을 보호받아야 하는 주체로서 존재한다는 점이 부각되었다. 이제는 조직 내에서 의무적으로 희생해야 하는 역할이 필요하지 않은 사회가 되었다.

언제부터인지 그동안 눌려 있던 갖가지 사건이 사방팔방에서 터지기 시작했다. 사건은 복합적이고, 사건을 처리하는 담당자의 업무는 가중되어 감사실과 인사실 간의 다툼도 늘어났다.

이제는 조직 내 부서 간의 갈등으로 번지는 추세를 표현한다면 솔직히 끝나지 않는 싸움(neverending)이라고 말하는 게 맞을 수 있다. 자신이 느끼기에 상대가 눈치를 주고 그로 인해 심리적 어려움이 느껴질 경우, 불이익한 처우를 들어 형벌을 과할 수 있는 양벌규정이 있다는 점에서 회사의 책임도 한몫한다.

괴롭힘이나 성희롱 사건에 회사의 대처가 중요한 이유를 현실적으로 본다면 돈을 빼놓을 수가 없다. 회사의 불이익한 처우에 대해 정신적 충격에 의한 민사상의 손해배상을 청구하는 경우가 늘어나고 있기 때문이다. 괴롭힘이나 성희롱 피해자로 직장상사를 신고한 사람이 갖게 되는 낙인효과는 그들이 지속적으로 조직생활을 이어나가는 데 큰 걸림돌로 작용하기 때문이다. 피해 사건으로 회사 내에서 질서가 잡히는 경우도 있겠지만, 법원이 보는 시각은 약간 다르다. 보통 적게는 100만 원에서, 많게는 억 원대를 청구하는 경우가 있는데, 이때 회사에 부인할 근거가 잘 갖춰져 있지 않으면 큰 고난을 겪을 수밖에 없다.

이처럼 회사와 대표이사가 책임져야 하는 일이 지속해서 늘어나고 있다. 사건의 양태가 이제는 가해자와 피해자가 불분명하지만, 피해자는 우격다짐 논리를 주장하여 피해를 인정받는 사례가 늘고 있다. 시간이 흐르면서 이를 악용하는 사례가 늘면서 문제는 더 복잡해지고 있다. 대부분의 괴롭힘 문제는 '사람'이 '사람'에게 행하는 것으로 받아들이지만, 과연 '사람과 사람의 문제'로만 볼 수 있을까. 종합적으로 봤을 때, 사람의 문제로만 치부하기에는 조직이 책임져야 할 부분이 적지 않다.

즉, 이제는 세대 간의 갈등이나 성차별에 대해서 기업문화를 비롯한 조직의 문제로 받아들일 필요가 있다. 한 사람을 고친다고 해결될 수 있다면 정말 좋겠지만, 오래된 조직문화에는 문제가 없는지를 살피고 필요하다면 전면적인 개편도 해볼 만하다. 개인의 행동양식만으로 조직을 변화시킬 수는 없기 때문이다. 요즘 흔히 말하는 혁신이 이런 상황을 두고 말하는 것이라면, 중역의 지위에 있을 X세대는 자신을 위한 교육의 양을 늘리면서 위에서부터 변화하는 모습을 보여주어야 한다. 혁신에는 늘 저항이 있게 마련이다. 그러므로 장기적 관점에서 변화를 모색해야 한다. '요즘 사람들은 정말 일하기 편해졌어'라는 생각부터 고쳐야 한다.

3세대 괴롭힘

이제는 육체적이지도 정신적이지도 아닌 괴롭힘이 우리 사회를 강타하고 있다. 바로 3세대 괴롭힘의 출현이다. 통상적으로 직장 내 괴롭힘이나 성희롱 사건의 기본적인 발생유형은 두 가지로 나뉘었다. 1세대 괴롭힘은 대표적으로 '육체적 괴롭힘' 즉, 신체적으로(physically) 접촉이나 폭행을 가하는 형태였다. 2세대 괴롭힘은 정신적(mentally) 괴롭힘이다. 디지털 시대로 접어들면서 랜선은 사람과 연결하는 통신 수단 이상의 매개체로 자리 잡았고, 그로 인해 정신적 스트레스가 사회적 관심사로 떠오르는 시점에서 정신적 괴롭힘은 늘어났다. 여기까지는 대부분 알고 있을 것이다. 그렇다면 3세대 괴롭힘이란 어떤 유형일까.

요즘은 자신의 잘못된 행동이 스스로도 잘못되었다는 걸 알고 행했다고 말하는 이가 드물다. "나는 나쁜 의도가 없었고 잘해 주려고 했던 일입니다."라며 억울함을 호소할 뿐이다. 즉, 3

세대 괴롭힘은 자신이 잘못했다는 자체를 모르는 게 특징이다. 이러한 문제 현상의 기본적인 책임은 바로 직원 개인이 아니라 조직을 관리하고 운영하는 회사에 있다. 모든 직원이 말 그대로 무엇이 범죄이고 무엇이 괴롭힘인지를 잘 알 수 있도록 지속적으로 관찰하여 이를 보완해 줄 수 있는 교육을 회사에서 시행해 주는 것이 중요하기 때문이다.

[괴롭힘과 성희롱의 변천사]

구분	내용	책임 영역
3세대 괴롭힘	뭘 잘못했는지 모른다	조직
2세대 괴롭힘	정신적 괴롭힘	개인
1세대 괴뢉힘	육체적 괴롭힘	

직장 내 괴롭힘이나 성희롱과 같은 사회적으로 이슈가 되는 범죄행위를 회사 자체적으로 해결하기란 쉽지 않다. 그렇다고 하더라도 교육과 관찰을 통해서 예방하는 방식은 늘 유효하다. 개인의 잘못된 언행은 개인 혼자서 책임져야 한다는 인식보다는 조직이 그러한 상황을 방치하고 있었던 게 아닌지를 살필 수 있어야 한다. 다시 말하면, 개인의 일탈뿐만이 아니라 회사의 관리 책임도 지적받고 개선되어야 할 1순위 과제라는 점이다.

직장생활을 하다 보면, '정말 이런 일이 발생할 수 있는 건가?'라는 의구심을 갖게 만드는 창의적이고 획기적인 일이 종종 발생한다. 내가 의도 했건 안 했건 간에 그 결과는 사람들을 놀라게 하는 정도를 넘어, 우리 조직에는 저런 사람도 존재할 수 있다는 것에 놀라움을 감추지 못하게 된다. 우리가 앞으로도 해나갈 이야기 대부분은 세대 간의 차이를 드러내고, 그 속에서 해결 방안을 모색해 보는 것이다. 그런 측면에서 모든 사건이 발생하는 원인을 분석할 수 있어야 한다.

J 광고회사의 한주희 사원은 마케팅 부서에 입사한 지 1년이 채 안 되는 신입사원이다. 광고회사에서 다양한 문화와 업무환경을 경험하고 싶었던 그녀는 입사했을 때의 마음과는 정반대로 일에 흥미를 느끼지 못하면서 슬럼프에 빠져 있었다. 시장에서 폭발적으로 인기를 끌 만한 초대형 프로젝트를 기획하고 터트려 보고 싶다는, 누구나 한번은 꿈꿔 봤을 신입 시절의 흥분이 가시는 데는 오래 걸리지 않았다. 선배들이 요청하는 PPT를 만들거나 회의실 준비와 같은 단순업무가 늘어나면서 자괴감까지 들었다.

훌쩍 해외여행이라도 다녀오고 싶었지만, 이미 쌓일 대로 쌓여 있는 카드빚 때문에 올해는 엄두도 못 내고 있다. 가끔 혼자만의 시간이라도 가지면 좋겠지만, 일은 일대로 바쁘다. 그렇다고 중요하고 대세에 지장을 주는 그런 일을 하는 것 같지는 않다. 이때 그녀가 속해 있는 부서의 이종수 팀장은 한주희 사원이 의욕과 자존감이 떨어졌음을 간파했다. 저 정도 되면 퇴직금 지급기준이 되는 만 1년을 채우고 그만둘 게 뻔한데, 이 팀장은 나서지 않을 수가 없었다.

이 팀장은 평소 책을 즐겨 읽었다. 주말이면 강남 교보문고에서 책 냄새를 맡으며 삶의 활력을 찾곤 했다. 실제로 책은 세상의 많은 것을 발견할 수 있는 지식과 정보의 창이다. 한 분야에서 성과가 높은 사람을 대면하면서 이야기를 들을 기회는 사실 없기 때문이다. 책은 자신이 원한다면 유명한 사람뿐만이 아니라 평생 얼굴 보기도 힘든 유명 작가와 편하게 만날 수 있게 해준다. 이 팀장은 늘 그래왔던 것처럼 선물을 하려고 책 하나를 집어 들었다. 제목은 「나는 나로 살기로 했다」였다. 그러고는 최근 떨어진 자존감으로 어려워하는 여성 후배 직원인 한주희 사원에게 그 책을 선물했다.

책 선물과 괴롭힘

이종수 팀장으로부터 「나는 나로 살기로 했다」를 선물로 받은 한주희 사원은 과연 어떤 행동을 했을까. 며칠 후 퇴근하기 직전 이 팀장의 아웃룩에는 감사팀의 이메일이 하나 날아왔다. '직장 내 괴롭힘 신고'였다. 피신고인은 이 팀장이었고 신고인은 한 씨였다. 그가 선물한 책의 제목이 화근이었다. 책의 내용과는 다르게, 한 씨는 그동안 떨어진 자존감으로 고생하는 자신을 약 올리는 느낌을 받았다는 것이다. 이 팀장이 보기에 자신이 얼마나 한심해 보였으면, 이런 책을 나에게 선물했을까 하는 의구심을 가졌다는 주장이 더해졌다.

무엇이든 받아들이는 사람의 입장을 고려하지 않은 어떠한 행위가 부적절하다는 걸 부인할 사람은 없다. 다만, 일방향이더라도 선의가 담겨서 진정성이 있거나 합리적인 이유가 있다면 반론할 사람은 없다. 이 사건을 어떻게 해석해야 할지 고민과 통찰이 요구되는 부분이다. 책을 선물하고도 직장 내 괴롭힘으로 신고당한 이 팀장은 며칠을 침대에 앓아 누워 있어야만 했다. 요즘 MZ세대가 무섭다는 얘기를 들은 적이 있는데, 정말 이 정도일 줄은 상상도 못 했기 때문이다. 이때 MZ세대라서 그런 건지, 아니면 그 사람이 그런 건지는 구분해야 한다.

의식이 다른 사람과의 관계에서 발생하는 사건의 양태를 보면 의아하기보다는 '세상이 이렇게 돌아가도 괜찮은 건가?'라는 생각을 안 할 수가 없다. 당연한 결과지만, 이 사건은 직장 내 괴롭힘 불성립으로 결정이 났다. 다만, 후속 조치는 정반대로 이어졌다. 인사팀은 예방과 재발방지를 위해 MZ세대를 이해하기 위한 교육을 강화했는데, 정말 한 씨가 MZ세대라서 이런 일이 발생한 걸까? 그보다는 개인의 성향에 문제가 있음을 이해해야 한다. 개인의 사고력을 키워 주는 인문이나 자기계발 교육이면 어땠을까. 젊은 직원이 조직 내에서 문제를 야기했을 때 'MZ세대라서 그렇다'는 선입견은 잘못된 경영정책으로 이어지고, 그 손해는 오롯이 직원에게 돌아간다.

직장생활을 하다 보면 하고 싶지 않아도 어떠한 일을 해야만 하고 어떤 상황에서는 하고 싶은데도 하지 못할 때가 있다. 보통의 직장인이 갖는 어려움이라고 해야 할까. 앞으로 나아가야 할 길을 잃었을 때 팀장의 따뜻한 관심은 하나의 성장동력이 될 수 있는 게 우리가 사는 세상이 아닌가. 사원 시절에 가장 많이 했던 말, "나는 저렇게 되지 않을 거야."라는 말을 실현한 게 문제라면 문제였다. 보통의 하위직급에 포진된 직원은 선배나 팀장을 보면서 성장하거나 또는 좌초한다. 냉정하고 건조한 회사 생활에서 진심으로 자신을 위해 주는 선배가 몇이나 있을까.

테크니컬하게 사실 상사와 사원은 '업무를 지시하고 관리하는 자'와 그 지시한 '업무를 수행하고 결과물을 납품하는 자'로서 갑과 을의 축약형이라고 말할 수 있다. 그래서 '직장 내 괴롭힘의 금지'가 「근로기준법」에 삽입되기 이전까지는 '직장 내 갑질'이라고도 하지 않았던가. 아무튼 회사 내에서 사람 관계는 안타깝지만 모두 자신의 직무에 맞춰 추구하는 바가 다르다. 진심으로 나를 나로 봐 준다기보다는 회사 내에서 팀장 자신의 안정적인 직장생활과 월등한 성과물을 위한 구성원으로 보는 게 맞을 수 있다.

자신의 경험을 조언 해주거나 힘내라고 하는 한마디가 결국 직장 내 괴롭힘이나 성희롱이 되는 경우는 적지 않다. 당사자는 "내가 언제 성희롱을 했습니까?"라고 말하고 있지만, 사실 시대의 변화에 따른 괴롭힘의 형태도 다르게 받아들여지고 있다는 점을 간과해서는 안 된다. 조직이 다양한 정보와 직원 간의 소통

문제를 해결하기 위해서 제대로 된 교육을 해야 하는 이유다. 특히 알면서도 표가 나지 않게 행하는 다양한 괴롭힘은 정말 나쁜 유형이다.

향수병을 감싸고 있는 박스에는 그 향이 배어 있기 마련이다. 자신은 아니라고 하고 받아들이기 어렵더라도, 그 향은 늘 그러하듯 다른 세계를 허락하지 않는다. 조직이라고 다르지 않다. 직원이 비위행위를 일삼거나 직장 내 괴롭힘을 가하는 경우, 그 문제의 핵심을 간과하고 개인에게 모든 책임을 전가하기에는 조직의 역할이 크다. 강화교육을 하더라도 온라인으로 시간만 때우는 식의 교육은 실효성이 부족하다. 이것이 개인의 성향을 파악해서 직원이 받아들이고 인지할 수 있도록 하는 교육과 환경의 변화가 필수적인 이유다.

실수한 직원에게 개인의 비위라고 치부하기보다 그 조직이 어떤 역할을 하고 있는지를 성찰하는 것이 변화의 기초가 될 수 있다. 그러나 보통 회사에서는 꼬리 자르기 하듯 잘못한 사람 한두 명에게 모든 책임을 지게 하고 일을 마무리하는 경우가 많다. 회사에 인사기획이나 전략기획 부서가 있다면 이제는 조직의 문제점을 하나의 객체에서 찾아내는 데 집착하지 말고, 조직 자체에 결함이 없는지를 살펴봐야 한다. 조직에 적합한 인재가 적절한 교육을 통해서 자신이 가지고 있는 잘못된 사고를 고쳐 나갈 수 있도록 도와야 한다.

농담과 괴롭힘

세계적인 D 자동차 부품 회사의 구매부서에서 근무하는 이현기 대리는 같은 부서에 있다가 몇 달 전에 경영기획부로 발령받은 황근성 부장이 눈에 거슬린다. 이 대리가 입사했을 때부터 함께 일했기 때문에 자신에 대한 장·단점을 잘 알 뿐만 아니라, 황 부장이 건네는 재미없는 농담에도 늘 웃어주어야 하는 어려움이 있기 때문이다. “야, 내가 구매부서 다 살려 놓고 떠나는 데, 여러분은 내가 없으면 앞으로 어떻게 하냐?” 황 부장은 늘 자신 때문에 부서의 실적과 분위기가 좋았다고 생각하고 있었다.

그로부터 몇 개월 후인 7월, 초여름이었다. 이 대리는 오랜만에 시원하게 머리를 짧게 잘랐다. 정확하게 말하자면, 빡빡 밀었다고 말하는 게 맞겠다. 불만이 많은 사람이 내비치는 표현이 아니라, 요즘은 민머리도 하나의 개성으로 인지하고 있으니 그리 큰일도 아니었다. 회사 생활을 하기에 심각할 정도의 머리는 아니었기 때문이었을까. 구매부서 대부분은 별다른 반응을 보이지는 않았다. "이현기 대리님, 머리 자르셨네요!"라고 하는 정도로 안부를 전하는 수준이었다.

오랜만에 황 부장은 구매부 옆을 지나가게 되었다. 같은 층에 있는 대회의실에 가기 위해서는 어쩔 수 없었다. 이날도 황 부장은 자리에 앉아 일하고 있는 구매부 직원을 보면서 말을 한번 걸어보고 싶었는지, 이 대리를 보며 반갑게 인사를 했다.

"이 대리, 오랜만이야. 그런데 삼청교육대 가나? 이 대리, 삼청교육대 언제 가는 거야?"

그렇게 몇 마디를 덧붙이던 황 부장은 주위가 싸늘하게 조용해졌음을 감지했다. 결국, 주위를 살펴보더니 자신의 농담에 반응하지 않는 이 대리 얼굴을 몇 번이고 쳐다보다 조용히 자리를 피해 돌아갔다.

며칠이 지나고, 이 대리는 회사의 고충처리 게시판에 황 부장을 직장 내 괴롭힘으로 신고하고 조속한 해결을 촉구했다. 고충을 처리하는 감사팀은 당혹스러운 이 사건을 어떻게 해결해야 하는지 고민이었지만, 괴롭힘이 접수된 이상 원칙대로 사건을 진행하지 않을 수가 없었다. 감사팀장은 신고인인 이 대리를 상담하면서 새로운 사실을 알게 되었다. 이 대리와 황 부장은 그렇게 대화를 나눈 적이 없을 정도로 가까운 사이가 아니었다는 점이다. 며칠 후 피신고인을 면담하면서 황 부장은 오히려 기겁을 하면서 이렇게 말했다.

"말도 안 되는 소리! 내가 이 대리하고 얼마나 친한데 의도적으로 나를 음해하는 거지. 그리고 그게 어떻게 괴롭힘입니까?"

판단은 이 책을 읽는 여러분에게 맡겨보겠다.

사실 '삼청교육대'라는 용어를 가장 많이 사용하는 세대가 있을 것이다. 보통 1980년대를 경험했거나 기억하는 사람들 중심으로 사용하고, 이후부터는 〈제5공화국〉과 같은 TV 드라마나 〈서울의 봄〉과 같은 영화를 통해 간접 경험한 청년들이다. 그만큼 다양한 세대가 알고 있다고 해도 과언은 아니다. 다만, 삼청교육대라는 용어와 실제로 그 안의 교육내용을 보면 누구나 그 주체의 대상이 되는 것에 있어서 좋은 평가로 이어질 수는 없을 것이다. 분명한 게 있다면, "삼청교육대에 갔다 왔냐?"라는 발언 자체는 그 실제 사유가 존재할 수 없는 현실이더라도, 그 경험의 부정적인 개념을 고려해 보면 충분히 모욕적으로 들릴 수 있다.

잘되는 사람의 말 그릇

K 자동차 피플팀에서 근무하는 김지연 대리와 박동희 부장의 일이다. 박 부장은 김 대리가 늘 비슷한 패딩을 입고 다니는 모습을 보면서 스스럼없이 말을 건넸다. 그런데 박 부장의 그 발언은 아슬아슬했다. 사실 김 대리는 저가 상품을 활용하는 데 주저하지 않는 전형적인 MZ세대다. 박 부장은 자신의 기준에서 눈에 거슬리는 패딩을 입은 김 대리를 늘 지적하기에 바빴다

"김 대리, 패딩 세탁한 지 얼마나 됐어? 세탁은 하고 다니는 거냐? 그 패딩 남자친구 거 아니야? 그거 얼마짜리야? 만 원짜리?"

박 부장은 지금이 아니더라도 언젠가는 사고를 칠 사람이다. 개인의 복장에 대해서 칭찬하거나 지적할 때는 특히 조심해야 한다. 아니 엄밀히 말하면 상대의 외모나 옷에 관해서 관심을 두는 자체를 하지 않도록 마음의 훈련을 해야 한다. 자칫하면 오해를 사기 십상인 게, 바로 나와 다른 사람 간의 기준을 정하려고 하는 평가이기 때문이다. 오랜만에 바꾼 머리 모양이나 평범한 옷차림이 눈에 띈다고 하더라도, 그것은 순전히 상대의 몫이지 그 사람의 업무역량과는 전혀 무관하다는 점을 다시금 상기할 필요가 있다.

말과 행동에서 나오는 사람을 대하는 에너지는 한 사람의 인생을 바꿔 놓을 정도로 큰 영향력을 행사할 수도 있다. 무심코 이 사람과 친하다는 착각 속에서 동네 친구들과 나눌 만한 철 지난 농담을 회사에서 하는 것도 위험하다. 직장은 다양한 사람이 회사의 이익을 위해 고군분투하는 공통된 목적을 가지고 모여 있는 곳일 뿐이다. MZ세대의 특징 중 하나는 개인의 성향이 두드러지고 개성을 존중받기를 바란다는 점에서 문제를 바라보면 이해가 쉽다.

잘될 사람은 말하고 행동하는 것부터 다르다. 자신의 의도대로 말하기보다는 좋은 말을 하더라도 더 좋게 말하고 언제나 할 수 있는 생각도 더 좋게 생각한다. 대부분 인정받는 사람의 긍정적인 영향은 지금의 문제를 풀어나가는 실마리를 제공한다. 그 반면에 무엇을 해도 잘 안되는 사람은 하나같이 안 되는 생각에 몰두한다. 안 되었을 때의 문제점을 깊이 고민하면서 문제를 해결하기가 어려운 벽에 부딪힌다. 한번 부정적으로 생각한 사람은 깊은 늪에 빠지듯 그 생각의 늪에서 벗어나지 못하기 때문이다.

그래서 늘 긍정적인 사람이 성공적이고 인정받는 삶을 살 가능성이 높다. 물론 그것을 몰라서 긍정적이지 못한 것은 아니다. 잘못되었을 때 자신이 해결할 수 없는 상황에 놓이는 것을 걱정하는 것은 어쩔 수 없는 인간의 심리일 수 있다. 그럴 때일수록 잘되는 생각을 지속하면서 마음을 관리하는 게 중요하다. 한 번 잘못된다고 해서 인생 자체까지 변하지 않는다 걸 믿으면서 말이다. 작은 것에 매몰되지 않도록 하고, 잘못될 수 있다는 걱정을 해소할 수 있는 자신만의 힘을 길러야 한다.

물론 좋은 생각을 하더라도 그것을 표현할 때는 조심스럽게 접근해야 한다. 많은 사람이 항변할 때, 자신은 그런 의도가 아니었다고 하지만 알고 보면 그 말 자체가 말한 사람의 의도와는 전혀 다른 내용으로 전달되면서 문제가 불거지기 때문이다. 상대하기 편한 직원과의 대화나 관계를 형성하는 과정에서 받아들이는 사람의 입장을 충분히 고려해야 한다.

앞서 여러 사례에서 본 것처럼 잘못된 한마디는 상대의 마음에 화상을 입히게 되고, 그것을 지켜보는 나 역시 일종의 방관자가 되어 되돌릴 수 없는 후회를 남기기도 한다. 마음에는 음과 양이 있고, 차가움과 따뜻함이 공존한다. 때에 따라서 우리는 차가움을 남용하여 사람과의 관계를 얼어붙게 만들기도 하고, 따뜻하다는 오만함으로 상대의 마음에 상처를 남기기도 한다. 작은 말 한마디, 작은 행동 하나로 살얼음판이 되기도 하고 화산 같은 열기를 경험하지 않는가. 이렇듯 일상에서 관계가 잘못된 방향으로 나아가는 게 느껴진다면 지금이라도 지난 시간을 되돌아보며 문제가 무엇인지 살펴볼 수 있어야 한다.

외모와 칭찬

업무에 대한 칭찬은 아낄 필요가 없지만 사람에 대한 칭찬은 아무리 좋은 말이더라도 조심할 필요가 있다. 특히, 성격이나 성향에 대해서는 더욱 신중해야 하는데, 외모에 대한 언급이라면 말조차 꺼내지 않는 게 좋다. 듣는 사람에 따라서 칭찬으로 받아들일 수도 있고, 반대의 평가로 들을 수도 있기 때문이다. 자신의 개성을 내세우며 숨기지 않으려 하는 MZ세대의 특징 중 하나는 외부에서 자신을 평가하는 것 자체에 거부 반응을 일으킨다는 점이다. 자신의 존재 그대로를 인정해 주기를 바랄 뿐이다. 자신을 누구와 비교해서 '너는 어떻다'고 하는 말 자체에 크게 반감을 가진다.

때로는 칭찬이라고 말하지만, 엄밀히 말해서 모든 것을 칭찬이라고 말할 수 없는 게 사실이다. 앞에서 본 사례처럼, 여성의 외모에 대한 칭찬은 자칫 잘못하면 상대를 기분 나쁘게 하기도 하고, 성적 수치심을 유발하기도 한다. 자신이 누군가와 비교대상이 되는 것을 싫어한다기보다는 자신의 외모를 지켜보고 있는 눈과 생각에 대한 거부감이라고 할 수 있다. 사람을 지켜보는 것이 그 사람과의 대화에서 신뢰를 이어가기 위해 눈을 맞추고 서로의 표정을 읽는 것 이상이 되어서는 곤란하다.

H 중공업 원가관리팀 심재원 과장은 평소 직원들을 관심 있게 지켜본다. 어느 날 경력직으로 새로 입사한 같은 부서의 조선정 대리가 새로운 헤어스타일로 출근하는 모습을 보고 칭찬을 아끼지 않았다.

"조 대리, 머리 예쁘게 잘되었네. 잘 어울려."
"옷 예쁜데, 잘 어울려."

심 과장은 누구든지 그날의 출근 복장을 보면서 관심을 보였다. 그렇게 몇 달이 지났을까. 심 과장은 감사팀에서 이메일을 받고, 며칠 후 '직장 내 성희롱'의 피신고인으로 조사를 받게 되었다.

심 과장은 성희롱의 가해자로 신고되었다는 통보를 받은 지 딱 1주일 만에 감사팀장과 인사팀장의 합동 조사를 받으면서 억울함을 호소했다. 심 과장은 그동안 자신이 칭찬해 온 걸 어떻게 성희롱으로 볼 수 있냐며 답답해했다. 아침에 출근하는 데 같은 엘리베이터에 탄 조 대리의 머리가 새로 바뀐 것 같아서 "머리 잘랐어요? 잘 어울립니다."라고 말한 적은 있어도 외모를 살핀 게 아니라고 말이다. 이어서 "직장생활을 하면서 그 정도의 말도 할 수 없는 겁니까?"라며 황당하다는 표정을 지어 보였다.

그렇다면 조선정 대리는 어떤 경위에서 심재원 과장이 자신에게 성희롱을 가했다고 주장하는 걸까. 면담 과정에서 듣고 보니 이러했다. 조 대리는 자신이 남들보다 키도 살짝 크고 예쁜 편에 속하는 것 같은데, 평소에 자신을 쳐다보는 심 과장의 눈빛이 부담스러웠다는 것이다. 한두 번도 아니고 이런 일이 반복되니 말이다.

결국 심 과장은 성희롱의 가해자로 중징계 처분을 받고 다른 부서로 전배까지 보내졌다. 전후 사정을 종합적으로 판단해 보면 이번 사건은 결말이 어떻게 나올지 어느 정도 예측할 수 있었다. 사실 정말로 심 과장은 칭찬의 말을 건네고 소통의 물꼬를 트고 싶었는지 모를 일이다. 그러나 상대가 누구이고 말에 담긴 의미가 무엇인지를 잘 판단해서 말하고 행동해야 한다는 점을 일깨워주는 사건이라고 하겠다.

말의 씨앗

비슷한 사건이지만 정반대의 결과도 있다. F 공기업 총무팀의 에이스 박소연 대리는 평소에 끼던 렌즈 대신에 검은 뿔테 안경을 쓰고 출근했다. 때마침 총무담당 김득수 이사는 지나가면서 박 대리에게 관심을 보이며 말을 덧붙인다.

"안경을 쓰니까 누군지 모르겠는데? 임원 회의에서 박 대리는 검은 뿔테 안경이 잘 어울린다고 결정했으니 앞으로 뿔테만 끼고 다녀."

김 이사의 이야기에 박 대리는 아무런 대답을 하지 않고 바닥만 내려다봤다. 역시나 며칠이 지나지 않아 성희롱 가해자로 지목되어 사건조사가 시작되었다.

이번에도 결론만 놓고 말하면 이 사건은 '성희롱이 아니다'는 판정이 나왔다. 그 이유는 평소에 무뚝뚝한 박 대리와 친해지고 싶었던 김 이사의 애드리브라는 항변에 어느 정도 일리가 있다고 받아들여졌기 때문이다. 물론 누군가는 성희롱이라고 볼 수도 있고, 누구는 아니라고 할 수도 있다. 이 사건에서 중요하게 본 요소는 김 이사의 태도였다. 성적 수치심을 느낄 만한 의도라기보다는 친근함을 표현한 것으로 보았고, 주변에서 목격한 여러 사람도 비슷한 진술을 했기 때문이다. 그저 회사는 김 이사를 '교육되지 않은 사람'으로 보고 교육을 강화했다.

괴롭힘이나 성희롱으로 인정받기 위해서는 자신이 느끼는 부당함이나 수치심이 무엇보다 중요하다. 여기서 판단하는 실질적 기준은 '객관적으로 같은 처지에 있는 일반적이고도 평균적인 사람'이라고 말한다. 나만 그런 게 아니고 지금의 상황에서 나와 비슷한 사람 누구나 고통을 느낀다면, 괴롭힘이나 성희롱으로 판단될 가능성이 높다. 명확한 게 있다면, 모든 사건은 표면적 모습이 아니라 사건의 내막을 자세히 들여다보았을 때 판단기준을 정할 수 있다는 점이다.

회사는 재빠르게 김득수 이사에게 괴롭힘 예방과 MZ세대를 이해하기 위한 외부 대면교육을 3일 동안 받도록 조치하였다. 사실 X세대 대부분은 앞서 말한 사례와 같은 농담은 받아들일 만한 시대를 살아왔다. 여직원은 비서나, 커피 심부름을 하는 정도의 업무만 맡겼던 시대도 있었으니 말이다. MZ세대는 이해를 못 할 수도 있겠지만, 사실이다. 그러나 요즘에 이런 일이 발생하면 8시 뉴스의 메인 토픽으로 나올 만한 정도의 보기 힘든 일이다.

내가 아무리 좋은 말을 한다고 하더라도 그 말의 씨앗이 상대를 관찰하는 데 목적이 되어서는 안 된다. 요즘처럼 개개인 삶의 만족도를 높이기 위해 살아가는 MZ세대에게 밑도 끝도 없는 평가를 해서는 좋은 결과를 얻을 수 없다. 관리자는 업무를 하는 직원들의 동기부여를 위해 칭찬과 지적을 적절히 사용할 줄 알아야 하지만, 그 경계를 모르는 관리자가 많다. 칭찬을 하려면 확실하게 하고, 그렇지 않으면 하지 않는 게 나은 경우가 있다. 회사에서 칭찬은 철저하게 업무와 관련된 일에 한정해야 하고, 그렇지 않을 경우에는 차라리 말을 꺼내지 않는 게 좋다. 세상이 너무 건조하고 사람 냄새조차 나지 않는다고 말할 수 있겠지만, 이미 사회는 그렇게 되었다는 점이 중요하다.

18세기 영국에서 시작된 산업혁명을 통해 사회경제적 변화와 기술의 혁신을 이룬 후 4차, 5차 산업혁명이 일어난 지금에까지 산업의 변화뿐만이 아니라 그 산업을 지탱해 온 사람도 변했다. 그들이 구성하는 회사의 문화 역시 변해 왔다. 지금 MZ세대와 함께 일하고 있는 조직이 변화에 능동적이어야 하는 이유다. 옛이야기나 하면서 '라떼'의 영역에서 벗어나지 못하는 모습에서 어서 빨리 탈피하기를 바란다.

다시 한번 말하자면, 칭찬을 하려거든 공개적으로 듣기 좋은 말로 하고, 지적을 할 때는 조용한 회의실로 당사자를 불러 팩트만 지적해야 한다. 명확한 근거는 말하는 화자가 설득력을 갖게 한다. 좋은 말은 다른 사람에게도 좋게 들릴 것이고 그 영향은 칭찬을 듣는 사람의 자존감과 업무몰입도를 한층 더 높게 해준다. 반면에 일종의 싫은 말이 될 수 있는 지적은 다른 사람이 들리지 않도록 하고, 사실에 근거해서 임팩트 있게 전달하는 게 중요하다.

과도한 똑똑함

오늘은 7월 28일이다. L 소비재회사에 다니는 홍솔지 사원은 7월 31일에 퇴직한다며 사직서를 팀장에게 제출했다. 이어서 그 내용을 사진으로 찍어 곧바로 4대보험 상실 처리를 해달라는 독촉 이메일을 인사팀 급여담당자에게 보냈다. 인사팀 담당자는 인수인계 상황을 종합해서 사직서 수리 여부가 결정되고 퇴직 처리도 사직서 수리가 끝난 후 매월 10일 정도에 일괄적으로 처리한다고 회신했다. 통상적인 업무절차를 설명할 수밖에 없는 입장이었다. 실제로 4,000명이 넘는 직원이 있는 L사에서는 인력변화가 많을 수밖에 없어, 퇴직 처리도 일정을 정해 놓고 일괄적으로 처리한다.

그렇게 이메일을 발송한 다음 날 재미있는 일이 벌어졌다. 다음 날 아침 9시에 홍솔지 사원은 아버지 어머니와 함께 회사에 출근한 것이다. 외부인은 사무실 출입이 제한되는 데 웬일인지 1층에서 직원이 동행한다는 이유로 통과되었던 것이다. 부모님과 함께한 홍 사원은 인사팀으로 직행했고 카랑카랑한 목소리가 복도에 울려퍼졌다. 팀장은 자연스레 복도에서 얼굴을 붉히며 서 있는 부모님을 마주할 수밖에 없었다.

"인사팀 팀장님을 뵈러 왔습니다."
"아니, 왜 퇴직한 사람에게 퇴직 처리를 못 해 준다는 겁니까?"
"내가 회사를 운영해 봐서 아는데, 그냥 4대보험 홈페이지 들어가서 상실 신고만 하면 되는데 그게 뭐가 힘들다는 거야?"
"당장 해줘요."

넥타이를 매고 점잖아 보이는 외모의 홍 사원 아버지는 인사팀장을 보자마자 다짜고짜 따지고 들어왔다. 이미 충분히 화나 있는 얼굴로 인사팀장과 몇 명의 직원에게 훈계하듯 소리를 질렀다. 인사팀장은 사직서 처리 절차를 천천히 설명해 주고, 가능하면 빠르게 처리하겠다는 다짐을 하고서 조용히 마무리할 수 있었다. 당연히 담당자도 고개를 숙이고 뭔가 죄지은 사람처럼 서 있었다. 무엇보다도 한바탕 소란이 있고 난 후에, 다른 부서의 시선이 달갑게 느껴지지 않았다. 뭐라고 설명할 길이 없는 이러한 일이 과연 L사에서만 일어나고 있을까?

우리 사회에는 언제부터인지 물질만능주의가 만연하고 경쟁에서 뒤처지면 진다는 생각으로 세상과 늘 다투며 지내왔다. 공교육은 무너지고 학부모는 덕망이 높다기보다는 돈을 잘 벌 수 있다는 이른바 사(士)자 직업을 갖기 위한 맞춤형 교육으로 아이를 길들였다. 그렇게 정형화한 사회 시스템 때문에 아이들은 부모가 시키는 경로를 충실히 따라야 했다. 그렇지 못한 아이는 성공하지 못할 것처럼 말이다. 물론 일부의 모습이지만, 부모가 다 큰 아이의 회사생활에까지 간섭하는 상황 자체는 낯설지 않은 광경이다.

한국의 교육제도에 대해서 말하고자 하는 건 아니지만, 우리가 겪는 직장 내 갈등의 간접적 영향은 아무래도 가정에서 배운 교육과 공교육의 몰락에서 왔다는 점은 부인할 수 없는 사실이다. 자신의 장단점을 구분하지 못하고, 오직 부모가 제시한 한 방향으로만 나가길 강요받으며, 아이들은 다양한 사고의 한계를 경험하게 된다. 자신이 가진 능력이나 재능을 발견할 길이 없었던 아이들은 성인이 되어서도 자신이 결정해야 하는 일에 익숙하지 않다. 부모는 자신의 방식을 반복하면서 성인이 된 자식의 사회문제에까지 깊숙이 개입하는 것이다.

경찰청 국가수사본부장으로 임명됐다가 아들의 학교폭력과 아버지의 주도로 2차 가해성 소송 사실이 드러나 많은 이들의 공분을 산 사건이 대표적 예다. 자신의 아이를 대신해 고등학교에서 같은 반 친구를 폭행하고 학교에서 내린 전학 결정에 불복해 전학 조치를 미루기 위해 집행정지 신청을 법원에 세 차례나 냈다. 시간이 지나 아이는 S 대학교에 입학까지 하게 된다. 이 과정에서 피해 학생이 장기간 2차 가해에 노출되어 진학을 포기하면서 힘을 가진 자가 안정성을 독식할 수밖에 없는 사회의 단면이 드러났다. 자신이 권력자라는 이유로 아이가 학교에서 폭력을 행사해도 조용히 넘길 수 있었고, 때로는 자신이 교육계를 잘 안다고 해서 다른 아이들과 경쟁 자체를 피하도록 명문 대학 교수와의 인맥을 활용해 편법으로 진학시키는 모습을 보면서 MZ세대는 어떤 생각을 할까.

이기기만 하면 돼

초등학교 선생님 윤준영 씨는 휴대폰을 들여다보는 게 너무나도 고통스럽다. 아침에 출근할 때 보면 밤사이에 온 수십 건의 카카오톡 메시지가 쌓여 있기 때문이다. 하루는 A 군의 어머니로부터 "오늘 11시쯤 학교에 가려고 합니다. 선생님을 뵙고 싶네요."라는 메시지가 와 있었다. 너무나 싫지만 이제는 모든 걸 내려놓은 윤 선생의 일과다. 민원 해결도 선생님의 업무 중 하나이기 때문에, 약속한 시간에 어머니를 만났다. 교무실 문을 열자마자 어머니는 다짜고짜 고함을 질렀다.

"윤 선생님, 어디에 있어요? 왜 우리 아이에게 교실 바닥 청소를 시키는 겁니까?"

사건의 전말은 이러했다. 전라북도의 한 초등학교 담임교사 윤준영 씨는 페트병으로 소리를 내며 반복적으로 수업을 방해하던 학생에게 교실 바닥 청소를 시켰고, 학생의 부모는 분노하고 교육청과 윤 선생님을 상대로 다툼을 벌였다. 학생의 잘못을 지도할 수 있는 게 선생님이라고 기억하는 X세대에게는 익숙하지 않은 사건이다. 실제로 학부모가 선생을 찾아가 항의한 것도 모자라, 선생님의 교체를 요구하며 법원에 소송을 낸 사건이다. 지루한 공방 속에서 대법원은 '지속적인 담임 교체 요구는 교육활동 침해행위'라며 속 시원히 교사의 손을 들어줬다.

MZ세대에겐 다소 낯선 얘기겠지만, X세대나 이전 세대에게 선생님이란 그림자도 밟지 말아야 할 존재처럼 존경받아 마땅한 스승으로 여겨졌다. 때로는 수업 도중 사랑의 매라는 이름으로 가하는 채벌도 비켜갈 수 없었다. 규율위반이나 학업태도에 문제 있다는 판단이 서면 교실 청소나 화장실 청소, 복도 청소, 심지어 운동장의 잡초 제거도 선생님의 훈육방식 중 하나였다. 그러나 요즘은 아침에 필라테스를 다녀와서 아이스아메리카노 한 잔을 들고 등교하는 학생을 보면서 많은 게 변했다는 걸 느끼게 된다.

서울 서이초등학교 선생님의 자살 사건으로 촉발된 다양한 방식의 교권침해에 대해, 사회적으로 위기의식을 가지고 바라보기 시작한 것은 다행이다. 학부모의 '내 자식 하나 잘되면 된다'는 생각에서 비롯된 행동으로 누구라도 밟고 올라가도 된다는 식의 상식 밖 가정교육과, 과도한 보호로 인해 아이가 학교에서 '갑'의 위치에 서게 된 점은 어제오늘의 문제가 아니다. 오로지 좋은 대학교에 진학하기 위해 또는 상대를 이기기 위해, 경쟁자를 포용할 만한 여유를 허용하지 않고 1등만을 바라보는 사회의 단면이다.

부모들은 아이가 생각하는 세계를 자신의 것으로 통제하려 하지 말고, 잘못을 인정하거나 타인을 배려하는 것이 패배를 인정하는 것과 같다는 오역된 가치관을 심어 줘서는 안 된다. 말할 것도 없이 법령의 구조적 결함을 수정하는 작업은 국회가 빠르게 움직여 줘야 한다. 개인의 실익과 감정해소를 위해 선생님과 제자 간에 마땅히 지켜야 할 상호존중의 신뢰까지 민원의 오남용으로 붕괴될 수 있다는 점을 유의 깊게 볼 필요가 있다.

학교에서 교권을 마구 흔드는 학부모와 온갖 악성 민원인의 공통점은 바로 자신밖에 모르는 이기적 사고방식이다. 자식의 회사에까지 찾아가서 항의하며 원하는 바를 얻어내려는 부모는 아직도 사회 곳곳에 고르게 분포해 있다. 왜 아직도 부모가 자식의 회사문제를 해결하려고 드는지를 모르는 이는 없다. 이미 학창 시절부터 부모가 알려주는 좋은 직장을 위해서 학습에만 몰두한 결과, 공감력이 부족한 상태에서 세상을 보는 눈이 퇴화했기 때문이다. 자신 말고는 다른 사람이 눈에 들어오지 않는 이들이 MZ세대라고 단정 지어 말할 수 없지만, 분명한 점 하나는 타인의 각도에서 생각하거나 말하지 않을 가능성이 크다는 점이다.

4장

있을 때 잘해

때 아닌 학벌 타령
됐고 팀장, 됐고 상무
인정받고 싶은 나
일 잘하는 문제아
소통한다는 착각
저실적자 vs. 저성과자
출근하면 퇴근하고 싶을 뿐
조용한 퇴사(Quiet Quitting)

때 아닌 학벌 타령

"리더십은 학력(學歷)이 아니라 학력(學力)에서 비롯된다."

나는 늘 이렇게 말하고 실제로 그렇게 믿고 있다.

1946~1964년생, 전쟁을 겪으며 성장한 베이비부머세대는 다음 세대만큼은 자신들보다 더 안정적이고 인간다운 삶을 살아가기를 바라는 마음으로 자식을 교육시켰다. X세대는 부모의 전폭적인 지지를 업고 대학 진학에 모든 것을 걸었다. 그러는 동안 사교육은 공교육을 침범하며 팽창을 거듭했고, 역설적으로 그 수혜를 입은 사람 역시 X세대였다는 점에서, X세대를 향한 이전 세대의 교육열은 성공적이었다. 윗세대의 적극적인 지원에 힘입어 대학을 어려움 없이 졸업한 X세대는 취업의 문을 뚫고 들어갔으며, 첫 월급으로 부모님의 은혜에 보답할 기회를 잡았다.

S 대학교 법학과를 졸업하고 사법고시에 연신 낙방하다가 늦깎이로 H 그룹의 계열사 경영기획본부에 입사한 백영철 부장은 자신이 S 대학교 출신이라는 점에서 하늘을 찌를 듯한 자부심으로 하루하루를 보낸다. 반면에 같은 부서에 근무하는 지방 국립대학교 경영학과를 졸업한 강미애 대리는 늘 자신이 소위 말하는 지방대 출신이라는 점에서, 내심 자격지심으로 하루를 보낸다. 이 회사의 조직구성을 보았을 때, 경영기획본부가 회사의 사업기획에서부터 법무까지 모든 분야를 총괄 지휘하는 특성상, 이 부서에는 회사의 엘리트이거나 일 잘한다는 사람만 모여 있었다.

회사의 경영기획본부는 본부장으로 정범호 이사가 있고, 그를 보좌하는 팀장으로 백영철 부장이 있으며, 총 15명의 직원이 일하는 부서다. 정범호 이사는 Y 대학교 출신이었는데, S 대학교 출신 백영철 부장과 늘 가까이했다. 정 이사는 늘 백 부장과 어울리며 우월한 두뇌를 가졌다는 공감대와 자부심으로 회사 생활을 했다. 뭔가 다르다고 생각하는 이 둘은 공공연하게 직원들이 들리도록 대화를 했다.

"우리는 다른 사람들과 달라. 우리는 SKY 아니겠어?"
"당연하지, 학교 다닐 때 공부 좀 했지."

경영기획본부의 올해 핵심사업은 지방에 오랫동안 정착해서

특수사업권을 가지고 있는 중소기업을 인수·합병하여 사업을 확대하는 것이다. 팀장인 백 부장은 올해 목표한 KPI를 위해서는 진전된 사업기획 방향이 나와야만 했다. 정 이사도 가시적 성과를 기대하면서 백 부장을 보챘다. 시간이 지날수록 부담감이 커진 백 부장은 직원들에게 인수·합병이 끝날 때까지 '칼퇴 금지'를 발표한다.

개인의 일상생활보다는 업무성과부터 챙겨야 할 시기라고 해야 할까. '칼퇴 금지'가 공공연하게 유지되던 그때, 강미애 대리는 연차사용계획을 수립했다. 그것도 하루가 아닌 연속해서 2일을 사용한다는 내용이었다. 정확하게는 금요일과 다음 주 월요일을 붙여서 연차를 사용할 일이 생겼다며 백 부장에게 보고했다. 이미 가족여행이 계획되어 불참하기가 어려웠기 때문이다. 쉽지 않겠다는 생각은 하고 있었지만, 결국 일이 터지고야 말았다.

"죄송합니다. 일정이 있었던 건데, 변경이 좀 어렵게 되었어요."
"야, 지금 때가 어느 때인데 연차를 붙여서 쓰는 거야!"
"안 돼. 학교 다닐 때도 그렇게 공부했으니까 지방대 나온 거 아냐? 알아서 해."

순간, 부서의 분위기는 파리 한 마리도 날아다닐 수 없을 정도로 냉랭해졌다. 강 대리는 더 이야기를 해도 해결이 안 될 것을 간파하고 "알겠습니다."라는 말을 남기고 자신의 자리로 돌아갔다. 그날 밤, 전형적인 MZ세대인 강 대리는 고용노동부 홈페이지를 열었고, 며칠 후 회사 인사본부는 '직장 내 괴롭힘 사건'에 관한 고용노동부 공문을 수령했다. 대내외적으로 회사의 이미지 관리를 철저히 해오던 정범호 이사는 일사천리로 인사위원회를 열고 백 부장에게 감봉 징계를 내렸다.

"아직도 저런 사람이 있단 말이야?" 이 책을 읽는 독자도 이렇게 말할 수도 있다. 그러나 아직도 이런 부류의 사람은 우리 조직 곳곳에 숨어 있다. 상황이 자신의 본성을 드러내놓지 못하게 할 뿐이지, 자신에게 승산이 있다는 판단이 서면 어김없이 숨겨 놓은 본성을 드러내 동료의 열정을 지우개로 지워버린다. 물론, 이렇게 된 이유는 이런 현상을 유지할 수 있게 만든 우리 사회의 병폐인 '명문대학교 불패' 신화가 연이어 터지기 때문이기도 하다. 정치권과 정부에서도 사람을 볼 때 어느 학교를 졸업했는지부터 따지고, 사회의 중심을 이루는 집단에서는 어느 대학교를 졸업했는지에 따라 성공이냐 아니냐의 기로에 설 수 있다는 점을 강조한다.

학력이란?

앞에서 언급한 이런 유형의 사례는 복잡한 사건은 아니다.

누구나 알아볼 수 있을 정도로 공공연하게 학벌을 언급하면서 상대를 비하하는 발언이 괴롭힘에 해당될 수 있다는 것쯤은 누구나 알 수 있기 때문이다. 사실 경중을 둔다면 크다고 볼 수 있는 사건이 아니라는 의견도 있다. 그러나 몇몇 관리자의 의식은 때로는 조직의 의식을 대변한다는 점에서 문제가 있다. 애초부터 자신이 명문대학교 출신이라는 점에서 자부심이 남달랐던 백 부장과 같은 사람은 조직 내 곳곳에 숨어 있다. 그래서 이런 종류의 사건이 언제든 발생할 수 있다는 것이다.

우리 사회는 유난히 학력을 중요하게 생각한다. 특히, X세대와 그 이전 세대가 그렇게도 중요하게 내세우던 교육열의 부산물이 바로 학연을 우리 사회에 들여놓은 것이기 때문이다. 물론, 동문으로서 서로의 발전을 위해 정기 학술회와 같은 건전한 모임을 통해 서로의 성장을 돕는 활동은 장려할 만하다. 그러나 학력만으로 사람을 평가하고, 그 평가를 객관적인 기준으로 삼는 건 사회학적으로 발전을 저해하는 후진적 관행이라고밖에 볼 수 없다.

매년 주요 경제 일간지는 10대 기업의 임원 승진자에 관한 분석 자료를 발표한다. S 전자 임원 발령자의 50%는 G 대학교라는 점을 발표하기도 하고, 여성 승진자에 대해서는 특별 기사를 내기도 한다. 그만큼 사회 곳곳의 전문영역에서 출신 대학교가 사람을 평가하는 중요한 잣대인 것은 사실이다. 한번 완성된 대학교의 평판은 또 다른 입학생을 낳고, 그들이 졸업함으로써 지속적인 동문만의 장성(長城)을 완성한다. 하버드, 스탠퍼드 등 미국의 많은 대학교에서도 동문의 중요성을 말하지만, 우리나라만큼 학연을 성공을 위한 필수요소로 보지는 않는다.

애플의 전 CEO 스티브 잡스(Steve Jobs)는 대학을 중퇴한 것이 자신의 인생에서 가장 잘한 선택이라고 말한 적이 있다. 미국 서부에서도 학비가 비싸기로 소문난 리드칼리지(Reed College)를 입학하자마자 1학기만 다니고 그만두었다. 자퇴한 후에는 청강생 신분으로 대학교에서 배운 것이 바로 '컬리그러피'였고, 이후에는 우리 모두가 아는 성과를 냈다. 페이스북의 창업자 마크 저커버그(Mark Zuckerberg)도 학력이 '대학교 중퇴'지만 억만장자의 부를 쌓아 올린 세기의 성공 사례를 낸 것을 보면, 학력이 과연 개인의 성과와 얼마만큼 관련이 있는지를 냉정하게 따져볼 필요가 있다.

만약, 내가 근무하는 조직에서 학력의 중요성을 역설하는 사람이 있다면, 그를 조금씩 멀리할 필요가 있다. 은근슬쩍 똑똑하다고 자만하는 사람도 마찬가지다. 이런 사람의 특징은 자신이 이뤄놓은 성과물을 근거로, 유명 대학교 졸업이라는 생각의 테두리에 갇혀 지내는 아메바와 같은 존재일 가능성이 높기 때문이다. 이런 부류는 비슷한 특성이 있는데, 바로 자신보다 나은 사람을 보면 기를 펴지 못한다는 것이다. 이제는 배우고자 하는 학력(學力)이 사람을 성장시킨다는 점을 기억해야 한다.

- 학력(學歷) = 정체
- 학력(學力) = 성장

요즘 세대는 시키는 것만 하는 것에 익숙하다고 하면서도, 수동적이라는 말에는 다소 불편함을 느끼기도 한다. 다양한 경쟁체제에서 성장한 그들은 자신을 돋보이게 하는 요인을 찾아내고 강화하는 데 특화되어 있다고 해도 과언이 아니기 때문이다. 그래서일까? 요즘 MZ세대는 복잡하고 다양한 개인의 성향을 명확하게 구분 지어 주는 MBTI를 좋아한다. 개개인의 성격을 존중할 줄 아는 게 요즘 젊은이의 특징이듯이, 동일한 주제로 다양한 해석을 정형화해 주는 틀을 추구하는 경향이 있다.

모든 상황의 결과를 보면, MZ세대는 그 어느 세대보다도 치열한 경쟁 속에서 살아간다. 이전 세대가 경험했던 고도의 경제성장은 더 이상 볼 수 없고 취업 시장에는 끝 모를 경쟁만 남아 있다. 태어나면서부터 수없이 바뀌는 입시전형을 겪고 치열한 과정을 거치고 나면 또 취업이라는 높은 산을 넘어야 한다. 그렇게 사회에 진출하고 나서도 부모의 경제적 지원이 없으면 벼락 거지가 되거나 급격한 시장의 변동성을 몸으로 겪게 되는데, 이때 MZ세대는 불확실한 미래에 시달리게 된다. 그런 측면에서 이들에게 기회의 공유는 생존과 연관이 깊은 필수요구조건이다.

정상적인 경쟁에서 실력으로 인정받기를 원하고, 그만큼의 보상을 원하는 그들은 학력에 관한 고정관념에 대해서는 곱지 않은 시선을 보낸다. 새로운 시대에 학력에 관한 평가는 재조명되고 있다. 끝 모를 학력 논란과 MZ세대가 겪는 심각한 경쟁의 경험이 그들을 일률적으로 길들여지도록 떠밀고 있다. 높은 학력을 갖췄다고 하지만 유례없는 저성장 시대, 노동시장에서의 치열한 경쟁, 끝없이 오르는 고물가 시대에 MZ세대는 불안하고 미래에 비관적일 수밖에 없다.

됐고 팀장, 됐고 상무

공감능력은 사회생활을 하는 데 가장 중요한 요소가 된 지 오래다. 자신과 상대의 생각이 다를 수 있음을 인정하고 받아들일 수 있을 때 신뢰가 쌓여 축적되어 있는 문제를 해소할 수 있다. 협상 테이블에서 상대와 협상을 진행하다 보면 상대방이 사회적으로나 회사 여건상 불가능한데도 무리한 요구를 계속하는 경우가 있다. 때로는 계속되는 비방 때문에 울화통이 터질 만한 감정을 느끼곤 한다. 그때마다 알게 되는 것 하나는, 상대는 늘 자신의 생각이 옳다는 신념에 사로잡혀 있다는 점이다.

사실, 인간관계에서 생각의 차이가 있을 때 누가 옳고 누가 틀리다고 명암(明暗)을 구분할 수 있는 것은 아니다. 내 주장이 타당할 수도 있고, 상대의 생각이 옳을 수도 있다. 서로의 생각이 다른 것뿐이지 정답을 논하는 게 아니라는 점을 이해해야 한다. 그렇게 서로의 간격을 좁히려고만 할 게 아니라 내 생각과 상대 생각의 차이를 인정하고 받아들인다면, 한층 더 가까운 소통을 이어나갈 수 있을 것이다.

조직이 오래되고 업무의 강도가 셀수록 상사가 풍기는 포스 역시 강하고, 상사는 늘 정답을 알고 있을 것만 같은 모습이다. 특히, 업무실력이 남다른 상사는 기싸움이 아닌 존재 그 자체의 기운으로 직원을 대한다. 사람 간의 보이지 않는 그대로의 모습을 대놓고 보이는 상사의 공통점은 하나다. 자신이 생각하는 대로 말하고, 행하고 싶은 대로 부하 직원을 대한다는 점이다. 회의시간이나 업무관련 대화를 하더라도 상사는 이미 마음속으로 결정을 내려놓고, 부하 직원이 어떤 새로운 아이디어를 가지고 오는지를 관찰한다. 그러고는 자신의 방식을 내려놓지 않는다.

"부장님, 이번에 직원들의 공감능력 배양을 위해 인문학 강의를 준비해 보는 게 어떨까요?"

무언가 고민한 흔적을 보이고 싶어도, 상사는 말을 잇지 못하게 하는 한마디를 던진다.

"됐고, 그냥 법정교육이나 잘해."

H 화학 교육팀의 김지형 과장은 공장에서 관리자와 직원들 사이에서 마찰이 잦아지는 원인이 무엇인지 파악하고 교육팀에도 도움이 될 만한 프로그램을 구성하겠다며 의견을 내보았다. 김 과장은 '인문학 강의를 활성화하면 개인의 발전을 꾀하기 위해 자신을 사랑할 줄 알게 되고, 상하관계에서 막혀 있는 소통의 맥도 시원하게 뚫을 수 있지 않을까'라는 생각을 했다. 그러나 준비한 이야기는 꺼내 놓지도 못했다. 차세준 부장은 얘기를 끝까지 들어보지도 않고 "됐고."라고 말하며 돌려보낸다. 말을 끝까지 해본 게 언제인지 기억조차 나지 않는다.

그렇다면 왜 우리 회사 팀장과 상무님은 '됐고'를 남발하는 걸까. 부하 직원이 제시하는 정보와 의견은 이미 상사인 내가 다 알고 있다고 자만하고, 그 결론에 이미 도달해 있다고 착각하기 때문이다. 즉, '부하 직원의 이야기는 논의의 가치가 크지 않고 이야기를 더 듣는 것은 오히려 시간 낭비일 뿐이다'라는 착각이 기저에 깔려 있는 것이다.

얼핏 보면, 경험이 뛰어난 상사가 에너지를 더 쓰지 않고 빠른 판단을 내리는 듯하다. 물론 급박한 경영환경에서 빠른 판단력이 필요할 때 신속하게 의사결정을 하는 리더가 각광받기도 한다. 그러나 '됐고 팀장'은 빠른 의사결정에서 오는 '됐고' 발언과는 많은 부분에서 다른 점이 있다. 사실 부하 직원의 말을 끝까지 듣고 싶지 않은 것이고, 지금 나는 이미 어떻게 할지를 결정했으니 설명이 필요 없다는 취지가 깊이 담겨 있다.

얼마 전, 한국직업능력연구원이 공개한 〈부모의 소득수준이 자녀의 학력 수준에 미치는 영향 보고서〉에 따르면, 부모의 소득수준이 높으면 자녀의 고등교육 수준 역시 높았다. 보고서 내용을 보면 부모의 소득수준이 가장 낮은 1분위일 때 자녀가 '고등학교 졸업'인 경우는 35%였지만, 부모의 소득수준이 4분위까지 올라가면 그 수치는 15%로 절반 이상 줄어들었다. 반대로 부모의 소득수준이 가장 높은 4분위일 때 자녀가 대학생인 경우는 68%를 기록한 반면, 부모의 소득수준이 1분위일 경우에는 41%까지 하락했다.

종합해 보면 이렇다. 부모의 소득수준이 낮을수록 자녀가 대학 진학을 포기하는 비율이 높고, 부모의 소득수준이 높을수록 자녀의 대학 진학률이 높아졌다. 교육열을 말하려는 것보다는 부모의 소득수준이 교육의 질로 이어지고, 결국에는 소득의 격차로 연결되는 악순환을 만드는 것이다. 많은 젊은이가 자신의 일자리를 찾아 안정적인 삶을 추구하기보다는 비트코인이나 주식, 부동산 투자처럼 계층을 확실히 벗어날 수 있는 패스트 트랙을 찾아 나서는 데는 이유가 있다.

사실 요즘처럼 대학 진학 문턱이 사회·경제적으로 낮았던 적은 없었다. 그럼에도 여전히 경제력에 따라 대학 진학률이 크게 차이 난다는 것은 또다시 소득의 불균형을 초래하게 된다. 물론 교육수준이 소득 높낮이를 정의할 수도 그렇게 되어서도 안 되는 것은 분명하다. 그래도 한때는 교육이 계층을 이동할 수 있는 가장 현실적인 투자 방법이었다는 점은 시사하는 바가 크다. 개인이 고등교육을 받을지 말지를 선택하는 데 부모의 소득수준과 같은 환경적인 제약이 있으면 안 되는 이유다.

연세대 심리학과 김영훈 교수는 "한국과 같은 노력 신봉 공화국은 노력을 강조하면서 성패의 원인을 개인의 책임으로 돌리는 경향이 강하다."라고 말했다. 우리 사회는 모든 과정에서 노력이 얼마만큼 차지하느냐에 따라서 그 결괏값이 달라질 수 있다고 믿는다. 그 노력의 양이 결국 성패를 좌지우지하기 때문에, 결과가 저조한 사람은 그만큼의 노력을 하지 않았다고 보는 생각이 강한 것이다. 그러나 사실 열심히 한다고 해서 모두 잘 되기보다는 자신의 환경에 기인한다는 걸 모르는 사람은 없다.

특히, 일머리가 타고나거나 자신의 가정 형편 덕분에 좋은 교육을 받는 등 환경과 운에 따른 상황이 모든 결과를 결정하는 기본요소가 되기도 한다. MZ세대는 주변의 많은 사람을 보면서 열심히 해도 안 되는 경우가 많고, 실제로 성공요소는 정석대로 했을 때 가능성이 높지 않음을 간파했다. 열심히 해도 안 될 것 같으면 열심히 하지 않고 노력하지도 않으며, 다른 확실한 방향을 찾아 나설 명분이 분명하다. 자신의 삶을 찾기 위해서는 무모해 보이더라도 도전을 서슴지 않는 이유다. 노력하면 되는 경우와 노력해도 안 되는 경우를 빠르게 찾아내는 것도 어쩌면 MZ세대다운 방식이다.

인정받고 싶은 나

- 내가 잘하면 잘할수록 사람들은 내가 더 잘할 것이라고 기대할 것이다.
- 내가 실수했을 때 사람들은 겉으로 드러내지는 않지만 매우 실망할 것이다.
- 내가 일을 훌륭히 못 해내면 사람들은 나를 형편없다고 볼 것이다.
- 더 나아지려고 스스로 노력하지 않는 사람을 보면 화가 난다.

심리학에서 널리 사용하는 '다차원적 완벽주의 척도(MPS)'에서 활용하는 대표적인 질문 사항이다. 여러분도 여기에 해당하는 사항이 있는지 한번 살펴보면 좋겠다. '이거 완전 내 얘기인데'라는 생각이 드는 독자는 집중해서 보길 바란다. 이런 사람들은 평소에 과한 완벽주의자에 해당할 가능성이 높기 때문이다.

자신의 얘기라면 지금부터라도 컴퓨터 자판에서 손을 떼고 쉬는 게 좋을 수 있다. 그리고 지금 하는 일에 만족할 수 있는 자신만의 시간을 가져야 한다. 이런 사람들의 특징은 머릿속이 복잡하고 늘 피곤하며 불안하다.

"작년 우리 회사 매출과 영업이익 데이터를 1페이지 보고서로 내일까지 정리해 주겠어요?"
"음, 여기 라인이 안 맞네요. 다시 정리해서 올리세요."
"이거, '되다'입니까? '돼다'입니까? 맞춤법이랑 조사를 정확하게 다시 고쳐서 올리세요."

D 금융사 영업지원실 이용수 대리가 준비한 업무추진계획서를 본 신재훈 부장은 목에 고구마가 걸린 듯 답답함을 느꼈다. 두괄식 문서도 아니고 목적과 전달하고자 하는 내용이 여기저기 흩어져 있기 때문이다. 보기에는 그럴싸하지만, 늘 시간이 부족하고 바쁜 임원에게 올리는 보고서라고 하기에는 그저 종이 한 장에 낙서를 한 것처럼 보였다. 신 부장은 보고서에서 말하고자 하는 목적과 방향, 그것을 뒷받침하는 내용을 간략하게 넣도록 여러 번 교육을 했는데도 개선되지 않았다. 다음 날 이 대리는 준비한 보고서를 다시 들고 신 부장에게 찾아갔지만 또 다시 수정하라는 얘기뿐이다. 이 대리가 글자 라인을 맞추고 보고서를 출력해서 다시 신 부장에게 결재를 받기 위해 들인 시간은 측정하

기도 어렵다. 이렇게 신 부장은 보고서의 수정을 10번이나 지시했다.

이런 일이 매번 반복되었다. 이쯤에서 이 대리는 자신감이 떨어지고, 신 부장이 무엇을 원하는지 도무지 알 수 없는 지경에 빠지게 된다. 왜냐하면 신 부장이 보고서를 읽어 보기나 한 건지 알 수 없었기 때문이다. 매일 그렇게 시간이 쏜살같이 지나가 버렸다. 일을 시킨 신 부장이나 일을 처리하는 이 대리는 뭐가 잘못되었는지 마음속으로 서로를 질타하기에만 바쁘지, 개선은 더디기만 했다. 자신의 무능력함이 원인이라고 생각하는 이 대리는 이런 일이 반복되면서 심한 스트레스성 불면증에 시달리고 번아웃을 경험하게 된다.

완벽함을 추구하는 신 부장과 그 완벽함의 기준이 어디인지를 몰라 갈팡질팡하는 이 대리는 그렇게 하루를 보고서 한 장을 놓고 씨름하며 보냈고, 결국 이 대리가 능력 없는 자신을 원망하기에 이른다. 잘하고 싶다는 욕심이라고 해야 할까? 아니면 불필요한 완벽주의자로부터 파생되는 부작용일까? 신 부장은 평소에 이왕 하는 일이라면 잘해야 한다는 말을 달고 살았던 사람이다. 함께 일하게 되면 오래 버티기 어려운 존재라고 할까. 이런 사람 밑에서 일하는 부하 직원의 이직률이 높은 건 당연하다.

A 공단 기획본부에 근무하는 박용진 부장은 보고서를 작성하고도 수십 번 고쳐쓰기를 반복한다. 본부장에게 보고하기로

한 시간이 다 되어 가는데도, 완벽해 보이지 않고 또 어딘가에 문제가 있을 것만 같은 마음이 들기 때문이다. 박 부장은 마감시간이 다 되어서야 부랴부랴 이메일을 쓰고, 첨부파일로 보고서를 첨부해 발송할 준비를 한다. 이때 또 머릿속이 혼미해진다. 이메일 내용에 문제가 없는지를 보고 또 보고 하는 게 반복되자 머리가 몽롱해졌기 때문이다. 그러고는 "에라 모르겠다."라고 말하며, 이메일을 보낸다. 이때 실수라도 발생하면 자신의 실력을 탓하며 자괴감에 빠지기를 또 반복한다. 전형적인 완벽주의자의 행동이다.

왜 자꾸 이런 악순환을 반복하는 것일까. 누구에게나 있는 잘 보이고 싶은 심리적 불안감일 수도 있고, 지금 실수를 보이면 저평가될 수도 있다는 두려움과 압박이 원인일 수 있다. 무엇보다도 '잘해야만 한다'는 강박에 휩싸이면서, 누군가로부터 인정받고자 하는 심리적 욕구는 급격히 올라간다. 자신에게 불필요한 불편함을 주는 완벽주의는 해소할 수 있을 때 해결해야 하는 이유다. 오래 두면 만성이 되어 ,작은 일에도 완벽을 추구하면서 실제 해야 할 일은 하지 못하기 때문이다.

그러기 위해서는 자신이 하는 일에 좋은 성과를 내고 싶은 '욕심'에서 나오는 완벽주의인지, 동료나 상사와 같은 주변 인물을 실망시키고 싶지 않는 마음에서 나오는 '선의'인지를 구분할 수 있어야 한다. 나를 위한 완벽함인지, 외부인의 기대에 부응하기 위한 완벽함인지에 따라서 해결점을 찾을 수 있다. 결국 나를 향하고 있느냐, 아니면 다른 사람을 향하고 있느냐의 문제는 자존감과 관련이 깊다.

과도한 완벽을 추구하다 보면 상상력과 이성 사이에서 혼돈을 겪으면서 또 다른 불만족을 낳게 된다. 이런 생각이 든다면 내가 지금 잘하고 싶어서 이런 노력을 하는 것인지 아니면 지금 업무내용에 완성도를 높이고 싶은 것인지를 구분할 수 있어야 한다. 내용 면에서 내가 원하는 것이 담겨 있다면, 다른 외적인 면이 떨어지더라도 괜찮은 결과물이라는 걸 인정할 수 있어야 한다. 즉, 콘텍스트(context)보다는 콘텐츠(contents)가 중요하다는 걸 기억해야 한다. 물론, 완벽주의가 나쁘다고 말할 수는 없다. 다만, 모든 게 과하면 오히려 좋지 못한 결과로 이어진다는 점은 사실이고 반론하기 어렵다. 내가 잘한다는 평가를 받기 위한 노력이라면 타인보다 자신을 위한 업무가 되도록 기준을 낮게 잡는 방법도 있다.

힘희롱[7]

모든 것이 빠르게 돌아가는 사회에서 적시적기에 적절한 의

---

7) 힘희롱 : '힘(Power)'과 '괴롭힘(Harassment)'을 합친 말로, 상사가 지위를 이용 아랫사람을 괴롭히는 행위로써 직장 내 괴롭힘의 유형이다.

사결정을 내리는 것은 팀장이 가져야 할 필수능력이다. 하지만 구성원이 제시하는 의견에 "됐고!"라며 받아치는 것을 신속한 판단을 내리는 것으로 착각하면 안 된다. 신속성을 상대의 의견을 들어보지도 말라는 식으로 해석하는 것은 곤란하다. 됐고가 반복되는 문화 속에서 구성원은 호기심을 잃게 되고 새로움을 포기하며, 상사의 의중에 맞추기 위해 의견제시를 아낄 뿐이다.

우리가 일하고 싶었던 회사는 이런 곳이 아니었다. 고민한 생각을 끝까지 말해 볼 기회조차도 없다는 건 받아들이기 쉽지 않다. 내가 그동안 쌓아온 학습과 정보 그리고 노력이 이렇게까지 필요 없다고 느껴지는 조직이라면, 과연 일하고 싶은 회사일까. 반면에 흔히 말하는 '직장생활을 잘하는 사람'의 특징 중 하나는 상사의 의중을 잘 읽고 상사의 눈에 거슬리는 언행을 하지 않는다. 여기에 다른 직원과도 원만한 관계를 이어나가는 높은 정치력도 겸비하고 있다. 문제의 핵심은 그 구조에만 매몰되어 균형을 잃은 관리자의 리더십이다. 실력이 우수해서 인정받으면 좋겠지만, 기형적인 소통이 통용되는 조직이라면 언젠가는 이런 회사를 떠날 수밖에 없게 된다.

'됐고 팀장'이나 '됐고 상무'와 함께 일하면, 사실 많은 고민을 하지 않게 된다. 결국에는 부하직원이 상사의 눈치 보는 데에만 집중하게 한다. 상사의 주장에 굳이 설득논리로 대응하기보다는 다양한 절차와 고민을 효용성 면에서 생략하는 게 직원 입장에서 정신건강에 유리할 수 있기 때문이다. 말 그대로 입을 다

물게 된다. 그저 시키는 정도만 일하고, 톱다운 식의 업무처리에 익숙해진다. 굳이 새로운 생각과 정보를 수집하려고 하지 않으며, 기존에 있는 정보와 업무내용에 대해서도 고민하지 않게 되어, 결국에는 주먹구구식의 업무결과만 남게 된다.

한동안 사라졌던 힘희롱 예방교육이 필요한 시기다. 직위를 무기로 자신이 원하는 업무방향을 힘으로 누르는 상사가 가지고 있는 권위적이고 낡은 방식의 개선교육 말이다. 무조건 해야만 했던 X세대는 이런 위계질서가 조직을 원활하게 작동하게 하는 원동력이라고 착각한다. 이러한 착각이 동료에게 심리적·육체적으로 스트레스를 유발하는 '스트레스 제조기'라는 걸 잊은 채 말이다. 이처럼 시키는 거라도 잘해 오길 바라는 상사의 생각은 직장에서 더는 힘을 발휘하지 못한다. MZ세대는 팀장과 직원 간의 막히는 소통을 그대로 인정하기보다는 자신의 의견에 대한 사실적 피드백을 원한다. 호기심과 열정으로 준비한 자료를 두고 답정너[8]로 대응하는 것은 직원의 좌절을 부추긴다.

---

8) '답은 정해져 있고 너는 대답만 하면 돼'라는 뜻, 또는 그런 행위를 말한다.

일 잘하는 문제아

부끄럽지만 내가 경험한 것을 젊은 세대와 나누겠다는 마음으로 낸 책 「무엇이 당신을 움직이게 만드는가」에는 이런 말이 있다.

> "여러분, 자신의 능력 70%만 회사를 위해 일하고, 나머지는 자신을 위해 남겨 두세요."

해외 주재원으로 몇 나라에서 관리자로 근무하고 국내로 돌아와 대기업과 공공기관의 인사팀장으로 이어지는 커리어패스(career path)를 직접 경험한 내 입장에서, 직장인으로서 살아가는 데 필요한 에너지가 도대체 어디에서 나오는지를 연구한 결과다. 집보다도 많은 시간을 보내는 직장에서의 생활과 목표를 면밀히 검토하는 것부터 시작해야 한다고 역설했다. 그 결과, 직장에서 보내는 모든 시간은 오직 자신만을 위해 고민하고 결정해야 한다는 결론에 이르렀다. 무엇이든 나에게 유익할 때 적극적일 필요가 있다. MZ세대가 보는 직장관과 큰 틀에서 다르지 않았다.

내가 말한 70%만 노력하고 또 일하라는 취지의 바탕은 이러했다. '오직 직장만을 위해 모든 것을 다하는 사람이 과연 자신의 삶도 잘 관리하며 행복한 삶을 살 수 있을까'라는 질문에서 시작됐다. 자신이 행복하지 않으면 주변 사람에게도 행복이 보이지 않고, 자신이 하는 모든 행위는 건조하게 되면서 마지못해 처리하는 감정이 빠진 로봇에 불과하다는 뜻이다. 다시 말하면, 자신을 돌볼 줄 아는 사람의 감정은 늘 신선하고 남다른 업무의 성과로도 이어질 수 있다는 얘기다. 그런 사람들이 모여 있는 회사라면, 아이디어를 기반으로 지속적 성장의 기틀이 마련되어 있는 것이나 마찬가지다.

말 그대로 모든 걸 회사에만 의존하지 않고 스스로 삶을 개척하며 행복해하는 사람이야말로, 직장에서도 좋은 성과를 낼 수 있다. 행복감이 낮은 사람은 독립적이지 못하고 자신에 대한 확신이 부족하기 때문이다. 역시나 다른 사람을 믿지 못하고 의심으로 하루를 보내며, 사회 자체에 대한 불만에 휩싸여 살게 된다. 이런 사람의 감정은 늘 불안하고 우울하며 억울해한다. 일상은 폐쇄적이고 자신의 이익을 지키는 데에만 모든 생각과 행동을 집중한다.

이 책을 읽은 독자의 연령이 20대, 30대, 40대, 혹은 50대, 60대일 수 있다. 그만큼 스스로의 삶에서 무엇을 필요로 하는지를 알 수 있다는 주체성을 지녔음을 뜻한다. 이제는 자기를 돌아보는 시간을 늘리고, 삶을 새롭게 설계해서 인생의 목적지로 향해야 한다.

- 여러분은 어떤 사람으로 살고 싶은가? 어떻게 노후를 맞이할 것인가?
- 자신의 아이가 세상에 태어난다면 그 아이는 어떤 성인이 되기를 원하는가?

다소 뜬금없는 질문이지만 여러분은 어떻게 답할지 궁금하다. 저마다의 생각은 다르겠지만 인생은 망망대해를 헤치고 나가는 항해에 비유되곤 한다. 인생 자체는 배에 비유할 수 있고, 그 항해에서 선장은 내 몫이어야 한다. 어느 누구도 그 항해를 대신해 줄 수 없다는 점은 명확한 사실이다. 내 가족이라고 해도 대신해 줄 수 없고, 직장 상사도 대신해 줄 수 없다. 내가 지금의 이 고민을 할 수 있는 것 자체만으로도, 내 삶을 헤쳐 나갈 배를 띄우는 것과 같다. 그렇다면 어디로 향해 갈지, 그 배에 누구를 태울지, 누구의 도움을 받아 항해를 마칠지도 스스로 생각해야 하지 않을까.

직장은 그 항해에서 음식이나 물과 같은 보급품을 공급받는 항구라고 할 수 있다. 우리는 이곳에서 자신이 필요한 것을 얻기 위해 시간과 노력을 제공하며, 저마다 다른 항해를 이어가는 사람들과 부딪히며 하루를 보낸다. 분명하게 말해야 하는 것은 어디까지나 직장생활은 온전히 내 삶을 내가 원하는 곳으로 몰고 가기 위해 필요한 수단일 뿐이라는 점이다. 다만, 내 존재에 관해서 필요한 누군가가 있을 때, 나라는 존재의 가치가 성립된다. 그 때문에 조직에서 필요한 성과를 낼 줄 아는 사람은 각광받기 마련이다.

다소 말이 길어졌지만, MZ세대는 직장생활과 행복 그리고 인생의 목표에 대해서만큼은 철저히 자신을 향한 일인칭 시점에서 바라본다. 내가 누구인지에 관한 고찰을 하다 보면, 일에 어느 정도의 노력을 들여야 하는지를 알게 된다. 그렇게 회사마다 일 잘하는 사람과 그렇지 않은 사람의 차이가 분명하게 구분되는데, 그 지점이 무엇인지를 파악하기 위한 다양한 설문조사와 몰입도 조사가 진행 중이다. 그러나 앞서 설명한 것처럼 나를 바라보고 삶의 만족도를 높이는 방법이 선행되었을 때, 일하는 사람이나 그것을 함께 나누는 사람도 성과의 진정한 맛을 느낄 수 있다. 따라서 조직은 직원의 행복을 위한 경영을 고민해야 한다.

얼마 전 일본 도쿄 신주쿠역에서 재미있는 광고를 본 적이 있다. 열심히 하는 것보다 더 중요한 것에 대해 몇 마디가 쓰여 있었다. "자신에게 달아지자(자신에게 달콤해지자)." 일본어로 '아마이(あまい)'는 '달다'는 뜻도 있지만 어리광, 응석 등 혹독한 현실

과 반대되는 사람의 태도를 거론할 때 쓰이는 말이기도 하다. '잘해야 한다'는 무거운 짐을 내려놓고 '자신의 삶을 살기 바란다'는 의미가 내포되어 있다. 이렇게 내 인생을 위한 하나의 수단인 직장생활을 할 때, '갓생[9]'을 넘어 자신을 보살피는 청년이 늘고 있다. 이 모든 것이 모인 직장문화는 이제 이념의 틀을 벗어나 순수한 행복을 꾀하는 시도를 하고 있다.

일 잘하는 사람과 못하는 사람

보통 일 잘하는 사람이 성격도 좋고 직장 내 사람과의 관계가 좋을 거라고 생각한다. 그러나 사실 그렇지 않다. 일 잘하고 똑똑한 사람이 오히려 직장 내 대인관계에서 문제를 일으키는 경우가 많고, 또 직장 내 괴롭힘 사건의 당사자가 되는 경우도 많다. 즉, 실력 있는 문제 직원(talented terror)이 여기에 해당된다. 그들은 성적 지상주의와 맞물려서 일의 성과에만 몰입한 나머지, 대체로 주위 사람과의 관계는 늘 좋지 않다. 조직에서 주어진 목표를 달성하기 위해 앞만 보고 달리는 사람은 윗사람에게 좋은 평가를 받을 수 있지만, 부하 직원에게는 스트레스만 주는 상급자일 뿐이다.

9) 영어(God)-생(生)을 합쳐 만든 말로, 매우 부지런한 삶을 의미한다.

대부분의 조직에서 일 잘하고 성과가 좋은 사람은 자신의 일에 확신을 가지고 있고, 확신을 통해서 자신감을 얻고 있다. 그러나 넘치는 자신감이 때로는 독선으로 이어지는데, 이런 차이는 한 끗이다. 많은 일을 한꺼번에 처리하는 일 잘하는 사람은 상대방의 감정까지 챙기고 가기에는 시간이 부족하기 때문이다. 사실 일 잘하는 사람이 모두 고집이 세다고 단정할 수는 없다. 그들에게는 환경적 영향과 달성하고자 하는 목표가 너무 뚜렷하기 때문에, 필요 이상으로 주변을 살피고 모두를 만족시키기에는 물리적으로 한계가 있다.

D 중장비 회사의 이야기다. 징계 이력이 있는 직원을 모아놓고 역량향상을 위한 교육을 실시했던 인사팀은 참석자들의 공통점을 발견했다. 부서 내에서 에이스로 이름난 사람이 대부분이었기 때문이다. 문제가 있는 직원으로 지목되어 인사상 조치를 받은 사람들은 알고 보니 업무성과가 낮은 사람이 아닌, 늘 상위평가를 받는 일 잘하기로 소문난 사람들이었다.

말 그대로 일은 잘하지만 사람의 감정을 잘 읽지 못하여 현상에 둔감한 모습은 우리에게 시사하는 바가 크다. 물론 업무역량이나 성과가 좋은 사람이 다양하게 분포한 조직은 지속적으로 성장할 수밖에 없다. 그러나 그 속에서 인간관계에 문제가 있는 직원에 의해 조직이 움직인다면 그 조직은 허울 좋은 사업장이 되고, 언젠가는 사람 문제로 위기를 겪게 된다. 역설적으로 회사는 일 잘하는 사람을 필요로 하지만, 그 직원은 일에만 몰두한 나머지 다른 중요한 부분은 보지 못한다는 점이 흥미롭다. 말 그대로 직장에서 자신의 능력을 100% 모두 발휘하면서 타인보단 자신의 성과에만 올인하는 사람을 관리할 시기가 되었다.

다국적 무역회사인 B상사에는 김준식 차장이 있다. 중동지역을 맡은 S-player 김 차장은 "야! 오 과장, 내가 아침에 요청한 자료 퇴근 전까지 나한테 보내."라고 하는 식으로 간단명료하게 직원과 소통하는 사람이다. 업무방식 자체가 강압적이고 자기중심적인 사람이다. 김 차장은 부하 직원이 준비해 온 자료를 검토할 때나 회의에서 "장난하냐?", "아직도 이 정도밖에 못 해?"라고 윽박지르기 일쑤였다. 아니나 다를까 부하 직원 오윤석 대리가 직장 내 괴롭힘 신고를 하면서, 회사는 김 차장의 행동에 문제가 많다는 걸 알게 되었다.

신고한 지 한 달이 지나자 감사팀의 자체 조사를 마친 인사위원회는 김 차장의 행위가 '직장 내 괴롭힘에 해당하지 않는다'고 판정하고 이후에는 별다른 조치를 취하지 않았다. 왜 이런 결과가 나온 걸까. 회사의 임원들로 구성된 인사위원회는 김 차장의 업무성과에만 집중한 나머지, 회사의 핵심인재이고 이런 사람을 회사는 유지(retention)해야 한다는 의사결정을 내렸기 때문이다. 물론 실제로 괴롭힘이 아니라고 판단했을 수도 있다. 그런 일이 있은 후 괴롭힘을 신고한 오 대리는 오히려 김 차장의 노골적인 따돌림과 비아냥에 시달리다 결국에는 퇴사를 결정하게 된다.

우리가 자주 목격하는 직장의 모습이다. 일 잘하는 S-player에게 잘못이 있더라도 어느 정도는 감싸주고 이끌어가야 한다는 생각에 빠진 경영진의 판단은 오직 성과에만 매몰되어 있기 때문이다. 잘못을 해도 일만 잘하면 된다는 식의 사고는 이제 변화의 기로에 섰다. 예전과 달리 직장인은 오직 지금의 회사에 전념하기보다는 자신의 삶을 우선시 하고 있기 때문이다. 제아무리 일 잘하는 직원도 어느 시점이 되면 갈매기가 새우깡을 찾아 날아가듯 이직을 하고, 그가 망쳐 놓은 조직문화는 남아 있는 사람들이 온전히 떠안게 된다.

일 잘하는 사람으로 남기 위해 몰두하기보다는 스스로의 삶에 대한 만족도를 점검하는 시간이 필요하다. 이것이 MZ세대가 직장에 모든 걸 바치지 않으려는 이유다. 회사는 직원이 가지고 있는 업무능력과 에너지를 100% 쏟아붓기를 요구할 수밖에 없다. 하지만 우리는 70%만 몰입하고 자신을 위해 30%를 확보해 두는 일상으로 자신을 찾아야 한다. 30%의 에너지는 온전히 자신만을 위해 재해석할 수 있어야 하고, 자기계발이나 자신만을 위한 시간으로 보내야 한다는 점에서, MZ세대적 사고는 모두에게 필요하다.

직장인이 일을 잘한다면 좋은 평가를 받는 게 마땅하다. 그러나 주변을 살피고 자신을 바라볼 만한 여유조차 허락하지 않은 성과주의는 주변인을 괴롭게 한다. 성과에만 몰입한 전형적인 오피스빌런(office villain)은 아직도 우리 주변에 존재하고 있다. 지금부터라도 자신의 열정으로 업무를 밀어붙이는 방식을 지양하고, 약간 늦고 최고의 성과를 얻어내지 못하더라도 실망하지 말고 그것에 익숙해지기를 바란다. 모든 건 내려놓을수록 더 얻을 수 있는 법이다.

소통한다는 착각

다양한 사람이 한데 모여 그들만의 집단을 이루며 살아간다. 그중에서 직장이라는 곳은 개개인의 다양성을 충분히 인정하지 않는 조직이라고 할 수 있다. 공통의 이익을 위해서 때로는 개인의 생각과 행동을 규제해야 하기 때문이다. 그것을 우리는 사회라고도 하고, 조직이라고도 말한다. 생존을 위해서 생각하고 그것을 몸으로 그리고 행동으로 보여주는 곳이다. 때문에 다양성을 이어주는 공감능력은 필수적이다. 공감한다는 것은 마음 안에 상대가 있다는 것이기 때문에, 혼자만 잘한다고 해서 되는 일이 아니다.

공감은 표현되었을 때 상대방에게 전달이 되고 추구하는 목표에 다다를 수 있다. 이때 공감의 표현을 실제로 담당하는 주요 기능이 언어다. 언어가 없었다면 인간을 포함한 지구상의 모든 동물이 공감능력을 충분히 갖추지 못했을지도 모른다. 물론 모든 생물은 그들만의 언어가 있다. 서로의 의견을 교환하면서 나와 다른 생각을 하는 것을 이해해 나가는 데는 언어라는 기능이 작용하기 때문이다. 사람이 생각의 품을 늘려나갈 수 있었던 이유도, 언어라는 기능이 있었기 때문에 가능했다.

회의 도중 이상민 부장이 "자, 여러분의 생각은 어떠세요?"라고 한마디를 던졌지만 아무도 말하지 않는다. 이 부장은 슬슬 답답해지는지 참석자들에게 한마디라도 하라고 다그치기 시작한다. 회의가 지닌 맹점이 여기에 있다. 회의를 위해 회의를 하고 결론은 정해져 있는 경우가 많다. 회의라는 것은 담당자를 중심으로 안건에 따른 계획이나 대책을 논하는 자리이자 일의 방향성을 정하는 중요한 의식이다. 그러나 업무의 방향성에 대해 그저 이 부장 자신이 왜 그것을 원하는지를 발표하는 자리가 되어 버리는 게 현실이다.

경영전문가들이 늘 하는 말은 비슷하다. 회의시간에 부장님이 말하는 시간이 길어질수록 회사는 망해 간다는 것이다. 사원에서부터 임원까지 다양한 사람이 유기적으로 움직였을 때 회사라는 조직은 원활하게 작동하는데, 회사에서는 유독 이사님과 부장님의 의견과 생각만 듣게 된다. 침몰하는 배의 선장은 침몰 직전까지 배를 버리지 못한다는 이야기와 같은 맥락에서 이해할 수 있다. 그들은 자신이 말하는 게 아직도 배를 움직일 수 있다고 착각하는 것과 같은 줄 모른다.

작은 액세서리 쇼핑몰을 운영하는 김민주 대표는 직원들과 월요일 아침에 주간회의를 시작한다. 김 대표는 변화하는 시장 상황에 대응하기 위한 신제품 출시를 서둘러야 한다는 생각에 직원들에게 다양한 의견을 주문했다. 최근 김 대표가 느끼는 위기의식은 공감되지 않는 분위기였다. 그렇게 시작된 회의에서 직원들은 노트북만 들여다보고 있다. 늘 그렇듯 문제점부터 해결방식에 관한 대부분의 의견은 회의를 주재한 김 대표에게 집중되어 간다.

"오늘은 여러분의 이야기를 많이 들어보려고 합니다. 하고 싶은 이야기가 있으면 무엇이든 말해 봅시다."

김 대표는 답답했는지 자신이 생각했던 작년 실적에서 장점과 단점으로 화이트보드에 그래프를 그리고, 글을 써가면서 이야기를 이어갔다. 이런 식으로 회사 운영이 지속되면 회사가 문을 닫을 수도 있다는 말까지 덧붙였다. 김 대표가 설명하는 말의 취지는 결국 2025년 신제품 출시를 서둘러야 하고, 핵심 아이템을 어떻게 선정해야 한다는 구체적인 계획이었다.

"자, 여러분은 어떻게 생각하십니까?"

아무도 관심이 없고 김 대표 혼자서 이야기하고 있는 분위기는 지속된다. 김 대표는 답답한 마음에 자신의 계획과 할 일을 열심히 설명했다. 그때 29세의 박범수 사원이 손을 들었다.

"대표님, 잠시만요, 대표님 혼자만 말하고 있는 거 아세요? 저희 이야기를 들어본다고 하시고는 대표님만 말하고 있잖아요. 이게 무슨 회의예요?"

박 사원의 목소리에 나름 힘이 실려 있었다. 젊은 사원의 한마디에 김 대표는 순간 식은땀이 나고 얼굴이 빨갛게 달아올라 시선을 어디에 두어야 할지 몰랐다. 할 말은 다 하는 MZ세대의 기세라고 해야 할까. 다른 30~40대 직원들 역시 김 대표의 빨개진 얼굴만 바라보며, 상황을 탈피할 만한 한마디를 꺼내놓지 못했다. 보통 X세대는 자신이 하고 싶은 얘기가 있더라도 '지금 말해도 될까'라는 생각을 하는데 말이다.

MZ세대는 사실 자신의 의사를 거침없이 말하는 경향이 있다. 모두가 그렇다고 할 수는 없지만 그렇게 배우며 자라난 덕분인지 보통은 그렇다. 어렸을 때부터 자신의 생각을 표현하고 사람을 설득하도록 교육을 받으며 자랐기 때문이다. 할 말 안 할 말을 구분하려는 X세대와의 차이는 여기에서 발생한다. 회의는 참석한 모든 직원이 주체적으로 함께 만들어 나가는 것이라는 사실을 모르는 사람은 없다. 그러나 그것을 어떻게 현실에 맞게끔 적용해 나가느냐는 다른 문제다. MZ세대의 거침없는 말과 행동이 과연 나쁘기만 하다고 할 수 없는 이유다.

29세 직원의 뼈 때리는 몇 마디를 들은 김 대표는 창피하다기보다는 사실 기분이 썩 좋지 않았다. 김 대표는 그대로 회의실을 나가버렸고, 40대 선배들은 29세 직원을 향해 강렬한 눈빛을 쏘아붙였다. 사실 김 대표의 행동은 쉽게 예상해 볼 만한 상황이긴 하다. 순간 당황한 나머지 자리를 피하는 게 제일 쉬운 방법일 수 있기 때문이다. 그러나 직원에게 말할 기회를 주면서 그의 이야기를 들었다면, 더 나은 방법을 찾았었을 수도 있다. 기분 나쁘다고 자리를 피한 김 대표는 전형적인 꼰대의 모습으로 남기 때문이다. 그날부터 회사 분위기는 창사 이래 최악이 되었다.

말과 문제직원

말과 관련해서 우리의 착각이 배어 있는 상황은 주변에 산재한다. 채용 면접에서도 마찬가지다. 인사관리자 세미나에서 나는 인사담당자에게 면접할 때 면접관과 면접 참석자 간에 하는 말의 적당한 비율을 말해 보라고 한 적이 있다. 인사담당자, 관리자 그리고 책임자를 불문하고 대부분이 면접관 30%, 참석자 70%라고 말했다. 대부분은 면접관의 질문에 참석자가 대답하는 것이 면접이라고 말한다.

우리 의식 속에 자리 잡은 애매한 숫자를 말할 때는 100도, 50도 아닌 그 중간인 70~80을 말하는 본능이 작동한다. 모든 것을 통용할 수 있는 숫자처럼 사용한다. 미국 인사인증협회(HRCI)에서는 면접관 대 참석자가 서로 질문과 답변을 50:50 비율로 하는 것을 이상적인 면접이라고 정의한다. 서로의 이야기를 대화처럼 풀어내는 형태가 면접이라는 의미인 것이다. 이처럼 말의 개념은 동서양에서 보는 시각은 다른 면이 있다.

X세대에게는 말을 조심하면서 살아야 한다는 강박관념이 남아 있다. 말 자체가 지닌 본연의 목표와는 다르게, 사회에서 해야 할 말이 정해진 듯 사람들이 듣고 싶어하는 말을 해야만 한다고 생각하는 것이다. 말의 중요성과 잘 말하는 것 그리고 왜 말을 쉽게 꺼내지 못하는지를 살펴본다면, 가장 앞선 문제는 다른 사람을 의식한다는 점이다. 타인이 있기에 나도 존재하고 대화를 이어갈 수 있다는 것을 생각한다면, 상대를 의식하는 행동은 어쩌면 당연하다.

말이 없는 사람은 자신만의 사고가 있음에도 불구하고 자신의 의견이 지금 현 상황에 적절히 융합될 수 있는지에 의구심을 가지고 말로 표현하지 않게 된다. 그 사람이 '내 말을 어떻게 들을까'라는 무의식이 작동하게 되었을 때, 내가 하고 싶었던 본연의 말은 머릿속에서 급하게 가공되는 문제가 있다. 상대가 듣고 싶어하는 말로 가공하면 오히려 역효과가 난다는 얘기다. 문제는 불안한 공기는 차곡차곡 쌓여 갈 것이고 팽창하다가 언젠가는 폭발로 이어지게 된다. 이것을 우리는 불신의 원인으로 지목할 수 있고, 직장 내 다툼의 원인으로도 볼 수 있다.

사람과의 관계에서 서열을 정하고 모든 생각의 흐름이 위에서 아래로 흘러야 정상적인 관계로 보는 경향이 강한 곳이 한국 사회다. 서열을 중시하는 우리의 문화가 사라졌다고 보기에는 아직 그 존재의 필요성이 여러 곳에 자리 잡고 있다. 그 문화는 회사라는 테두리 안에서는 더욱 두드러진다. 직급에 따라 위아래를 정해 놓아야 업무의 효율성과 책임 소재의 테두리를 명확히 할 수 있다는 일종의 강박에서 비롯된 문화일 수 있다. 이것이 기성세대와 MZ세대의 차이가 아닐까. 요즘은 MZ세대를 중심으로 왜 그렇게까지 서열을 정하는지, 그런 구분이 왜 필요한지에 관한 질문을 쏟아낸다.

MZ세대는 조직이나 생각 그리고 사회현상 등 모든 부분에서 수평을 지양한다. 채용과정에서 입사원서를 내고 시간이 지났음에도 합격 여부를 알려주지 않는 것에 불편함을 느끼기도 한다. 불합격 통보를 받기라도 하면 바로 인사팀에 전화해서 떨어진 이유가 무엇인지 확인해야만 하는 세대라는 걸 보면 알 수 있다. 자신이 갖추고 있는 능력과 스펙이 다른 사람과 비교해서 어느 정도인지 스스로 객관적으로 평가해 놓은 상태이기 때문에, 불합격 사유를 확인해야 직성에 풀린다. 불합격 이유를 확인해서 부족한 부분을 보충해 보겠다는 선제적 고민과는 여러 면에서 다르다.

자신이 하고 싶은 말이 있더라도 모든 걸 다 하는 것보다는 정형화된 말로 상대를 편안하게 할 수 있는 그런 자세가 필요하다. 말을 잘하는 것과 할 말만 하는 것은 구분할 수 있어야 한다. MZ세대는 자신의 말에 논리가 담겨 있다고 믿는 생각이 크고, X세대는 자신은 모든 경험을 다 했다고 자신하면서 서로 다른 방향으로 이야기를 받아들이기 때문이다.

저실적자 vs. 저성과자

여러 회사에서 '저실적자(低實績者)'와 '저성과자(低成果者)'를 명확하게 구분하지 못하면서 노사갈등을 키우고 있다. 저실적자는 단순히 양으로 계량 가능한 업무의 실적만을 측정하여 구분하는 개념이라고 할 수 있다. 생산성이 제각각 다른 사람들의 실적은 다를 수밖에 없다는 점에서, 저실적자 관리와 같은 직원의 근무능력을 가늠하는 건 사실 인권문제로 비하될 수 있는 중요한 사안이다. 실적이 나쁘다고 해서 회사의 성과에 기여하지 못했다고 단정하기 어렵기 때문이다.

보통 보험회사, 차량 판매사 또는 금융회사와 같이 고객 유치만이 회사의 가장 큰 목표가 되는 사업장일수록, 개인의 실적이 모든 것을 나타낸다고 볼 수 있다. 그 때문에 회사의 재화와 용역을 고객에게 판매한 금액이나 횟수만큼이 나의 실적이 되고, 그때 목표치를 밑도는 직원을 저실적자로 분류한다.

반면에 저성과자는 표면상 비슷해 보이지만 많은 게 다르다. 저성과자에 대한 회사의 대응책이 중요한 이유라고 할 수 있다. 저성과자는 단순한 실적과 더불어 개인 역량이나 인사평가지표를 종합적으로 평가하여 도출된 결과물이나 수치가 기업에서 정한 일정한 기준을 넘지 못하는 사람의 개념이다. 그렇기 때문에 조직의 가치(value)와 밀접한 연관이 있다. 일반적인 회사는 이러한 저성과자의 실적을 끌어올리기 위해 성과개선프로그램(PIP)[10]을 운용한다. 그러나 PIP를 운용하는 대부분 회사의 직원들은 프로그램의 목적과 성과에 대해서 근본적인 의문을 제기한다. 저실적을 개선하기 위한 것인지 아니면 저성과를 개선하기 위한 것인지 그 구분이 불분명하기 때문이다.

H 생명보험사는 지역마다 할당된 연간목표를 달성하지 못하는 직원에게 일정한 기간과 기준을 두어 PIP 프로그램을 운용해 왔다. 그러나 단순히 개인의 실적향상을 위한다는 명목의 PIP는 직원들의 저항에 부딪혔고, 국가인권위원회의 '개선 권고'를 받기에 이르렀다. 다시 말해, 단순히 실적이 나쁜 저실적만을 근거로 저성과자로 분류하는 데 하자가 있다는 것이다. 물론 실적이 나쁜 직원이 각종 성과지표 평가를 거친 저성과자에도 해당될

10) PIP(Performance Improvement Program) : 성과가 현저히 저하된 직원에게 교육과 과제를 부여하여 성과 개선을 위해 운영하는 프로그램이다.

가능성이 높은 건 사실이다. 그렇다고 하더라도 개인의 실적이 나쁜 것을 직원에게만 돌려 압박하기에는 회사의 책임과 역할 역시 적지 않다.

하기 싫은 것을 하게 되면 모든 면에서 표시가 나게 되는데, 싫다는 생각이 꽉 들어찬 머리는 모든 걸 거부하기 마련이다. 아무리 책상 앞에 앉아 무언가를 끼적이고 책을 읽어도 비집고 들어갈 공간이 없게 되는 이유다. 직장이 돈벌이 수단으로만 필요하다면 고통스럽고 피하고 싶은 하루가 되는 것과 같다. 월급만 기다리는 모습은 우리가 꿈꾸던 직장인의 모습이 아니지 않았는가. 모든 게 무기력하게 되어 포기하고 싶고, 결국 자신을 저실적자라는 이름으로 밀어낸다.

우리나라처럼 고용이 유연하지 않은 나라에서 채용과 퇴직이 중요한 이유는 단순하다. 근로관계를 이어나갈 수 없을 만한 합리적인 이유가 있어야만 정당한 해고를 할 수 있고, 사실상 해고가 어려운 나라의 특징을 모두 갖추고 있기 때문이다. 실제로 PIP는 실적을 향상하기보다는 해당 직원의 고용불안을 가중한다. 어느 순간 노사 간의 신뢰까지 무너트리면서, 결국 회사와 직원은 적과 아군의 입장에서 서로 다투게 되는 원인이 된다. 실적이 좋지 않은 직원을 해고하기 위한 수순으로 의심하는 직원이 늘고, 프로그램의 투명하지 않은 목적으로 인해서 직원 불만의 원인으로 전락할 수밖에 없기 때문이다.

개인의 양(quantity)과 질(quality)을 역량과 성과 그리고 실적

등 다방면으로 평가한 수치를 기준으로 저성과자에 대한 기업의 입장은 분명해지고 있다. 일도 못하고 개인의 역량도 부족하고, 근태까지 나쁜 저성과자에게 여러 번의 개선기회를 부여하고 개선되지 않았을 때는 해고까지 고려할 수밖에 없기 때문이다. H 자동차에서 차량 판매실적이 저조하고 인사평가 점수가 좋지 않은 직원이 PIP를 받아도 개선되지 않자 해고한 사건은 대표적인 사례다. 해고당한 직원은 부당해고를 주장하고 법원까지 갔는데, 법원에서는 해고 과정에 아무런 문제가 없다는 판결을 내렸다.

S-player vs. 저성과자

앞서 말한 H 자동차의 저성과자 해고의 정당성 결과는 노동계와 사회에 큰 영향을 끼친 사건이다. 직원은 5년 연속 인사평가에서 줄곧 최하 D 등급을 받았고, 회사는 해고의 정당성을 확보했다. 회사는 저성과 직원에게 교육프로그램을 비롯해 수차례 성과개선과 역량강화의 기회를 제공했지만 직원은 여러 번 참석하지 않았고, 지점장이 직접 참석을 지시한 코칭프로그램에도 모두 불참했다. 이후 회사의 지역본부장이 요청한 면담에도 계속 불응했다.

결국, 직원의 실적이 나쁠 때 회사는 개인의 성향과 직장에서의 일할 의욕과 역량을 종합적으로 평가한 인사평가 점수를 토대로 저성과자를 관리해야 정당성을 인정받을 수 있다. 이러한 저성과자 관리 프로그램이 PIP가 된다면, 우리가 중요하게 생각하는 객관성을 확보하고 직원의 적극적인 참여를 독려할 수 있다. 이렇게 해고를 목적으로 하는 게 아니라는 걸 직원이 이해하는 과정은 필수적이다. 이는 신뢰 회복에도 도움이 될 수 있다. 정확히 말하면 회사는 해고과정에서 단순히 저조한 실적만이 아니라 개선을 위한 노력도 종합적으로 평가해야 한다. 단순히 판매실적이나 업무처리의 양이 낮다는 점만으로 평가하지 않고, 인사평가와 회사의 기여도 등을 종합해서 본인의 개선 의지까지 감안해 PIP 대상자를 공정하게 선정해야 한다.

최근 L 전자는 MZ세대 노동조합과 손잡고 PIP 프로그램의 공정하고 합리적 운용을 구체화한 점에서, 노동계의 주목을 받고 있다. 저성과자에게 업무량을 줄이거나 어렵지 않은 일을 시키고, 실제로 팀 단위의 핵심업무에서 배제하는 방법을 사용할 수 있다. 업무를 빼앗지 않고 이렇게 하는 이유는 간단하다. 잦은 실수에도 고쳐지지 않고 개선의 의지가 없다면, 그런 사람에게 적합한 업무를 맡길 수밖에 없기 때문이다. 어쩔 수 없이 낮은 난도의 업무를 배정하겠지만, MZ세대는 이렇게 말하기도 한다.

"제가 가진 업무역량을 무시하고 단순 업무만 주며, 실적을 쌓을 기회를 주지 않습니다. 당연히, 직장 내 괴롭힘이라고 생각합니다."

B 게임개발사 IT 부서에서 네트워크 관리를 맡은 신중만 대리는 손만 대면 각종 오류를 만들어내는 전형적인 '마이너스의 손'이다. 업무에 집중도가 떨어지고 잦은 실수가 많은 신 대리에게 팀장은 자산관리만 맡기고 문서 파쇄와 같은 허드렛일만 시켰다. 별수 없는 선택이었다. 신 대리는 자신이 실수가 많다는 건 인정하면서도, 문서 파쇄를 도맡아 하면서 현타를 맞게 된다. '내가 이런 거나 하려고 그렇게 공부한 게 아닌데'라는 생각이 떠나질 않았다. 그렇게 두 달이 지난 후 신 대리는 직장 내 괴롭힘으로 팀장을 신고한다.

개인이 모여 팀을 이루고 본부가 되어 결국에는 회사를 이루는 직장이라는 조직에서, 업무를 통해 기업의 이윤을 창출하는 데 기여하는 건 개인이 가져야 할 의무이자 일종의 상도덕이다. 때에 따라서 조직 안에서는 (저실적자가 보기에는) 불합리한 업무지시가 필연적일 수 있고, 그것이 팀장의 사견이 깊게 배어 있지 않은 사회적으로 인정할 만한 수준이라면 합리성을 인정받는다. 이처럼 팀장 혼자서 해결할 수 없는 구조적인 갈등은 점점 늘어나고 있다. 그 때문에 저실적자에 관한 사건과 같은 유형은 가해자의 잘못으로만 볼 수 없는 경우가 많다.

다양한 곳에서 저성과자에 관한 문제는 수그러들지 않고 있다. 중간관리자 대부분은 팀 단위 실적이 중요한데, 한 사람으로 인해서 다른 사람의 업무에까지 영향을 끼치는 경우에 적절한 조치를 취하지 않을 수 없다. 여러 차례 설명하고 때에 따라서는 적절한 업무 피드백을 주었지만, 상황이 나아지지 않을 때는 방법이 없다. 업무평가에 반영하여 개선의 기회를 주어야 한다. 저성과자는 아랑곳하지 않고 당당하게 회사에 나온다는 점이 팀장의 속을 답답하게 만들기도 한다. 개선 의지가 전혀 없어 보이는 태도와 또 반복되는 실수를 바로잡기 위한 전문적인 관리와 심도 있는 고민이 필요하다.

출근하면 퇴근하고 싶을 뿐

아침마다 출근 전쟁을 치른 직장인의 하루는 길지도 짧지도 않은 듯 은근하게 지나간다. 하루를 준비하는 아침부터 마음속에는 오로지 오늘 하루의 퇴근을 어떻게 맞이할지에 관한 희망 사항뿐이다. 그렇게 아침은 늘 직장인을 압박하는 쉽지 않은 하루의 시작이고, 하루를 늘 고민하게 만드는 시간의 출발점이 된다. 아침을 즐겁고 상쾌하게 맞이하는 사람들을 부러워하기보다는 그 심리적 건전함과 비교하면서 느끼는 불안함이라고 할 수 있다.

한때 자기계발 열풍이 불었던 적이 있다. 개인의 성장을 회사와 조직에만 의존하지 않으려는 심리적 변화도 한몫했지만, IMF 외환위기와 2008년 미국 발 금융위기로 인해 '평생직장'이라는 말의 개념이 '평생성장'으로 변했기 때문이기도 하다. 역설적으로 경제위기 당시 젊은이들은 안정된 직장을 찾아 노량진 학원가를 기웃거렸고, 도전보다는 안정을 위해 모든 것을 쏟아부었다. 그렇게 변한 시대의 결과물로 보신주의적 부산물의 일종인 수동적 업무개념이 자리 잡게 되었다. 주는 만큼만 일하고 불합리에 반응한다.

직장생활을 하다 보면 이유 없이 무기력해지는 나를 발견할 때가 있다. 언제나 해오던 하루의 일상이 언젠가부터 벅차기도 하고, 신경 쓸 일이 두 배가 되어 나를 힘들게 한다. 그때마다 떠오르는 3·6·9법칙은 모두에게 적용된다. 3개월·6개월·9개월 즈음에 겪게 되는 무기력함이나 '내가 왜 이런 일을 하고 있는 거지?'라는 생각으로 자신의 열정을 잠재우며 스스로를 탐탁지 않게 여기게 된다. 일종의 부적응일 수 있겠으나, 결국에는 자신의 패턴을 잃어버리는 하루의 반복으로 얻게 되는 무기력함이 주요 원인일 수 있다.

이때 회사는 직원에게서 얻을 수 있는 최고의 성과물을 위해서 '역량개발'을 목적으로 하는 교육프로그램을 운영하기도 한다. 10가지의 기대치를 발현하기 위해 나를 채용한 회사 입장에서는 그 10의 가치 이상을 나에게서 요구한다. 적절한 압박과 꾸준한 교육을 통해서, 우리가 낼 수 있는 이상의 성과물을 뽑아내기 위한 노력을 아끼지 않는다. 회사와 나를 위한 방식이다. 요즘의 직장문화가 많이 변했다고 하더라도, 조직원의 역량을 향상하기 위한 노력에 대해서는 긍정적일 수밖에 없다.

MZ세대가 회사를 선택할 때 가장 기대하는 것 중에서 첫째가 내가 성장할 수 있을지, 회사가 나에게 그런 기회를 줄 것인지, 그것으로 인해 잠자고 있던 나의 능력을 발견하고 성장시켜 회사에서 인정받을 수 있는지다. 그러나 보통의 조직은 개인의 성장도 중요하지만 개인의 성장이 회사에 어떠한 영향을 미치는지를 분석하여 역량개발에 집중하고 있다. 회사의 직접적인 성과창출과 연관이 없다고 판단된다면 그 교육내용은 불필요한 과소비이기 때문이다.

무엇보다도 중요한 것은 성장하고자 하는 개인의 의지라고 말할 수 있다. 제아무리 회사의 방침이 직원과 회사가 함께 성장하는 것이라고 해도, 결국 성장의 의지가 없는 직원에게는 설악산에 울려 퍼지는 메아리로밖에 들리지 않기 때문이다. 회사의 기준에서 역량에 해당된다고 하더라도, 역시 개인의 호기심과 욕심이 기본적인 조건이 되어야 하는 이유다. 교육팀에서 좋은 프로그램이라고 생각하여 직원을 모아놓고 강의를 하는데, 의무적으로 참석해 새하얀 머릿속을 그대로 유지한 채 '점심으로 뭘 먹을까?'라는 고민만 하고 있는 직원이 많다면, 회사의 요구와 직원의 요구가 일치하지 않은 어긋난 상태이다.

기다림의 연속

"오늘 점심 뭐 먹을까?"

난해한 업무보다 점심메뉴 선택이 제일 어렵다고 말하는 X세대는 요즘 혼자서 밥 먹는 횟수가 늘어난다. MZ세대를 중심으로 도시락을 싸오는 문화에 익숙해지고 있기 때문이다. X세대는 집에서 반찬을 준비하고 음식을 하는 게 싫은 부분도 있지만, 도시락을 싸오는 것을 회사 생활과는 맞지 않은 전형적인 개인주의적 행동으로 여기기 때문이다. 함께 모여 식사도 하고 이야기를 나누는 게 일종의 직장인으로서 가져야 할 규범인 것처럼 생각한다.

X세대는 이사님이 먹자고 하는 메뉴를 위해서라면 1km 왕복 길을 이사님의 말동무가 되어주며 점심시간을 보냈다. 이런 모습은 어디에서나 있는데, 얼마 전 비슷한 모습을 목격했다. 누가 봐도 고위직으로 보이는 2명의 남성과 사원으로 보이는 2명의 젊은 여성이 식사를 하고 있었다. 임원으로 보이는 남성 둘은 연신 웃으면서 무언가를 얘기하는 반면, MZ세대 여성 직원 두 명은 밥 먹는 데만 열중하는 모습이었다. 굳이 개인의 자유로운 시간을 직급이 높다고 해서 빼앗아서는 안 되는데, 그런 일이 내 눈앞에서 펼쳐지고 있었다. 물론 내가 잘못 봤을지도 모르지만

지켜보는 내내 체하는 줄 알았다.

우리는 협상과 협력 그리고 타협에 있어서만큼은 동물적 감각으로 적극적으로 방어한다. 내가 원하는 게 있다고 하더라도 조직이 원하지 않을 수 있고 또 함께 하는 동료가 충분히 만족하지 않을 수 있다는 점을 잘 안다면, 우리는 늘 타협의 불씨를 살릴 수 있는 사회적 동물이 될 수 있다. 내가 좋아하는 순댓국이 제아무리 맛있고 영양가가 충분하더라도 상대가 느끼기에는 '그렇지 않다'는 것을 생각할 수 있을 때, 우리가 사회 안에서 내 주장만 고수해서는 타협이 불가하다는 것도 이해할 수 있다. 적절한 타이밍에 내 주장을 내려놓지 않으면, 결국 혼밥을 먹게 되는 게 현실이다.

신종 꼰대에는 이런 유형도 있다. 밥을 먹으면 항상 자신이 내야 한다고 생각하는 것이다. 자신이 나이도 많고 직급이 높다면 함께 먹은 사람의 밥값까지 계산해야 한다는 깊은 내적 고민을 가진 사람이다. 언제부터라고 말할 수도 없는 한국 사회에만 존재하는 '내가 낼게' 문화는 쉽게 흔들리지 않는다. 그런 행위가 이제는 꼰대의 한 유형으로 자리 잡히다 보니, 오히려 식사 자리를 피하는 X세대가 늘고 있는 게 사실이다. 내가 밥값을 내지 않으면 왠지 모르게 능력과 카리스마가 떨어지는 선배로 비칠까 봐 노심초사하며 걱정한다.

특정한 한 사건만으로 우리 사회에 '꼰대'가 득실거린다고 하거나 반대로 애자일(agile) 조직문화가 자리 잡혀 있다고 단정

지어 말하는 건 쉽지 않다. 책임 소재가 명확해야 하는 업무를 하다 보면, 꼰대와의 협력이 매우 중요하기 때문이다. 그런 측면에서 본다면, 아직도 많은 회사에서는 상급자의 결재를 받아야 업무를 추진하는 데 있어서 문제가 생기지 않는다. 사실 여러 나라에서도 마찬가지지만, 아무리 상호 간의 다양한 소통을 중요시한다고 하더라도, 결국 책임을 져야 하는 상급자의 판단에 따라서 업무는 흘러갈 수밖에 없다.

다소 다른 얘기지만, 돈은 잡으려고 하면 멀어지고 벌었다고 생각하면 어디로 사라지는지 연기처럼 쉽게 흐트러지는 습성을 지녔다. 내가 가지고 있는 돈이라고 해서 언제까지나 그 자리에 있을리 만무하고, 무슨 일이 벌어질지 모르는 요즘 같은 불확실 시대에 내가 가진 재산은 그 가치만으로 존재의 안정성을 보장하지 못한다. 그런 불안정의 핵심인 돈이라는 존재를 부정적으로 인지하는 것은 어쩌면 당연하다. 물론 삶의 목표와 그 목표를 향해 움직이는 우리의 일상에 필요한 수단으로서의 돈은 차이가 있겠지만, 결국 우리는 돈을 벌기 위해 우리가 행하는 모든 일에 가치를 부여한다고 할 수 있다.

현실적으로 그 돈을 위해 내가 존재하는 곳이 회사이다. 엄밀히 따지면, 회사는 우리의 노동력과 시간을 돈으로 환산해 주는 물물교환소라고 할 수 있다. 그래서 매년 연봉에 반영 되도록 노력 대비 돈의 가치를 평가할 수 있어야 한다. 물론 아주 오랫동안 굳어진 진리지만, 그동안 열정과 보이지 않는 희생 속에서 그 가치를 매기는 데는 한계가 있었다. 시대는 급변했고 이제는 업무와 구분된 모든 활동에 따로 가치를 매긴다. 업무시간 이외의 활동 역시 꼭 필요한 상황이 아니면 정확하게 분리해서 평가한다.

나는 무엇을 해도 의미 있는 성과를 낼 수 있다는 믿음과 그럴 만한 가치를 지닌 사람임을 잊지 않았으면 좋겠다. 이것이 평가에 연연할 필요가 없는 이유다. 무언가를 의식하지 않는다고 해서 자각하지 않는 것은 아니다. 유연한 사고는 의식하는 바를 실행하려는 움직임에서 비롯한다. 나를 지킨다면 누구든지 지켜낼 수 있고, 그런 사람은 자신이 속해 있는 조직에서도 다양한 평가를 받을 수 있다. 결국 나를 지켜내는 자존감의 확장은 성장의 발판이 되어 나를 지금보다 한 단계 높은 곳으로 이끌어 줄 수 있다. 그런 사람들이 모인 곳이 직장이고 회사라면, 회사에서는 온종일 퇴근시간을 기다리고만 있지는 않을 텐데 말이다.

출근하면 점심시간이 기다려지고 점심을 먹고 나면 퇴근시간이 기다려지고, 회의를 시작하면 끝나는 시간이 기다려지는 건 세대를 막론한다. 회사에서 자신의 능력을 마음껏 발휘하며 업무에 열중하는 게 행복하다고 말할 수 있는 직장은 몇이나 될까. 출근하면 일단 퇴근하고 싶은 마음이 든다는 것은 그만큼 정신건강이 문제가 없고 정상이라는 얘기가 아닐까.

조용한 퇴사(Quiet Quitting)

「중앙일보」에 "직장인이 직장에서 느끼는 행복지수(BIE) 100점 만점에 47점, 2명 중 1명 이직 시도"라는 기사가 실린 적이 있다. 아직도 수많은 직장인이 하루의 대부분을 보내야 하는 회사에 대한 행복지수가 나아지지 않고 있다. 번아웃이 된 경험을 한 사람도 70%가 넘는 걸 보면, 직장이 있다고 해서 행복하다고 말하기는 어려워 보인다. 우리가 지금의 직장에 들어가기 위해서 얼마나 노력했는지를 생각해 보면 배가 쓰라리기만 하다. 솔직히 직장에 다니면 행복해진다는 것은 내가 방 청소를 일주일에 한 번 이상 하겠다는 다짐과도 같은 신기루에 가까운 허상일 뿐이다.

회사에 왜 다니는지를 물어본다면 여러분은 어떻게 대답할 수 있겠는가? 내가 펼치고 싶은 꿈이 있는 곳이 회사라고 말할 수 있는가? 아니면 단순히 돈이 필요하기 때문에 다니는 곳이라고 사실대로 말할 것인가? 수많은 질문에 자신만의 정답은 있다. 직장생활이나 자신이 지금 하고 있는 일에서 목적은 분명 있을 것이다. 만일 아무런 목적도 없이 그저 상황에 맞추어 일하고 있다면 좋은 결과로 이어질 수 없다. 자신이 하고 싶은 것보다는 필요한 걸 하기 위해 일하고 있는 것뿐이기 때문이다.

지금의 자리를 유지하는 데 저마다 이유가 있다는 건 사실이다. 제각기 다른 상황에 맞추어 살아가고 있는 우리는 타인이라는 존재를 깊게 알려고 하지 않는다. 경력을 쌓아서 더 좋은 업무환경이나 더 좋은 보상을 보장해 주는 조직으로 이직하기 위해 지금의 자리를 지키고 있기도 하고, 몇 달 남지 않은 보너스를 받기 위해 잠시 버티고 있는지도 모른다. 경영 성과금을 받는 연초에 퇴직률이 올라가는 것은 이상한 일도 아니다.

그래도 직장인에게서 볼 수 있는 비슷한 모습은 자신만의 무언가를 찾기 위해 직장이라는 발판을 이용하고 있다는 점이다. 누군가는 해외여행을 준비하기도 하고, 누구는 친구와 멋진 저녁 식사를 하기 위해, 또 많은 사람이 이유로 들 수 있는 육아와 가족 부양을 위해 직장생활을 한다. 결국 내 삶의 안정과 즐거움을 위해서 직장생활을 한다고 볼 수 있다. 그런데 정작 직장에 가서 생각만큼 즐겁지 않다면 어떨까.

[MZ+알파 삶의 Big4]

Work Life Balance	• 일과 생활에 균형이 있는 삶
Yolo & Fire	• 경제적 자유, 조기 은퇴
Quiet Quitting	• 직장 내에서 주어진 최소한의 업무만 맡음
Miracle Morning	• 운동, 공부 등으로 자기계발

톨스토이의 〈안나 카레니나〉의 첫 문장처럼, 행복한 사람 대부분은 비슷한 이유로 행복하게 살고 있지만 불행한 사람은 불행한 이유가 제각각이다. 행복을 바라보는 사람들의 시선은 보통 밖이 아닌 내부로 향해 있는 반면, 불행한 사람 대부분은 시간을 소중한 사람과 보내지 않고 외부에서 보낸다. 가족이나 사랑하는 사람과 하루를 보내더라도 실제로 정서적 교감을 할 수 있을 때 행복은 싹트고 자라게 된다. 그렇게 어려운 일도 아닌데 많은 사람이 실행단계에서 주저하는 이유가 무엇일까.

대한민국의 대표적 X세대인 조정우 부장은 업무시간 30분 전에 출근하는 걸 자랑스럽게 생각한다. 애사심을 몸으로 보여주는 것 같기도 하고 부하 직원에게 '회사생활은 이렇게 하는 것'이라고 본보기가 되어 주는 것 같아 기분이 좋기 때문이다. 9~18시가 업무시간이기 때문에 대부분의 직원은 조 부장이 자리에서 지켜보는 상황에서 출근 도장을 찍는다. 혼자 나와서 다른 직원이 출근하는 모습을 지켜보는 건 희열을 느끼기에 충분하다. 반면에 입사 3년차 김현태 사원은 항상 8시 55분이나 59분에 슬라이딩을 하듯 출근 도장을 찍는다.

"김현태 씨, 잠깐만 이리 와보세요. 요즘 회사 생활이 어때?"
"네, 조 부장님의 도움으로 잘 적응하고 있습니다."
"그래? 그런데… 아침에 좀… 간당간당하게 출근하는 것보다 조금 일찍 나와서 업무준비도 하고 그렇게 하는 게 좋지 않나?"
"아, 네…?"

근면성실을 인생의 모토로 내걸고 있는 조 부장은 현태 씨를 타일렀지만 그는 아무런 대답을 하지 않았다. 다음 날 조 부장은 놀라게 된다. 바로 현태 씨가 8시 40분에 출근했기 때문이다. 자신의 말 한마디에 힘이 실려 있었는지, 사원이 바로 자신의 말을 들었다는 생각에 이보다 기분이 좋을 수 없었다. 그런데 일다운 일은 한참 후에 발생한다. 월말이 되자 전자결재가 하나 탁 올라왔기 때문이다. 바로 '연장근로수당' 승인의 건이었다. 사유는 '조정우 부장님의 업무지시 이행'이라는 단서가 달려 있었다. 조 부장의 업무지시로 아침 일찍 출근했다며, 그 수당을 청구한 것이다. 들끓는 속을 잠시 가라앉히고 조 부장은 김현태 사원을 다시 불렀다.

"이봐, 장난해? 당신, 회사에 장난하러 나오는 거야?"
"네? 부장님이 일찍 출근하라고 말씀하셨잖아요. 제 업무시간은 9시부터니까 그 외 시간은 OT(연장근로)가 아닌가요?"

조 부장은 말을 하면서도 사실 속이 타들어가는 걸 참을 수밖에 없었다. 이런 모습을 보면서까지 회사에 나와야 하는 건지 의문이 들 정도였으니 말이다. 뭐라고 설명하기 어려운 요즘 K-직장문화는 의외로 다른 방향으로 흐른다. 그렇게 하루가 지나는 날 김현태 사원은 사직서를 제출하고 쿨하게 회사를 그만둔다. 맞지 않는 조직문화에 나를 녹여 넣고 싶지 않았기 때문이다.

MZ세대는 합리적이고 공정한 사회생활을 이상적으로 생각한다. 일하는 데 있어서도 일하는 만큼만 보상을 받아도 충분하다고 여긴다. 그래서 평가를 할 때에도 자신이 이뤄놓은 성과에 대한 주장을 확실히 하고, 적절한 평가를 받지 못할 때 불합리함을 거침없이 이야기한다. 반면에 회사의 입장은 조금 다르다. 주는 월급 이상으로 일하기를 바라는 게 조직 내에서 직원과 발생하는 충돌의 원인이 된다. 주는 만큼만 하고자 하는 사람과 주는 거 이상으로 일하기를 바라는 사람의 대립이라고 할까.

철 지난 겸업금지조항

통계청의 발표에 따르면 2023년 20대 청년 고용률은 46%로 나타났다. 학업과 같은 이유가 있겠지만 실질적으로 50%의 청년은 경제활동을 하지 않고 있다. 우리의 취업률은 구직자에게 만족스러운 일자리를 제공하고 있다고 말하기에는 다소 아쉬운 면이 있다. 꽉 찬 스팩으로 눈이 높아진 구직자를 만족시키지 못하거나, 일하고 싶어도 기회가 한정되어 있는 사회의 단면이다. 일부 대기업이나 공공영역을 제외하면 정년퇴직의 개념도 사라진지 오래된 이때, MZ세대는 상사에게서 듣기 싫은 이야기를 들으면서까지 회사에 다닐 이유를 찾지 못한다.

단순히 자신의 재능을 제공하고 회사로부터 그 대가를 받는 것으로 만족하는 그들은 전통적인 관행에 크게 개의치 않는다. 굳이 회사에 오래 다녀야 한다는 이유도 명확하지 않다. MZ세대는 퇴근하는 순간부터는 순수한 자신만의 시간이자 고유의 권한이라고 생각한다. 그래서 나에게 부여된 시간이기에 자기계발을 하거나 부업으로 투잡을 뛰는 것도 자신의 결정이라고 생각한다.

7년간 대기업에 다니던 허인수 대리는 회사를 때려치웠다. 대학을 졸업한 후 취업하여 직장생활을 나름 열심히 해왔지만,

정작 자신을 돌아볼 여유가 없었기 때문이다. 한 번 사는 인생 직장에 얽매여 스트레스로 수명을 단축하기보다는 자신을 챙기는 데 시간을 보내기 위해 편의점에 아르바이트로 취직하고 그동안 하고 싶었던 공부를 시작했다. 이른바 프리터족[11]이다. 직업이라기보다는 단기 일자리로 여러 일을 하면서 여유 있는 시간을 즐기는 허인수 씨는 이렇게 말한다.

"저는 회사에서 오래 다니고 위로 올라가기 위해 스트레스 받기 보다는 그 시간을 오로지 나만을 위해 쓰고 싶어요."

굳이 회사에 정규직으로 취업하지 않고 단기 파견직이나 아르바이트를 하며 독서모임과 같이 자신이 원하는 일에 집중한다. 덤으로 계약기간 종료에 따른 실업급여를 수급하고, 또 몇 달 동안 놀면서 지내는 건 청년에겐 나름 괜찮은 선택이다. 열심히 일한다는 개념은 오로지 나를 위한 선택사항이기 때문이다. X세대는 열심히 일하고 때가 되면 승진을 경험했다. 그러나 요즘처럼 다양성을 존중받는 사회에서 대부분의 회사는 노력하는 것만으로 직원의 미래를 보장하지 않는다. MZ세대는 지금의 조직에 미래를 걸고 일하기보다는 이직하거나 다양한 경험

11) 프리터족 : 영어 free(자유)와 독일어 arbeither(노동자)의 합성어, 고정적인 일자리 대신에 알바로 생활을 유지하는 사람을 말한다.

을 쌓아 숨겨진 자신의 능력을 발견하고 미래를 개척하려고 한다. 이미 팽창한 조직에서 힘 빼고 사는 것도 벅차기 때문이다. 자신이 하고 싶은 일을 하는 것과 직장에서 맡은 역할 사이의 장벽은 크다.

N 소프트웨어 회사의 홍보팀에서 근무하는 서유리 대리는 MZ세대 독자를 타깃으로 여행 전문 유튜브를 운영한다. 여행을 좋아하던 그녀는 자신이 다닌 여행지를 기록하려고 만든 영상이 사람들에게 퍼져 나갔다. 처음에는 취미로 시작했던 게 어느덧 구독자가 10만 명으로 늘자 회사에서도 모르는 사람이 없을 정도로 유명인이 되어 버렸다. 이 사실을 알게 된 팀장은 서 대리를 자신의 방으로 불러 이렇게 말했다.

"방송을 그만했으면 좋겠어. 회사 업무를 해야지. 유튜브는 또 다른 직업 아니야? 이제는 그만해."

이 말을 들은 서 대리는 어이가 없었지만, 나름 법적인 이유를 설명하는 팀장에게 더는 말을 하지 않았다. 웬만하면 뭐라고 설명이라도 했을 텐데 대꾸할 시간조차 아깝다고 생각했다. 그리고 서 대리는 그날로 사직서를 내고 홀연히 사라졌다. 자신이 원하는 일을 할 수 없다는 건 자신의 가치를 스스로 인정하지 않는 것과 같기 때문이었다. 이처럼 가끔 세대 간의 분쟁은 '겸업금지'와도 깊은 관련이 있다.

요즘처럼 N잡러가 다양한 분야에서 활약하고 있는 이때에 겸업금지조항이 담겨 있는 취업규칙은 시대와 동떨어진 규정으로 보는 게 MZ세대적 사고다. 회사 정보를 빼내 활용하는 겸업은 금지하는 게 맞겠지만, 회사와 관련이 없는 경우에는 전혀 다른 면이 있다. 투잡을 하니까 회사 일에 집중하지 못할 거라는 논리만으로 겸업금지를 하는 건 시대에 뒤처진 처사이다. 평생장 개념이 사라진 MZ세대에게는 직장생활을 하더라도 자신의 목표를 실현하기 위해 부업이나 취미활동을 하고, 퇴근 후 자신만의 시간을 보낸다는 걸 기억할 필요가 있다.

우리보다 산업생태계가 먼저 조성되었던 일본의 상황은 전혀 다르다. 나라 자체를 하나의 기업과 같은 일본에서는 정부가 나서서 겸업을 장려한다. 후생노동성(고용노동부 격)은 겸업에 관한 가이드라인까지 만들어 기업의 참여를 적극적으로 유도한다. 우리에게도 친숙한 손정의 회장의 소프트뱅크는 직원이 웹소설로 성공한 사례를 전 직원에게 알리기도 했다. 이들이 보는 겸업은 회사 밖에서도 돈을 더 번다는 개념이 아니라, 직장의 테두리를 넘어서는 도전과 창의적 발상을 제약하지 않는 데에 있다.

사실 조용한 퇴직(Quiet Quitting)을 직역하면 '조용히 그만둔다'라고 말할 수 있지만, 정확하게는 '조직에서 주는 만큼만 일하겠다'는 의미가 담겨 있다. 그럼에도 많은 조직에서 직원에게 열정을 빙자해 규정에도 없는 희생을 강요하다 보니, 점점 없는 분쟁이 발생하게 된다. MZ세대는 "열정이고 뭐고 연장수당이나 주세요. 안 그러면 그냥 퇴근하겠습니다."라는 말로 대응한다. 반면에 X세대는 조직문화에 젖어들어야 한다는 선배들의 이야기를 새겨들으며 '칼퇴'를 혼잣말로 웅얼거리는데, 그 소리는 1 데시벨 이상을 넘기지 못한다. 퇴근시간과 상관없이 쏟아지는 업무의 비바람으로 자신의 몸이 흠뻑 젖은 지 오래됐기 때문이다. 이런 한탄이 어느 순간 체화된 듯한 몸은 아직도 모니터를 주시하고 있겠지만, 이제는 시선을 돌려야 한다.

5장

너와 나의 공존

지적인 오만함

자신이 똑똑하다는 식의 오만함은 결국 사람들의 부정적 의식을 확장하는 부작용의 요인으로 남는다. 보통 사람은 자신이 알고 있는 지식의 크기가 절대적으로 작다고 생각하지 않는다. 일반적으로 자신이 알고 있는 게 대부분 맞다고 생각하기 때문이다. 자신이 잘 알고 있다고 말하는 이유는 누구나 자신이 얼마나 많은 지식과 경험을 쌓았느냐에 따라서 결과물의 품질이 달라진다는 걸 알기 때문이다.

영국 BBC는 최근 '지식의 착각(illusion of knowledge)'에 관해서 심도 있게 다뤘다. 내가 알고 있는 정보를 사실적 진리로 여기는 지식의 착각은 직장에서 동료에 대한 과소평가로 이어질 수 있다고 말한다. 이때 사람들은 자신의 지적 한계를 극복하기 위해서, 온라인 검색으로 확보한 정보를 마치 자신의 지식처럼 여긴다. 이렇게 지식은 언제든지 시스템을 통해 보완될 수 있지만, 실질적으로 자신의 지식을 확장하는 효과는 기대하기가 힘들다. 그렇지만 검색엔진 속 지식을 자신의 것으로 착각하면서 동료의 능력을 저평가하는데, 그것은 역시 분쟁의 씨앗이 될 수 있다. 무엇보다도 자신의 한계를 과신하며 업무관리를 소홀히 하게 되고, 그로 인해 전문성이 떨어지는 결과를 초래할 수 있다.

MZ세대는 자신이 젊기 때문에 자신의 생각은 조건 없이 젊은 세대의 의식이라고 생각할 수밖에 없다. 이것도 일종의 착각이라고 보아야 하는 이유는 여기에 있다. 어떠한 쟁점을 놓고 보더라도, 사람은 망각하는 동물이므로 그동안의 지식과 경험이 온전히 남아 있는 경우는 드물다. 알고 보면 부족한 지식을 보충하기 위해 인터넷에서 흐르는 정보를 수집해 전달한다. 내가 가진 지식의 양을 자신의 정보로 오인한다. 클릭 한 번으로 쌓을 수 있는 지식의 양은 무한대인 시대의 허점이라고 할 수 있다. 이처럼 디지털은 지적인 착각을 부추긴다.

지적인 오만함은 여러 분야에서 자신이 잘 알고 있다는 혼동을 불러일으키며, 다양한 협력관계에서 문제를 일으킨다. 이러한 착각은 라떼를 운운하는 꼰대로 발전하는 촉매제 역할을 하고, 오랫동안 자신의 이야기가 타당함을 주장하기 위해 무리수를 두게 된다. 이때 자신의 지식을 과장하게 되고, 잘못된 정보를 활용하면서 사건의 중심을 흐리게 된다. 종국에는 사건의 핵심과 멀어진 정반대의 이야기로 흘러가고, 자신과 동료 간의 신뢰에까지 영향을 미친다.

기술의 발전과 정보 이용이 자유로워진 현시대의 단면이기도 하다. 모르는 게 있더라도 조금만 품을 팔면 다양한 정보를 습득할 수 있는 환경은 오히려 잘못된 정보의 홍수로 이어졌다. 인터넷 포털을 통해 누구든지 노동법 관련 지식을 접할 수 있고, 다양한 사례를 학습할 수 있다. 이렇게 미량으로 알게 되는 내용을 현실에 적용하고 또 회사를 상대로 도전한다. 문제는 인터넷에 흐르는 정보가 정말 신뢰할 수 있는 내용인지 보증할 수 없다는 점이다. 또한, 기초지식이 없는 상태에서 얻어낸 정보를 실제 상황에 대입할 수 있는지를 개인이 판단하지 못하면서 정보해석에서 오류가 발생한다.

사실, 회사라는 조직은 기본적으로 이윤을 창출하여 그 소유주인 주주의 이익을 보장할 수 있을 때, 그 본연의 존재가치가 성립될 수 있다. 초기 투자단계에서는 손실을 염두에 두고 사업을 이어 나갈 수 있겠지만, 결국 이익이 남지 않으면 이 사업은 불필요한 투자가 된다. 물론 이윤을 추구하지 않는 각종 공익법인이 아닌 이상은 그러하다. 이것이 이윤을 창출하기 위해 그만큼의 지식으로 무장된 사람의 역할이 중요한 이유다. 조직 내에서 지식의 오만함으로 실익을 저해하는 직원은 디지털에 익숙한 젊은 세대 중에서 두드러진다. 문제는 이런 자신의 결점을 잘 모르고 살아가는 사람이 늘고 있다는 사실이다.

설득이 소통일까

누군가를 가르친다는 것은 한 사람의 우주에 영향력을 행사하는 것과도 같다. 자신이 가지고 있는 능력이 어느 정도 수준을 넘어서야 하는지 가늠하기는 힘들더라도, 영향력 자체만으로 누군가의 일생을 바꿀 수도 있기 때문이다. 자신이 알고 있는 작은 것 하나로 누군가를 가르치는 건 배움의 능력과 구분된다. '가르치는 자'와 '배우는 자'의 형태도 세대를 넘어서 다양하게 나타난다. 아무리 MZ세대라고 하더라도 자신의 경험을 세상의 전부로 여기면서 누군가를 가르치려 드는 경우가 있다. 이 역시 어쩔 수 없는 젊은 꼰대의 유형이다.

작은 것 하나라도 더 알고 있다면, 많은 부분을 가르치려 드는 건 세대를 막론하고 비슷하다. 무엇보다도 자신이 알고 있는 세계의 범위를 자신의 시야 앞으로만 한정하기도 한다. 이는 자신이 겪어 온 다양한 일만큼은 그 누구도 경험하지 못한 특별한 것이라는 식의 믿음 때문이다. 그게 사실인지는 다른 측면에서 바라보더라도, 삶의 기준을 상당히 자기중심에 두면서 생긴 착시현상이 이에 속한다.

누군가에게 정보를 전달하거나 가르치려고 할 때 가장 중요한 게 있다면, 자신의 경험치가 과연 대단하고 충분한 지식을 근거로 하고 있는지를 판단할 수 있어야 한다는 점이다. 보통의 사람은 그런 고민 없이 일단은 내 말이 맞다는 식으로 접근한다. 소통이 이러한 문제를 해결하는 데 중요하다고 생각하는 이유이기도 하다. 소통이란 말로 하는 게 아니고 상대의 이야기를 인지할 수 있는 이해력이 있어야 하기 때문이다. 그저 말하고 듣고의 기술적인 문제라면, 그동안 있었던 말과 관련한 분쟁은 사실 발생하지 않았을지도 모른다.

어느 정도의 상황판단과 상대 이야기의 핵심을 충분히 이해한 상태에서 말할 때에는 깊이와 안정감이 있게 마련이다. 이러한 안정감은 상대로 하여금 내 이야기에 집중하게 할 수 있고, 무엇보다도 상대에게 전해 줄 수 있는 상황의 해결책을 진심으로 고민하게 할 수도 있다. 이러한 과정을 통한 소통은 신뢰를 형성하게 된다. 그렇지 않고 상대를 알아가는 과정을 생략한 채 애정이라는 단어를 차용한 조언과 충고는 결국 상대를 다치게 할 뿐만 아니라 상대를 불필요하게 평가하려는 심리적 오만함까지 소환하게 된다.

우리는 소통의 중요성을 강조하면서도 실제 소통의 의미를 고민해 보려는 노력은 덜하는 면이 있다. 말을 잘하고 잘 듣고의 문제가 아니라, 상대와 그 주변의 현상을 깊게 이해해 나가는 것이 소통의 기본적 의미인데 말이다. 그런 소통이 큰 길이 아닌 조금이라도 갓길로 가게 된다면, 그건 소통이 아니라 오만함으로 누군가를 다치게 할 수 있다는 점을 간과해서는 안 된다. 그러나 요즘 세태는 어떠한가? 내가 주장하는 바를 실현하기 위해 설득의 소통이 일반화되었다. 자신이 살기 위해서는 다른 이를 밟고 올라가도 괜찮다는 잘못된 삶의 방식을 스스럼없이 보여준다.

MZ세대는 X세대의 가르치려는 모습에 반감을 갖는다. X세대 역시 MZ세대가 누군가를 가르치려 하는 모습을 보면 황당해한다. 자신의 경험이 인생의 전부도 아니고, 나이가 많다는 것만으로 누군가를 가르칠 수 있다고 믿는 건 이해의 영역과 거리가 멀다. 아는 것을 말하지 못하고 모르는 것을 안다고 말하는 것을 경계해야 하는 것과는 다르다. 무엇보다도 잘못된 이야기의 발판을 걷어 낼 수 있어야 하는데, 이는 약간의 노력만으로도 가능하다. 바로 내가 알고 있는 것이 세상의 전부가 아님을 인정하는 데서부터 시작될 수 있다. 이는 자신감 없이 내 생각을 포기하라는 것과는 근본적으로 다르다.

개념은 밥 말아 먹고

B 제약사 재무팀, 오전 10시쯤 최정민 차장은 엘리베이터를 탔다. 평소와 다르지 않은 일상이다. 동시에 탑승한 같은 부서 김지훈 대리를 보자, 순간 얼굴이 굳어진다. 김 대리는 흰색 양말에 검정색 실내화를 신고 있었기 때문이다.

"김 대리, 어디 가는 거야?"
"네, 잠깐 커피가 땡겨서 아메리카노 사러 갑니다."

최 차장은 말을 더 잇지 못하고 그냥 천장만 바라봤다. 최 차장은 '실내화를 신고 사무실 밖으로 나가는 게 말이 돼?'라고 한마디 하고 싶었지만, 요즘 같은 시대에 말 한번 잘못하면 꼰대로 낙인찍히니, 그냥 숨죽일 수밖에 없었다.

실내화는 실내에서 신는 게 당연하고, 자신의 자리에서 그 모습이 보이지 않도록 잠시 착용하는 게 K-직장문화의 암묵적인 원칙이다. 자신이 업무를 하는 자리나 책상에서까지 굳이 구두를 신고 있지 않아도 된다면, 실내화로 갈아 신고 좀 더 편안한 자세로 일하기 위한 편의성을 인정한 일종의 약속이라고 할 수 있다. 문제는 그런 실내화를 단순히 자신이 편하게 신도록 회사에 비치한 하나의 엑스트라 신발쯤으로 여기는 사람이 많다는 점이다. 출·퇴근길에 고생한 외출용 신발을 쉬도록 하고 업무용 신발로 따로 착용하는 것일까. 이런 행동을 보면 여러분은 어떤 생각이 들지 궁금하다.

사람들은 이렇게 생각할 수 있다. 최정민 차장의 입장이라면 정중하게 잘못된 부분을 짚어주어야 하고, 때에 따라서는 근무평정에서 이 부분을 반영해서 평가해야 한다고 말이다. 그러나 최 차장과 김 대리는 부서 내 동료일 뿐이지, 업무보고를 주고받는 상급자는 아니라는 게 현실이다. 최 차장처럼 자신이 업무의 지휘 권한이 없는 사람의 입장에서는 뭐라고 설명하기가 어려운 게 사실이다. 단순히 부서 내 선임이라는 이유로 동료의 잘못된 부분을 지적하고 앞으로 개선될 수 있도록 지도하는 게 적당한 걸까. 개인의 행동양식에서 자율성이 부각되는 요즘, 이런 일은 자주 일어난다.

정확하게 말하면 슬리퍼를 신고 회사 복도를 활보하다 못해 외부에 커피를 사러 나가는 김 대리의 모습은 정상적인 직장인의 모습이 아니라고 단정할 수도 없고, 그렇다고 뭐라고 한마디도 할 수 없으니 답답한 마음은 모두의 고민이다. MZ세대가 슬리퍼가 안 되는 이유는 뭐냐고 따져 물을 수 있다는 게 X세대를 망설이게 한다. 말 한번 잘못했다가 괴롭힘의 당사자로 지목되어 고초를 겪을 수 있다는 생각에, 후배 직원의 이상행동에 대해서도 말을 아끼게 된다. 요즘 "이제 말 한마디 하기도 불편하다."라는 X세대의 하소연이 늘고 있다.

가뜩이나 자존감이 충분히(overly) 넘치는 MZ세대에게 무언가 지적을 하려면, 그에 상응하는 근거와 논리가 충분히 있을 때 명분이 선다. MZ세대는 그 어느 세대보다도 자신의 의식을 다루는 자기결정권이 강하다. 그래서 지적 사항에 근거가 있더라도, 선배의 한마디가 필요하더라도 전혀 통하지 않는 경우가 있다. 예를 들어, '당신이 뭔데 나한테 그렇게 얘기하는 거죠?'라는 마음을 가지고 있다면, 제아무리 직급이 높은 선배라고 하더라도 귀 기울이려 하지 않는 게 MZ세대이기 때문이다.

MZ세대가 꼰대가 되면

G 건설사의 자재부에 경력 5년 차 서미숙 주임이 있다. 전형적인 MZ세대인 서 주임은 무슨 말을 하더라도 자신의 경험 하나를 꺼내어 사실의 전부인 양 설명하곤 한다. 어느 날 계약서 문제 때문에 거래처 대표를 경찰에 고발해야 할지를 고민하는 문

제가 발생했다. 아니나 다를까 서 주임은 이러한 상황을 어떻게 바로잡아야 하는지 정리하고 방법을 제시했다. 그러면서 "제 친구가 변호사라서 이런 거는 제가 좀 알고 있어요."라고 말한다. 어디서 많이 들어본 패턴이다.

여기에서 주안점은 자신의 친구가 변호사라는 사실이 자신의 지식을 보완해 줄 수 있다는 믿음이다. 이때 나머지 부서원은 이렇게 말하고 싶어한다. '내 친구는 판사다'라고 말이다. 그러나 굳이 나서서 '아니다'고 말하려는 사람은 없다. 동료들은 서 주임이 말하는 것처럼, 이 분야에 대해서 잘 아는지는 관심이 없을뿐더러 오히려 잘난 척하는 모습으로 바라볼 뿐이다. 말을 끊고 마음에 들지 않는 부분을 얘기해 볼까 고민하지만, 침묵하는 이유는 그저 웃어 주고 맞장구쳐 주는 게 할 수 있는 전부라서 그렇다.

물론, 자신감을 가지고 자신이 알고 있는 부분을 거침없이 이야기하는 서 주임의 모습을 보며, 배울 점이 많다는 생각을 하기도 한다. 그러나 서 주임은 자신의 일에만 집중하고 다른 사람의 일에는 큰 관심을 두지 않는다. 우리가 알고 있는 꼰대와 마찬가지로 자신이 시대를 잘 읽고 있다는 생각으로 자신의 관심사가 아니면 다른 분야는 도외시하기 때문이다. MZ세대는 충분히 젊기 때문에 자신의 말과 행동이 젊은 세대의 당연한 기준점이 되고, 사회에 이 점을 인정해 줘야 한다고 무언의 압력을 가한다. 나도 간혹 내가 꼰대가 아닐까라는 생각으로 위축되는 이유는 여기에 있다.

[최악의 젊은 꼰대 유형]

순위	꼰대 유형	비고
1	충고하며 가르치는 형	24.4%
2	본인의 답 강요형	18.6%
3	상명하복 강요형	14.3%
4	사생활 희생형	8.3%
5	"나 때는~" 경험형	7.9%

※ 출처 : 사람인

여러 세대를 대상으로 설문조사를 진행한 결과, 70%가 넘는 사람들이 자신의 직장에 '젊은 꼰대'가 있다고 대답했다. 꼰대라는 개념은 기본적으로 나이가 많고, '늘 자신의 말이 맞고 상대의 말은 틀리다'고 주장하며 고집이 센 사람을 떠올린다. 그러나 요즘같이 세대의 변화가 빠른 시대에 젊다고 해서 꼰대가 되지 말라는 법은 없다. 아니, 그 이상이 되어 신꼰대의 유형으로 자리매김하는 모습도 목격할 수 있다.

우리가 심각하게 받아들여야 하는 부분이 바로 이것이다. 젊은 꼰대의 특징은 자신이 X세대와 전혀 다르다는 착각을 하고 있다는 점이다. 설문에서 52.1% 복수의 응답자가 '자신은 4050 꼰대와는 다르다'고 답한 것을 보면 알 수 있다. MZ세대이기 때문에 꼰대의 영역에서 자유롭다는 착각을 하고 있다면, 그것이야말로 꼰대의 전형적 유형이라고 말할 수 있지 않을까. 그런 측면에서 본다면, 젊음이 무기라고 생각지 말고 오히려 창의적 세대라는 점을 자신만의 특징으로 증명하는 길을 모색해야 한다.

X세대든 MZ세대든 모두가 인정해야 할 답은 여기에 있다. 꼰대는 나이와 상관없이 어디에도 있다는 사실이다. 그저 자신의 작은 그릇에 담겨 있는 생각이 세상의 전부라는 오만으로 자기 멋에 사는 사람들이라면 세대에 상관없이 꼰대다. 세대를 구분하지 말고 나이가 많든 적든 누구나 꼰대가 될 수 있고, 때로는 이미 꼰대의 영역에 발을 들여놓았음을 인정해야 한다. 자신이 젊기 때문에 자신의 생각과 말 그리고 태도가 'MZ세대는 이렇다'는 기본적 사고의 토양에서 시작된 것이라면, 불치병인 'MZ세대 꼰대'병에 걸렸음을 기억해야 한다.

MZ세대라서 그런가?

요즘 많은 조직에서 직원의 중심축이 젊어지고 있다. 기성세대가 자리를 차지하고 '라떼'의 향연을 펼치며 자신들의 입지를 고인 물로 승화하던 때와는 사뭇 달라졌다. 그럼에도 X세대는 아직 실무와 경영을 동시에 해낼 수 있는 현실적인 인적자원으로 평가받는다. 다양한 신기술을 경험하고 베이비부머세대가 중요하게 여기던 성장의 기술도 이들은 받아들였다. 말 그대로 멀티플레이어의 탄생이라고 할 수 있다. X세대는 선배들이 은퇴해 나가는 지금의 시점에서, 새로운 시대를 열어가는 꼰대의 기준이 되고 있다.

모든 세대에서 중요하게 생각하는 한 가지는 바로 공감능력이다. 어떤 사람은 소통이 중요하다고 말하며 실천하기 위해 노력한다. 실제로는 다양한 조직에서 '소통'과 관련된 사업을 개발하거나 교육프로그램을 운영하고 있다. 그만큼 소통이 조직 내에서 얼마나 중요한지를 설명하지 않아도 알고 있다. 그렇게 중요하다고 여겨지는 소통이, 과연 제대로 이뤄지고 있을까? 소통의 사전적 의미는 "막히지 아니하고 잘 통함, 뜻이 서로 통하여 오해가 없음"이다. 다시 말해 소통이란 상호 간에 의사소통뿐만이 아니라, 공감이 뒷받침되는 이해와 수용의 영역임을 알 수 있다.

공감이란 그런 것이다. 타인의 감정이나 생각을 느끼면서 타인 입장에서 감정을 겪어보는 인지의 영역이다. 나 혼자만 이해하고서 통했다고 생각한들, 그게 과연 소통의 기본적인 구실인 '서로 통하였느냐'라는 질문에는 답이 되지 않는다. 소통은 하지만 공감이 부족하고, 공감은 하지만 소통이 부족한 현실은 늘 우리 주변에 상존한다. 이러한 소통은 세대 간의 구분을 보다 더 명확히 하지만, 때론 불필요한 잣대가 되고 때론 동맥경화와 같은 큰 어려움을 겪게 한다. 우리는 이러한 형태의 불화가 조직을 보이지 않게 침몰시키고 있다는 점에 주목해야 한다.

신입사원은 보통 '나는 누구이고 이 회사는 무엇인가?' '내가 회사에 잘 입사한 것인가?'라는 생각으로 몇 달을 고민하게 된다. 학교를 졸업하고 첫 회사에 입사해서 그 회사의 문화를 따라잡는 데는 나름의 시간이 필요하다. 인사혁신처 자료에 따르면 공직에 발을 들여놓은 지 3년 만에 퇴직하는 MZ세대는 지난 5년 전에 비해 두 배 이상 급증한 것으로 나타났다. 철밥통으로 우리에게 정년 보장 그리고 공무원 연금으로 안정된 노후를 꿈꿀 수 있게 하는 그들의 세계에서도, 이제는 자신의 성격과 다르다면 과감하게 일을 던져 버린다.

사회에 첫발을 들여놓은 사람들의 공통된 시각 하나가 있다. 회사에 처음 출근하면 가장 먼저 만나는 사람이 인사담당자를 제외한다면 자신과 함께 일할 선배들이라는 점이다. 대리님, 과장님, 차장님, 부장님 이런 사람들 앞에서 자신이 가지고 있는 열정을 보여주기 위해 목소리를 가다듬기도 한다. 그런 선배들과 함께하는 시간이 지날수록, 좋은 것보다는 나쁜 것을 더 유심히 살펴보게 된다. 그러면서 '나는 나중에 승진하면 저런 사람이 되지 말아야지'라는 마음으로 생각을 다잡는다.

그런데 막상 자신이 승진하고 선배가 되었을 때 어떻게 말하고 행동할까? "우리 때는 선배가 죽으라고 하면 죽는 시늉도 하고 했는데, 요즘 애들은 열정이 없어, 열정이." 늘 그렇듯 자신이 겪었던 기억의 시나리오를 쉽게 잃어버리는 세태는 누구에게나 볼 수 있다. 처음 입사했을 때 선배들의 불합리와 단점을 보고 마음을 다잡았던 '그'도 선배들과 과연 다른 사람들이었을까. 모르긴 해도 자신이 그 위치와 자리에 올라가면서 선배들의 행보를 답습하며, 자신도 별반 다른 사람이 아님을 알게 되는 것이 일반적이다.

MZ세대는 인류 역사상 찾아보기 힘든 입시경쟁을 경험했다. 수시로 바뀌는 입시전형이 때로는 피해자를 낳기도 하고, 부모 찬스를 마음껏 누릴 수 있는 조건에서 보기 좋게 진학하는 경우도 허다했다. 입시는 아이들이 태어나면서 가장 먼저 겪는 경쟁이기도 한데, 그 일을 처리하는 절차가 매번 바뀐다. 이는 변화에 능동적으로 대응하는 경험을 하게 하기보다는 심리적 불안감을 키우고 타인을 잠재적인 경쟁상대로 보는 기형적인 사회인을 양산하는 결과를 낳았다.

일방통행

다수의 사람은 자신이 공감하고 있다고 생각하지만, 알고 보면 그저 말로만 공감하는 경우가 많다. 여러 이야기를 하더라도 결국 자신이 하고 싶은 말을 하기 위해서 상대가 주장하는 바를 이해하는 척할 때가 그렇다. 소통과 공감을 외치지만 알고 보면 자신의 언행을 정당화하기 위해 공감이라는 허울로 자신을 감싸는 가짜 공감이 여기에 해당된다. 실제로 자신의 주장을 내려놓지 않으면 의견 충돌을 넘어 누군가의 퇴직으로 이어질 수 있다는 생각에, 자신의 주장을 잠시 내려놓는 경우 역시 마찬가지다.

요즘 공공기관이나 기업에서는 타운홀미팅(town hall meeting)을 통해 경영진과 직원이 소통하는 경우가 늘고 있다. 경영자 입장에서는 직원과의 대화뿐만이 아니라 그들이 회사의 방침이나 경영철학을 이해하고 공감할 수 있기를 바라는 목적에서 이를 장려하기도 한다. CEO는 미팅에 참여한 직원과 격의 없이 상호 질문과 답변을 하면서, 서로가 추구하는 목표가 크게 다르지 않다는 것을 확인한다. 보다 격의 없는 대화로써 회사가 추진하는 여러 일을 이해할 수 있도록 한다. 이때 어떤 의식을 가지고 미팅을 이어가는가에 따라 소통의 장이자 조직이 유지되기 위한 공감의 장이 될 수도 그렇지 않을 수도 있다.

효율적인 미팅을 위해서는 경영자와 직원 사이에 존재하지만 보이지 않는 벽을 낮추고, 서로의 의식을 즉석에서 교류하면서 발전을 꾀하는 자리여야 한다. 이때 서로 다른 의견이 있는지 확인하고 공유하면서 경영목표에 대해서만큼은 한목소리를 낼 수 있도록 의식을 나누는 게 타운홀미팅의 진정한 의미이다. 그러나 대표이사가 조찬 모임에서 얻어들은 다른 대기업의 사례를 그저 따라 하는 거라면, 유의미한 성과를 얻기는 어렵다. 핵심적인 상호교류의 목적을 간과하며, 그저 서로 소통했다는 데에 만족해서는 안 된다.

대표이사는 어디선가 얻어들은 정책을 회사의 관행이나 전 조직원의 필요성을 배제한 채 자신이 무언가를 하고 있다는 식의 자기만족을 위해 강행해서는 안 된다. 이러한 욕심에서 밀어붙인 소통방식은 공감으로 이어질 수도 없을뿐더러 직원들이 요식행위에 불과하다는 걸 직감하게 되어, 몰입도와 만족도는 마이너스가 될 뿐이다. 조직 내 다양한 구성원이 한데 모여 평소 말하기 어려웠던 자신의 견해를 나누면서 조직의 발전을 모색한다는 본래의 취지와 의미를 되새길 때가 되었다.

이해하지 못하고서 소통을 잘했다고 말할 수 없고, 이해만 했다고 해서 공감이 이뤄졌다고 말할 수도 없다. 그런데 아직도 많은 조직에서 소통이 원활하다고 착각하곤 한다. CEO나 임원진, 특히 팀장들은 자신의 조직원과 원활하고 편한 소통이 이뤄지고 있다고 착각한다. 그 이유는 직급에 따라 위계가 명확한 구조적 한계 때문이다. 제아무리 자기가 하고 싶은 말은 하고야 만다는 MZ세대라고 하더라도, 자신의 근태관리나 업무지휘권 그리고 성과평가의 권한을 지닌 상급자와의 교류에서 자신의 주장을 힘 있게 주장하기란 쉽지 않기 때문이다.

소통의 중요성은 예나 지금이나 크게 다르지 않다. 성장과 발전이라는 공통의 목적이 뚜렷한 조직일수록 상호 이해의 폭을 넓힐 수 있다. 이를 통해서 의식의 흐름을 활성화하여, 숨겨 있던 다양한 아이디어를 도출하도록 유도할 수 있다. 업무미팅이나 타운홀미팅처럼 조직의 발전이라는 공통된 목적으로 마련한 자리에서만큼은 진솔한 의견 개진이 중요한 이유다. 실제로 직원 개인이 자신의 의견을 막힘없이 피력하면 어떤 반응이 나올까? 어김없이 돌아오는 말은 "MZ세대라서 그런가? 할 말, 안 할 말, 다 하네요."라는 한마디가 보통이다. 우려스러운 부분은 직원이 자신의 의견은 조직에 불필요할지 모른다는 생각을 하게 되는 순간, 경영진이 그토록 바라던 소통은 형식에만 매몰된 기형적 형태로 남을 수 있다는 점이다.

믿음과 리더십

조직 내에서 성과를 다룰 때 리더십을 말하지 않을 수 없다. 어떠한 업무를 수행하고 성과를 창출해 내는 데 있어서 그 흐름을 원활히 하기 위해서는 앞으로 나아가야 할 방향과 방법을 명확히 제시해 줄 사람이 필요하다. 그런 역할은 보통 주요 보직자가 수행한다. 비바람이 몰아치는 태평양 한가운데서 표류하지 않고 바다를 건너기 위해 고군분투하는 배에 올라탄 선장의 역할이라고 할 수 있다. 한 사람의 역할로 많은 결과물이 뒤바뀔 수 있다면, 우리에게 필요한 리더십의 덕목 중 무엇이 가장 중요한지도 짚어볼 수 있어야 한다.

앞의 여러 사례에서 확인할 수 있었듯이, 사람들 간의 오해와 소통의 부재로 인해 발생하는 다양한 분쟁의 근간에는 결국 신뢰의 상실에 있다고 해도 과언이 아니다. 나를 중심으로 두고 내가 돋보이거나 앞서 나가기 위해서 행해지는 갖가지 분쟁은 결국 조직 내의 신뢰가 형성되지 않았거나 충만했던 신뢰가 어느 순간 와르르 무너져 내리는 과정에서 발생한다.

믿음과 리더십이 떼려야 뗄 수 없는 관계인 이유는 간단하다. 누군가를 움직이기 위해서는 서로 신뢰가 확인되어야 하기 때문이다. 신뢰가 형성되면서 누군가를 믿을 수 있게 되고, 그러면 실수가 나와도 이해하는 폭이 넓어진다. 즉, 믿음의 그릇이 커지게 되고, 그 그릇에 담을 수 있는 관계의 중요성을 이해하게 된다. 요즘처럼 누구나 자신이 '잘났다'고 말할 수 있는 세대가 많은 시대에, 믿음이라는 그릇에 채워 넣을 수 있는 신뢰가 늘어날수록 조직은 건강해진다.

아무리 디지털이 세상을 지배하고 많은 곳에서 변화를 일으키고 있다 해도, 사람 없이 완성될 프로젝트는 사실 많지가 않다는 주장에 힘이 실린다. 세상은 인공지능(AI)이 인간의 영역을 넘어설 거라고 우려했지만, 최근 학자들이나 전문가들의 견해가 조금씩 달라지고 있다. AI는 인간사회의 보조 역할 그 이상을 맡지는 못할 거라는 주장도 힘을 얻고 있는 것이다. 사람만이 가질 수 있는 인간의 동질성과 회복성, 직관의 영역을 AI가 흉내 낸다고 해서, 실제로 그것이 AI가 가진 능력이라기보단 기술 진일보의 결과일 뿐이기 때문이다.

우리 조직도 마찬가지가 아닐까. 맹목적이고 학습된 리더십이 아닌 신뢰가 담겨 있는 믿음의 리더십이야말로 조직을 능동적으로 움직이게 하는 중요한 덕목이다. 물론 수많은 매체에서 리더십을 다루었고 또 많은 사람이 학습과 노력으로 그 덕목을 키우려고 노력한다. 그러나 아직도 우리는 조직을 무너트리는 리더를 쉽게 목격할 수 있다. 그들이라고 과연 믿음과 신뢰가 무엇인지를 모르고 있어서 그런 걸까. 잘 알면서도 못한 이유는 바로 그들은 인격의 그릇을 키우지 못했기 때문이다.

말에는 행동이 수반되고, 이루고자 하는 내용의 신뢰를 갖추는 것부터 시작해야 한다. 우리는 말에 담긴 의미보다는 그 말을 했으니 나는 할 만큼 했다는 식의 입장을 견지하는 경우를 보게 된다. 의무이기 때문에 어쩔 수 없이 움직이는 수동적 신뢰는 그 깊이가 얕아서 오래가지 못하며, 결국에는 조직 내에서 불신이라는 역효과를 낳게 된다. 따라서 말과 행동이 하나 되지 못하면 자신에게 리더십이 있다는 생각은 착각에 불과하다. 좋은 결과로 이어질 수 없는 기본적 결함이라고 할 수 있다.

수평적 조직으로 탈바꿈

판교에 들어선 젊은 기업들은 성공한 경험이 있는 다른 기업의 중역들을 영입한다. 그들의 실력과 경험치를 자기 회사에서도 보여주기를 바라는 전략적 선택이라고 할 수 있다. 재미있는 점은 젊은 기업들은 대체로 수평적 조직문화를 잘 유지하고 있었는데, 새로 영입한 사람을 통해서 권위적이거나 경직된 조직문화를 이식하게 된다는 사실이다. 회사가 커지면서 겪게 되는 구조적 취약성이 바로 여기에 있다. 아닐 듯하지만 알고 보면 그렇게 옛것이 되어 버리는 기업문화는 오늘날에도 이어진다.

대기업과 외국계 기업을 필두로 애자일 조직의 문화를 배우고 또 도입하는 회사가 늘어나고 있다. 상하관계가 뚜렷하고 나이 순서로 서열이 자동 정렬되는 한국적 조직문화에 새로운 바람이 불고 있는 것이다. MZ세대와 알파세대가 많은 대기업을 중심으로 직급을 생략하거나 영어 이름을 만들어 부르면서, 연공 서열 중심의 기업문화를 탈피하고자 애쓰고 있다. 의무 복무제인 군대의 연장선상에서 까라면 까는 조직문화를 한 번씩은 거쳐야 하는 딱딱한 조직문화는 이제 큰 변화의 시점에 서 있다.

나이와 출신지 그리고 학교까지 호구조사를 마친 사람들은 그들만의 서열대로 업무를 풀어 나간다. 사회의 복잡성을 고려해 볼 때 입김이 강한 사람이 가운데 서서 정리하는 것도 필요한 건 사실이다. 조직 내 질서 잡힌 결과물로 이어질 수도 있고, 책임 소재도 나름대로 분명해질 수 있기 때문이다. 문제는 대화의 소재는 늘 상급자 중심이 되고 참신한 의견이나 아이디어가 있더라도 굳이 말하려고 하지 않으려는 등 소통 자체가 막혀 버린다는 점이다. 서열에 따라서 보고체계와 업무질서가 잡혀 있다고 하더라도, 의사소통만 원활하다면 이상하게 볼 이유가 없는데도 그렇다.

때에 따라서는 내가 말하는 논리가 맞냐 틀리냐와는 별개로,

나는 이미 '싸가지 없는 놈'이 되기도 한다. 사실 그 말의 정의는 모르겠지만 나는 할 말은 하는 삶을 살고 싶었을 뿐인데, 세상은 싸가지라는 이름으로 사람을 평가하는 경향이 있다. 이러한 유형을 MZ세대는 쉽게 받아들이지 못한다. 사람 대 사람으로 대등하게 일해 나가는 것뿐이라고 믿기 때문이다. 직위를 떠나서 나는 그 안에 있는 쟁점을 가지고 말한 것인데, 그것을 상대는 이해하지 못하면서 신뢰는 무너진다. 따라서 가장 중요한 문제는 내 생각의 중심이 잡혀 있는가이다.

세대가 바뀌어 가는 걸 가장 가깝게 확인할 수 있는 공간이 바로 직장이다. 수익과 확장 그리고 지속 가능한 경영이라는 큰 테두리 내에서, 공동의 목표를 실현하기 위해 다양한 생각을 가진 사람들이 모여 있는 곳이기 때문이다. 이곳에서는 일을 잘하느냐 못하느냐의 차이는 회사가 향하고 있는 목표에 가장 근접한 상태의 업무내용과 성과를 보일 때 확인할 수 있다. 회사의 가치를 정립하는 이유가 바로 여기에 있다. 공동의 목표가 무엇인지를 알고 그것을 통해 세분화된 역할의 분배를 촉진할 수 있기 때문이다.

그런데 회사의 목표나 추구하는 가치와 다른 방향을 바라보는 사람은 꼭 존재하기 마련이다. 보통은 라떼를 운운하는 꼰대가 여기에 속한다. 그들은 자신이 하는 일은 회사를 위하는 것이고 때로는 동료를 위해서 하는 행동이자 업무방식이라고 말하곤 한다. 그러나 자세히 들여다보면, 그 사람의 고집으로 형성된 자신만의 방식이거나 자신의 언행을 합리화하기 위한 일종의 항변이라는 걸 알 수 있다. "내가 하는 일은 당신과 회사를 위하는 것이니, 내가 거칠거나 당신의 마음에 들지 않더라도 이해해 줘야 한다."라고 말하는 것과도 같다.

요즘 경영에서 가장 큰 화두는 변화와 더불어 새로운 세대와 기존 세대 사이의 간극을 줄이면서, 수평적 조직을 구축하는 것이다. 뚜렷한 상하관계를 중심으로 작동되는 기존의 경직된 형태의 조직들도 수평적 조직으로 탈바꿈하기 위해 인고의 시간을 보내고 있다. 언제부터인지 2030을 이해하지 못하면 회사의 미래를 보장할 수 없다는 사회적 공감대가 형성되었는데, 시기적절한 현상이다. 변화에 빠르고 자신의 능력을 과감하게 펼쳐 보이는 젊은 세대와 업무에 대해서 충분한 경험치가 쌓여 있는 기존 세대가 융합한다면, 시너지효과를 기대할 수 있다는 이유에서 더욱 그렇다.

화(火)와 온정(溫情)의 차이

분위기를 바꿔, 영세 사업장에서 겪은 이야기를 살펴보고자 한다.

카페를 운영하는 박민수 대표는 하루에 한두 번 스무디를 만들어 먹는 아르바이트생 이기훈 씨 때문에 머리를 싸매고 있다. 기훈 씨는 실제로 상품을 만들어 판매까지 하는 역할을 맡았는데, 자신이 만든 스무디를 먹지 못할 거라는 생각은 하지 못했다. 또 다른 MZ세대적 사고라고 해야 할까. 기훈 씨는 손님이 없는 시간을 활용해서, 한 잔씩 만들어 먹기 시작했던 것이다. 사실 다른 사람도 아니고 자신이 만들어서 먹겠다는데, 이 정도는 인정해 줄 수 있는 게 아니냐고 하소연한다. 박민수 대표는 속이 끓었지만 할 수 있는 것도 한계가 있었다.

"기훈 씨, CCTV를 보니까 매일 2잔 정도는 커피나 스무디를 만들어서 먹던데, 그거 다 월급에서 깔 거니까 알고 있어."

"네? 그 정도는 먹을 수 있는 거 아닌가요?"

엄밀히 말하면, 스무디를 상품으로 판매하는 카페에서 비용을 내지 않고 먹는 건 절도에 해당된다. 사장 몰래 음료를 만들어 먹은 기훈 씨의 행동은 당연히 범죄에 해당되고, 당사자는 충분히 범죄자로 지목될 수 있다는 얘기다. 실제 이 정도의 행위가 처벌할 정도의 범죄인지는 미묘하게 다른 시각이 있을 수 있지만, 진짜 문제는 다른 곳에 있었다.

기훈 씨를 그냥 놔둘 수 없다는 생각에 박 대표가 스무디를 먹은 만큼의 금액을 월급에서 차감해 버리면서 발생했다. 기훈 씨는 임금체불이라고 주장하면서 곧바로 고용노동부에 고소했다. 기훈 씨가 스무디를 만들어 먹은 사실관계와 임금에서 차감하여 지급하는 문제는 별개로 보아야 하기 때문이다. 박 대표는 '임금의 전액불 원칙'은 「근로기준법」에서 매우 중요하게 다루는 근로자의 보호에 관한 사항이라는 점까지 생각할 겨를이 없었다.

위 사건의 결과는 어떻게 되었을까. 결국, 박 대표는 임금에서 금액을 공제한 지 한 달 만에 이자까지 보태서 기훈 씨에게 지급하고 합의서까지 작성해야 했다. 추가로 노동법을 잘 몰라서 아르바이트생에게 스무디 한 잔도 못 먹게 한 '악덕 업주'라는 타이틀을 달고 온라인을 후끈 달구었다. 급하더라도 MZ세대에게 기준을 제시하기 위해서는 명확한 법적 근거를 확인하고 차분하게 대응할 필요가 있다.

우리는 많은 경우 자신이 알고 있는 법적 상식선에서 순간적으로 감정이 격앙될 수 있다. 직급이 올라갈수록 정말 조심해야 하는 부분이기도 하다. 중소기업이나 영세 사업장만의 문제가 아니라는 점에서 홧김에 실수하는 사례가 적지 않다. 만약에 박대표가 열불이 나서 문자를 보낼 때라도 이렇게 했으면 어땠을까? "기훈 씨, 우연히 매출기록을 확인하다 보니까, 매일 2잔 정도는 커피나 스무디 정산이 맞지 않네요. 저를 비롯해서 매장에서 먹는 모든 메뉴는 결재를 할 예정이니, 기훈 씨도 이점을 잊지 않으면 좋겠습니다." 이러한 가이드를 정한 후에 조치를 취해도 늦지 않았다.

꼰대의 언어

꼰대라는 말 한마디에 나 자신이 움츠러드는 경험을 하곤 한다. 특히, X세대에겐 더욱 그렇다. 왠지 모르지만 내심 꼰대가 아닐까 하는 불안함이 배인 피해의식이라고 할 수 있다. 만남이나 대화에서 혹시라도 내가 던지는 한마디에 날카로움이 배어 있는 건 아닌지 조심할 수밖에 없다. 다행인 것은 이렇게라도 자기 점검을 하는 사람이라면 그나마 꼰대의 초입에 서 있는 것이므로, 치료가 가능한 사람이다.

그러나 대부분의 꼰대는 자신이 꼰대임을 자각하지 못하고 자신을 높게 평가하면서 타인을 인정하지 않으며, 스스로를 옹호하기에 바쁘다. 주위 사람들은 그들의 뻔뻔함에 '사람으로서 저래도 괜찮을까?'라는 근본적인 의문을 제기하며, 인연을 더는 이어가지 않을 가능성이 높다. 보통의 꼰대 초입을 넘어선 사람은 자기만족도가 높다는 점에서, 스스로 위안을 하고 있을지도 모른다. 그래서 꼰대들은 불치병에 걸린 듯 치료법을 찾지 않고, 그저 '나는 원래 이런 사람이야. 그러니까 알아서 맞추든지 해'라는 생각으로 상대와 거래를 한다.

너무나 다양한 곳에 꼰대와 관련한 연구와 밈이 존재하고 있다. 꼰대가 되지 않기 위한 예방법이 있더라도 실천하기는 어렵게 보인다. 자신이 생각하는 바가 늘 맞다고 느끼는 이유는 자신이 가진 경험치의 농도가 짙기 때문이다. 자신이 겪은 경험이 늘 가치 있다고 느끼고, 자신만이 남다른 경험을 했을 거라고 착각한다. 착각이야 자유라지만 자기 마음의 평화와 자신감을 얻기 위해 자신만의 경험과 지식에 근거해 강하게 주장하는 것은 다른 누군가를 다치게 할 수 있다는 점에서 매우 조심해야 한다.

그런 꼰대의 말에는 가시가 돋쳐 있는 게 특징이다. 아르바이트 면접에서 떨어진 자녀에게 "이런 것도 못 하면, 다른 것도 못 하는 거야!"라고 말하면서 자존감을 깎아내리기도 한다. 그들도 어디서 배웠는지 다른 사람과 대화할 때는 기본적으로 예의는 갖춘다. 대화의 시작과 관계의 시작도 경청이라는 것을 알고 있다는 듯 잘 들으려고 노력하는 것처럼 보이지만, 결국에는 자신이 말하고 싶었던 이야기로 흘러 버리는 특징이 있다. 결국 자신의 주장에 이의를 제기하는 이유는 상대가 잘 이해하지 못했기 때문이라며, 자신의 주장을 굽히지 않는다.

사람의 말에는 따뜻함과 뜨거움이 함께 존재하지만, 많은 사람이 그 사실을 잊고 살아간다. 같은 내용이더라도 내가 어떻게 말하는지에 따라 말에 온정이 배기도 하고, 불 같은 뜨거움이 깃들어서 상대를 태워 버리기도 한다. 가시 돋친 말이 지속되면 자신도 통제할 수 없는 수준의 고통으로 상대를 아프게 할 수 있다. 이런 게 바로 꼰대에게서 자주 발견되는 '화'의 부적절한 사용이다. 때로는 자신이 주장하는 의견을 관철시켜야 할 때, 논쟁의 다툼이 있을 수 있다. 그러나 그 속에서도 온정과 냉정을 살펴볼 수 있어야 한다.

이처럼 라떼를 운운하는 꼰대의 특징은 '화'와 '온정'의 차이를 잘 구분하지 못한다. 또한, 대부분 언행의 취지에 "다 너 잘되라고 하는 얘기야.", "너니까 이렇게 얘기해주는 거야."라는 구차한 변명이 일관되게 따른다. 상대가 잘되기를 바라는 마음에서, 자신이 가지고 있는 경험과 지식을 아끼지 않고 상대에게 다 털어주고 있다는 자기만족이다. 그게 정말 사실일까? 자신은 상대를 위해서 상대가 잘되기를 바라서 하는 얘기라고 하지만, 상대의 마음이 타들어가는 것은 이해하지 못한다. 알고 보면 자신이 하고 싶은 주장일 뿐, 상대를 위해서 하는 이야기는 애당초에 없었을 수도 있다.

언어와 단어는 시대의 배경과 역사의 흐름에 따라 바뀌거나 정리되어 간다. 우리가 어려서 배웠던 단어도 그 당시의 시대적 배경에 따라서 정리되었듯이 지금의 단어 역시 바뀌어 가고 또 새로운 게 생겨난다. 변화된 언어와 단어는 세대를 구분 짓는 중요한 수단이 될 수 있기 때문에, 모든 세대에게 불편하지만 인정하고 넘어가야 하는 사실이기도 하다. 앞에서 살펴본 것처럼, '꼰대'나 '라떼'의 등장은 언어학적으로나 사회학적으로 함축된 의미를 명확히 설명하기는 힘든 우주학의 영역일지도 모른다.

아직도 신세대라는 착각

X세대는 자신들이 아직도 젊은 신세대라는 착각 속에서 살아간다. 그래서 X세대는 늘 혼란스럽다. 말 한 번 잘못하면 '꼰대'로 낙인찍힐까 봐 늘 조심스럽다. 산업화와 민주화를 겪어낸 386, 586세대와 확연한 차이가 있다면 무엇일까. 아마도 사회를 받아들이는 인식에서 차이가 발생하는 것으로 보인다. X세대

는 정치·경제적으로 가장 안정화에 접어드는 시대에 성장했다. 몇 번의 경제위기를 겪으면서 좌절을 맛보기도 했지만, 결국에는 자신이 하고자 한다면 무엇이든 할 수 있는 환경 속에서 자유를 누리며 청년시기를 보냈다는 점에서 축복받은 세대라고 할 수 있다.

'신세대'는 이들을 가장 적절하게 표현하는 단어다. 환경의 안정(일반적으로) 속에서 성장기를 보내고 성인이 된 이들은 변화에 능숙했고 해외연수에 대한 갈망이 컸다. 그만큼 새로운 환경에 빠르게 적응하는 모습을 보였다. 테크놀로지를 가까이 접하며 성장한 덕분에, 전자기기에 익숙한 그들이 아니었던가. 그러면서 그들은 조직에서 중심축을 형성했다. X세대는 선배 세대를 밀어내며 이제 기업에서 차장, 부장, 팀장 또는 임원으로 리더의 위치에 자리 잡았다.

재미있는 것은 이들도 MZ세대라는 새로운 세대를 받아들이면서, 자연스럽게 고인 물이 되어간다는 점이다. 말 그대로 종착지에 가까이 다다른 여행이라고 할까. 최초로 '신세대'라는 이름을 누리며 살아 왔던 X세대는 이제 차원이 다른 신세대를 마주하게 된다. 그래서 그럴까. 마음은 급해지고, 하는 일마다 자신감이 없다. 젊은 꼰대 MZ세대, 중년 꼰대 X세대 그리고 막바지 꼰대 386세대는 누가 먼저라고 할 것 없이 자신만의 세계에 빠져 살고 있다. 세대를 막론하고 꼰대는 곳곳에 숨어 있고, 그들의 특징이라고 한다면 다양성은 존중하지만 공감능력은 떨어진다는 점이다. 이처럼 꼰대의 존재는 나이와도 상관이 없고, 시대와 세대를 초월한다.

여러 전문가가 모든 사람이 꼰대의 세계로 접어드는 이 시대에 생존할 수 있는 가장 현실적인 방안을 제안하고 싶어한다. 그것은 바로 모든 세대가 공존해야 한다는 공통의 공감대이다. 지금 젊은 세대라고 해서 꼰대가 되지 않으리란 법이 없다. 그러므로 서로를 받아들이는 데 도움이 되도록 협력해야 한다. 알파세대를 지켜보는 X세대와 MZ세대의 연합이 필요한 이유다. 여러 사례에서도 볼 수 있듯이, 이전의 회사에서 성공적으로 이끌었던 몇 가지 프로젝트를 지금의 회사에 적용하는 게 사실상 새로운 도전이듯, 한번 해냈던 것이 언제까지나 성공으로 이어질 거라고 말하기에는 상황의 변화가 급격하다. 이러한 함정에 빠지게 되는 가장 큰 이유도 '나는 아직도 신세대'라는 착각 때문이다. 모든 세대는 20, 30대를 거치거나 앞으로 거치게 되어 있고, 그 청년시기는 그 시대를 대표하는 신세대이기 때문이다.

X세대는 인터넷카페, 아이러브스쿨과 같은 웹(web)에서 취미나 취향을 나누면서 본격적으로 교류를 시작한 첫 번째 세대이기도 하다. 모두가 똑같아야 한다고 여겼던 이전 세대와 확연한 차이가 여기에서 발생한다. 그러나 신세대였던 X세대는 이제 중년이 되었고, 조직에서는 전성기를 보내고 인생의 제2막을 준비해야 하는 도전 앞에 놓여 있다. 그런 이들이 옛날을 생각하며 아직도 자신이 신세대라는 생각이 빠져 있다면, 조직에서 존중

보다는 회피의 대상이 될 수 있다.

이제 X세대는 자신이 옳다는 생각을 버리고 자신들이 세계 여행을 경험한 첫 세대라는 생각도 버려야 한다. 빠른 인터넷의 보급으로 하이테크의 수혜를 입었지만, 나름의 아날로그 감성을 함께 가지고 성장하며 전자와 아날로그를 함께 이해한 세대라는 점 때문에 어느 쪽에도 해당하지 않는 끼인 세대를 자처하지 않기를 바란다. 조직 내에서도 드라마 〈응답하라 1994〉를 보며 옛날 아날로그 감성에서 빠져 있다면, 이제는 슬슬 나올 때가 되었다.

꼰대의 동기부여

"누구의 말에도 귀를 기울이고 누구를 위해서도 입을 열지 말라."

– 윌리엄 셰익스피어(William Shakespeare) –

전국에 지점망이 있는 G 유통기업 인사팀 핫라인에 메시지가 울렸다. 제목은 "최재희 하남 지점장으로부터 직장 내 괴롭힘을 당했습니다."였다. 다시 말해, 직장 내 괴롭힘의 피해자라고 주장하는 당사자가 사건을 신고하는 내용이었다. '사람 좋기로 소문난 최 지점장이 직장 내 괴롭힘의 가해자라고?' 최 지점장은 평소에 지점장들 사이에서도 평이 좋고 본사에서도 나름의 실력을 인정받는 젊고 유능한 리더로 통했기 때문에 궁금증은 더해졌다.

신고 내용은 이러했다.

"저는 하남지점의 김상근 차장입니다. 매월 마지막 주에 있는 부서 실적회의에서 지점장님이 팀 실적이 지난달보다 떨어졌으니 담당들이 책임져야 한다는 식으로 말했어요."

"며칠이 지난 후 아침에 출근하고 이메일을 열어보니 놀랄 수 밖에 없었어요. 제목은 '2023년 9월 매출현황'이라고 쓰여 있고 이메일 첫 마디부터 '김 차장, 너 죽을래?'라는 말로 시작되었습니다. 무엇보다도 이메일에는 수신인이 저로 되어 있고, 지점의 모든 직원을 수신 참조로 걸어서 보낸 겁니다."

김 차장의 조용한 항의에 최 지점장은 "너가 잘했으면 그렇게 안 했지. 이제는 정신 차리고 일하자."라고 말했다. 물론 평소 친하다고 생각했으니 "죽을래?" 정도의 말을 자주 했던 건 사실이다. 그래도 직장 내 괴롭힘을 신고한 김 차장은 자신이 회사에 처음 입사했을 때도 있었던 상명하복식 문화를 바로 잡고 싶은 심정이었다. 무엇보다도 실적으로 자신의 모든 걸 보여주는 조직이라는 점에서, 부족한 실적을 문제 삼아 이메일을 보내는 것은 자존심 문제를 넘어 명예훼손에도 해당될 수 있다는 걸 감안해야 한다.

이 사건의 내용을 살펴본다면 직장 내 괴롭힘에 해당될 소지가 다분히 높다는 걸 알 수 있다. 직위에서 우위를 점하고 있는 지점장이 저조한 실적으로 인한 업무성과를 이유로 굳이 알리지 않아도 될 모든 직원에게 이메일을 공개적으로 보내 망신을 준

행위와 스트레스로 인해 업무에 지장을 받고 있다는 김 차장의 주장은 부인하기 어렵기 때문이다. 좋은 말이든 나쁜 말이든 조용한 곳에서 당사자에게 직접 말해야 한다는 원칙에서 벗어난 사례다.

회사 인사팀은 우선 김 차장을 면담하면서 정식조사의 필요성을 확인했다. 회사는 공정하게 처리하기 위해 이번에는 조금 더 신경을 쓸 수밖에 없었다. 사실 지점장은 '사업의 근로자에 관한 사항에 대하여 사업주를 위하여 행동하는 자'에 해당되는 사용자라고 보는 것이 타당하기 때문이다. 그러한 지위에 있는 지점장이 직원의 업무성과를 문제 삼아 공개 망신을 주고 또 항의하는 직원을 향해 정신 차리고 일하라는 취지의 발언을 한 것이라면, 회사 차원에서도 현 상황을 면밀하게 살펴볼 필요가 있었다.

외부기관에 의뢰하여 조사보고서가 채택되고, 외부전문가만으로 이뤄진 심의위원회를 꾸렸다. 그렇게 심의한 결과는 역시 '직장 내 괴롭힘에 해당한다'는 것이었다. 결국 회사는 지점장을 면직하고 다른 지점으로 인사발령하며 사건을 마무리했다. 쉽게 끝날 줄 알았던 신고사건은 이렇게 어렵게 끝났다. 최 지점장은 자신이 쌓아온 성과물을 순간에 뒤엎는 결정에 충격을 받았는지, 2주간 병가를 신청하고 퇴직 수순을 밟았다. 회사에서 좋은 관계를 맺어 왔다고 믿었던 직원들을 다시 대면하기 어려웠고, 무엇보다도 자신을 믿고 지점장이라는 역할을 맡긴 경영진에게 면목이 없는 초라한 퇴장이었다.

이런 유형의 갈등은 보통 친한 동료 사이에서 종종 발생한다. 때로는 너무 가까워서 문제가 되는 경우도 많다. 서로의 처지를 이해하니 이 정도는 괜찮을 거라는 착각 때문에 그렇다. 그렇게 회사 내에서 발생하는 상명하복식 업무 지휘체계뿐만 아니라 친한 사람이라고 해서 편한 대로 일을 시키고, 하고 싶은 대로 말하는 잘못된 행위가 줄지 않고 있다. 피신고인은 보통 '지난번에는 이 정도 선에서 큰 문제가 되지 않았는데, 자기를 음해하려는 의도가 있다'고 말한다. 서로의 경조사를 살뜰히 챙겨 왔던 사람에게 배신당하면서, "저 친구가 이럴 줄은 몰랐네."라는 후회의 말은 보통 너무 늦었을 때 많이 한다.

동기부여를 위한 말?

요즘 자신의 진정한 만족을 위해 무엇이든 도전하는 청년들이 늘어났다. 대단한 일을 꾸미지 않는다면 그만한 성취도 없다는 걸 알고 있는 그들이다. 내가 원하는 걸 찾아내려는 노력은 그 어느 때보다 강한만큼, 때로는 무모해 보이기도 한다. 그만큼 MZ세대에게 꿈이 있냐고 물었을 때의 대답을 듣고 나면, 가슴이 답답하고 이런 게 가능한가 싶을 때가 있다. 나는 인사노무 분야에서 현역으로 업무를 하면서 나름 다양한 세대와 대화할 기회가 많다. 어느 날 소위 '엄친아'에 서울 소재 대학교를 졸업하고 올해 초에 입사한 사원에게 질문을 던졌다.

"최지민 씨는 꿈이 뭐예요?"
"저요? 꿈요? 왜요? 꿈은 없고요. 그냥 놀고 싶어요."

도대체 왜 그러는 걸까. 뭐라고 말만 하면 "-요, -요, -요." 라고 말대답을 한다. 그때 나는 무릎을 탁 쳤다. "그래 이런 거구나. 당연히 꿈이 있어야 한다고 생각하고 꿈이 뭔지를 궁금해하는 것이 라떼적 사고일 수 있구나."

"아무것도 안 하는 일이 제일 하고 싶은 일입니다!"라고 손들고 말하는 그들이 아니었던가. MZ세대의 대답은 내가 하고 싶었던 평생의 숙제였던 것처럼 속이 시원하다. 꿈이 필요하다는 말은 사실 많은 자기계발서나 동기부여 전문가가 해오던 말이다. 꿈이 있어야 삶의 목표가 생기고, 목표가 있어야 삶의 의미를 되짚어보며 윤택한 일상을 추구할 수 있다는 이야기를 모르는 사람은 없다.

우리나라의 획일적인 교육시스템이 낳은 폐해라고 한다면, 다양성(diversity)을 존중하지 않는 사회적 편견을 고착화했다는 점이다. 저마다 가지고 있는 다양한 재능을 인정하지 않으려 하고, 불필요한 공정이라는 이름을 내세워 모두가 같은 교육프로그램과 기준으로 아이들을 평가해 왔다. 교육정책은 정권이 바뀔 때마다 그들의 이념을 중심으로 체계를 바꾸며 또 다른 학습의 기준점을 세우면서 혼란만 가중했다. 이는 아이들이 차근차근 사고를 확장하며 '성인(成人)'으로서 자기 삶을 살아가도록 하기보다는 좋은 직업이라는 하나의 비슷한 목적을 가진 '정석(定石)'으로 키우는 데 익숙한 사회가 낳은 단면이라고 하겠다.

앞서 소개한 G 유통회사의 최재희 지점장 사건으로 돌아가 보자. 실적이 우수하고 한 번 일 잘한다고 인정받던 사람은 아래로 떨어질까 봐 늘 두려워하고 고민한다. 1등보다 2등이 여유로울 수밖에 없다. 한 번 성과가 좋다고 하더라도 언제까지 이어질지 누구도 장담하지 못하기 때문이다. 이것은 모든 조직의 많은 사람에게서 확인되는 노력신봉현상과 관련이 있다. 연예인 중에서는 스타가 되고 싶어 모든 걸 바쳐 노력했지만, 정작 스타가 되자 우울증만 깊어져 결국 자살로 삶을 마감하는 사례가 적잖게 나오는 것과도 흡사하다. 잘해야만 한다는 강박관념 때문에 과정에서부터 매끄럽지 않으며, 결과는 늘 좋지 못하고 조직 내에서도 적응하지 못한다.

직장 내에서 동기부여는 사실 자신이 성장할 수 있겠다는 마음이 들 때 비로소 생기는 것이다. 최 지점장은 최근 실적이 떨어지는 김 차장에게 경각심을 갖게 하고, 분위기를 전환할 수 있도록 동기부여를 위한 행동을 했다고 항변할 수 있다. 물론 좋은 취지에서 실적을 압박할 수도 있고, 실제로 이러한 행위가 개인의 성과를 끌어올리는 결과를 낳기도 한다. 다만, 말하고자 하는 내용을 제대로 이해시키지 못한다면, 받는 입장에서는 괴롭힘으로 감지한다. 요즘 직원에게 업무성과를 기대할 때 말을 잘하는 것도 중요하지만, 왜 그 일을 해야 하는지를 이해시키지 못하면 아무런 소용이 없다.

X세대에게 익숙한 조직 내 업무스타일은 대부분 비슷하다. 위에서 시키면 그것을 잘해 내는 사람이 일 잘하는 사람으로 평가받는 세대였다. X세대는 무엇을 왜 해야 하는지는 모르지만, 일단 상사가 시켰기 때문에 일을 해왔다. 그래서 이들은 'Why'에 관한 'How'를 적절하게 제시하지 못하는 면이 있다. 물론 X세대에게도 할 말은 많다. 시대적 환경이 그러했다는 데는 이의를 제기할 수 없겠지만, 이제는 차원이 다른 시대의 변화가 찾아왔다는 점을 인정하고 움직여야 한다.

가능하면 사적 얘기는 줄이고 자신의 입장에서 동기부여가 되는 이야기도 가급적 삼가며, 공과 사를 구분 지어야 한다. 대부분의 세대 간 분쟁이나 괴롭힘 사건, 성희롱 사건의 전말을 들여다보면, 너무 가까운 사이에서 발생하는 경우가 많다는 점이다. 동료 직원의 집에 숟가락이 몇 개인지를 알아서 무엇에 쓸 것이며, 그렇게 가깝다고 해서 업무의 효율이 배가 된다고 장담할 수 있는지부터 확인해 봐야 한다. 업무는 회사의 내규와 절차로 정해진 원칙 내에서 수행해 가는 것이지, 친분관계만으로 조직을 유지해 나갈 수는 없다. 가족 같은 조직문화는 더 이상 설

자리를 잃어가고 있다. 이제는 가까운 사이보다 느슨한 관계가 필요한 시점이다.

Is Latte Horse?

가끔 부장이나 임원들이 하는 얘기가 있다. “자네 면접 볼 때 내가 뽑은 거 알고 있어? 그러니까 나한테 잘 해야 해!” 그들은 당신이 회사에 입사하기 위해 나름의 노력을 했다면, 결과적으로 당신을 구제한 주역이라고 말한다. 마치 나에게 충성해야만 한다며 가스라이팅(gaslighting)을 하는 것과 같다. 물론 채용할 수 있는 권한이 주어진 임원은 자신의 역할에 대한 책임감에서 하는 말일 수도 있지만, 대부분은 자신의 존재감을 부각하기 위해 그런 식의 생색 발언을 한다.

역시나 사람을 쉽게 평가하거나 누군가를 험담하는 사람을 향한 시각 자체는 부정적이다. 지금 이 자리에서 내가 누군가를 험담하고 있다면, 다른 자리에서 나도 험담의 대상이 될 가능성이 높다. 무엇보다도 비판적 발언은 한번 시작하면 은근히 버릇이 되어 끊임없이 상대의 나쁜 모습만 보이고, 결국 상대의 좋은 모습을 보지 못하는 삐딱한 시선만 갖게 된다.

경력과 연차가 쌓인 직원은 저마다의 자랑거리가 있게 마련이다. 자신이 추진했던 프로젝트나 경험은 독보적이라는 착각에 빠져 살게 된다. 그러나 생각을 달리할 필요가 있다. 우리가 가진 지식과 경험이 사회의 전부라고 믿어 버리는 무의식의 신념을 배척해야 한다. 물론 당시 가졌던 경험이 특별하고 그 임팩트가 강했다면 기억의 잔상은 오래 갈 수 있다. 그렇다고 하더라도 자신의 경험 자체를 정답으로 오인해서 지금의 현장에 관철시키려는 건 지나친 욕심일 수 있다.

인간관계에서 내가 당신을 도왔다는 점을 들어 늘 우위에 서고자 하는 사람의 보상심리는 어쩌면 당연하다. 채용과정에 깊숙이 관여했고 내가 당신을 뽑아주었다는 언급은, 내가 무엇을 하든 당신은 나를 지지해 주어야 한다는 사회적 부채를 말하고 싶은 것일 수 있다. 주로 X세대에게서 볼 수 있는 이러한 모습은 좀처럼 사그라들지 않는다. MZ세대에게 이런 선배의 모습은 다급해 보이고 신뢰가 떨어진다. 나에게 최선을 다해주기 바라는 생각은 더 이상 의미가 없다. 이제는 타인과 조금 더 담백한 관계를 형성하는 것부터 해 나가길 바란다.

내가 누군지 알아?

"라떼는 말이야=Latte is Horse"라는 재미있는 문장도 우리가 먼저 주목한 내용은 아니다. 몇 년 전 영국 BBC에서 그날의 단어로 꼰대(kkondae)가 소개되었을 때, 우리나라 언론은 대서특필하며 사회현상이 가져오는 부가적 단면을 비판하기에 바빴다. 이때 BBC 홈페이지에 포스팅된 기사의 댓글로 달린 "Latte is Horse"와 같은 말은 아무도 조명하지 않았다. 많은 댓글 중에 외국인들은 "새로운 커피인가? 우유 이름인가?"라고 말하며 궁금해했지만, 그 뜻을 이해한 사람은 한국인들뿐이지 않았을까.

그런 꼰대가 될까 봐 하나부터 열까지 조심하는 우리다. MZ세대는 40대나 50대가 된 적이 없을뿐더러, 그만큼의 생각을 가져볼 기회 역시 없었다. X세대는 자신들의 두뇌활동과 사회경제적 여건이 지금과는 비교할 수 없을 정도로 좋았던 시기도 경험했다. 20대를 경험하고 세대의 특징을 아는 X세대와 직장 내에서 선배들로부터 간접 경험하고 또 다른 차이를 느끼는 MZ세대의 직장관이나 의식은 하늘과 땅만큼 다를 수밖에 없다. 그때의 젊은 사람과 지금의 젊은 사람은 의식이 같을 수가 없는 것이다. "나도 그때 겪어봐서 아는데."라는 말로 시작하는 X세대의 발언은 이제 듣는 것조차 지친다.

MZ세대도 X세대 못지않게 그들만의 한정된 생각과 경험으로 대부분의 주제를 일반화한다는 점에서 모든 세대가 대체로 비슷하다. X세대는 자신의 모든 걸 과신하면서 누군가와 다툴 때마다 (심지어 주제가 달라도) 나오는 소리와 대답하는 패턴이 늘 같다. 자신이 무엇을 했든 어떤 사람이든 자신의 관념을 맹신한다. 바로 이 점 때문에 MZ세대를 넘어 다수로부터 반감만 산다. 실제 요즘 X세대의 질문에 MZ세대는 이렇게 대답한다.

"이봐 자네, 내가 누군지 알아?"
"네? 안 궁금한데요!"

X세대는 자신의 전성기에서 점점 멀어지는 것에 위기의식을 느낀다. 겉으로 표현하지는 않지만 속으로는 지금의 직장에서 어떻게 살아남을 것인지가 지금의 업무방식을 결정하게 한다. 이미 전성기를 겪어 봤던 그들은 내리막길이 그렇게 빠르게 느껴질 수 없기 때문이다. 전성기의 실력이 오래갈 거라는 착각에 허무하게 무너져 내리는 자신의 지위를 보면서, 늘 후배들에게 자신의 존재가치를 확인하고 싶은 것이다. 이들은 사람과의 관계나 업무상의 문제에서 상대보다는 자신이 실수할 가능성이 높다는 것을 받아들이고 조심해야 한다. 즉, 내 실수를 경계하는 게 중요하지 다른 사람보다 능력이 있음을 강조할 필요는 없고, 다른 사람이 실수하기를 바라서도 안 된다.

이전 직장에서 어떤 명함을 지니고 있었느냐는 사실 중요하지 않다. 자신의 경험이 지금의 내 실력을 보증해 줄 수 없다는 사실을 고려한다면 이해가 쉽다. 물론, 다양한 경험에서 나오는 통찰력은 무엇을 주고도 얻을 수 없는 사실적인 가치임에는 틀림이 없다. 다만, 모든 경험이 하나의 사실과 맞물릴 수 없고 각자가 지닌 특징은 천차만별이라는 진리를 생각하지 않으면 잘못된 판단으로 이어질 확률도 높다. '옛날에는 이러했다'는 생각의 틀을 조금은 벗어던지고, 지금의 환경에 집중하기를 바란다.

나의 존재가치

성장을 멈추는 순간부터 사람의 생명력은 다해 간다. 성장을 꾀하지 않는다면 자각할 수 없고, 자각하지 않는다면 뇌 기능이 저하되기 때문이다. 매 순간을 발전적으로 생각하고 내가 해낼 수 있다는 믿음으로 하루하루를 보내는 사람에게서 나타나는 공통적인 모습이 있다면, 바로 건강하고 늘 행복하다는 점이다. 나로 살아가기를 멈추지 않기 위해서는 하루를 온전히 자신의 것으로 만들어야 하는 이유다. 누군가가 말하지 않았는가. 오늘이 마지막인 것처럼 하루를 살라고.

성장이 중요한 이유야 매우 많다. 다양한 곳에서 우리는 하나의 객체로 존중 받으며 살기 위해 부단히 노력한다. 그 하나의 존재로서 인정받는다면 삶의 의미를 찾을 수 있고, 그런 과정을 겪으면서 우리는 지금의 생활에 만족할 수 있기 때문이다. 이러한 과정이 반복되면서 우리는 자신만의 의미 있는 삶을 누리게 된다. 인생의 정답은 이거라고 단정하여 말할 수는 없지만, 이제는 우리가 느끼는 삶의 만족도에 관해서만큼은 관심을 가져야 할 때다.

일본 사람들은 어려운 일을 겪으면 자신은 한 단계 성장한다고 믿는다. 그래서 어렵고 힘든 일이 있더라도 인내심을 가지고 현실과 정면으로 마주하고 넘어서려고 노력한다. 보이지 않는 곳에서도 늘 최선을 다하는 사람이 많은 데에는 그만한 이유가 있다. 물론 우리라고 다르지 않다.

성장이라고 한다면 아이가 어른으로 발전하는 모습을 가장 먼저 떠올릴 수 있다. 틀린 얘기는 아니다. 어른이 되어 가는 과정이 모든 사람이 똑같을 수 없지만, 하나 정도는 비슷한 방향을 추구하고 있다. 그것은 바로 직면하는 다양한 책임과 해결과제를 넘어서, 온전한 어른이 되고 싶다는 욕망이다. 한 사람이 성장하기 위해서는 많은 과정을 거쳐야 하고, 그것을 마주하면서 넘어설 때 우리는 성장했다고 말하고 만족의 길로 들어선다.

직장에서도 마찬가지다. 한국전쟁 직후부터 한국형 산업화를 이뤄내는 과정에서 우리는 많은 과제에 직면했고, 그것을 해결하고 넘어서기를 반복하며 우리만의 K-직장문화가 자리 잡혔다. 수십 년 전만 해도 한 명의 유능한 리더가 사회나 조직의 급격한 발전을 견인하는 역할을 했다면, 지금은 다양한 사람이 한데 어우러질 때 사회나 조직도 성장의 길로 들어설 수 있다. 다양함의 중요성은 시사하는 바가 크다. 내가 잘 배우고 유능하다고 하더라도, 요즘 같은 시대에 그 정도로 유능한 사람은 차고 넘치기 때문이다.

이때 급부상한 것이 바로 '인문학'이 아닐까. 인문학은 삶을 풍요롭고 인간답게 살아가는 방법에 대해서 말하는 학문이기도 하지만, 사회에서 나라는 한 사람의 존재를 받아들이고 내가 살아가기 위한 자존감을 확인하는 학문이기도 하다. 나를 어떻게 사랑하고 또 사랑받을 만한 소중한 존재라는 것을 알아가는 과정의 결정체가 바로 자존감이다. 이것이 여러 전문가가 '자신을 지키고 또 남을 지키기 위해서는 자존감을 키워야 한다'고 말하는 이유이기도 하다.

나는 무엇을 해도 의미 있는 성과를 낼 수 있다는 믿음과 그럴 만한 가치를 지닌 사람임을 잊지 않아야 한다. 그것은 모든 세대에게 해당되는 이야기다. 나를 지킨다면 누구든지 지켜낼 수 있고, 그런 사람은 자신이 속해 있는 조직에서도 좋은 평가를 받을 수 있다. 결국 나를 지켜내는 자존감의 확장은 성장의 발판이 되어 나를 지금보다 한 단계 높은 곳으로 이끌어줄 수 있다. 나는 절대로 꼰대라는 말을 들으면 안 된다는 강박증에 시달릴 필요도 없다. 직장에서의 성장과 자존감이라는 게 그런 것이다. 그렇다면 성장을 멈추지 않기 위해 우리는 무엇을 할 수 있을까.

성장을 바라보는 MZ

2000년생 박수아 씨는 입사를 환영하는 회식 자리에서 이런 질문을 받은 적이 있다.

"박수아 씨는 회사에 오래 다닐 건가?"
"아닙니다. 저는 이 회사에서는 제가 개인 사업을 할 정도까지만 배우고 떠날 생각이에요."

모두가 예상 밖의 대답이라는 듯 얼떨떨한 표정을 지었다. 사실 여러분은 이러한 질문을 받으면 뭐라고 대답하겠는가? 수아 씨는 존재감이 뚜렷하면서도 성공적인 사람으로 성장하고, 그 결과를 인정받는 사람이 되는 게 목표였다. 그녀는 평소의 생각과 신념을 말하는 데 어려움이 없었다. 목소리도 굵직한 신입사원이 당당하게 이런 말을 하자, 회식 분위기는 일순간 래그(lag) 걸린 컴퓨터처럼 화면 이동이 되지 않았다.

입사를 위해 면접관에게 답했던 내용과는 전혀 다른 게 아닌가. 물론 화장실에 들어갈 때의 마음과 나올 때의 마음이 달라서 그래서였는지도 모른다. 내가 이곳에서 존재하기 위해서는 나름의 목표가 있어야 했기 때문이다. 그만큼 하루가 지나면 애초의 마음가짐은 변하기 마련이다. 상황의 변화가 심리변화로 이어지는 것은 어쩌면 당연하겠으나, 움직이지 않는 기준을 정하는 것도 자신의 노력 여하에 따라 달라진다.

지속적으로 발전하는 것만이 성장이라고 정의할 수는 없지만, 성장하려고 하는 의지는 생활의 변화를 갖게 하고 그런 작은 변화 하나하나가 모여 발전된 모습으로 이어지는 연결고리가 된다. 움직이고 생각하는 사람은 쉽게 늙지 않듯이, 처음 가졌던 마음이 변하지 않게 하는 최선의 방법은 성장을 멈추지 않는 것이다. 지속적인 두뇌활동을 하고 끊임없이 자각하며 현재를 볼 수 있고 상황을 변화시켜 나갈 수 있다면, 이것을 마다할 이유가 없다.

"지금 내가 겪고 있는 불행은 언젠가 내가 잘못 보낸 시간의 결과다."라는 나폴레옹의 말처럼, 누군가가 나를 알아주기만을 바라지 말고 과연 내게 능력이 있는지를 살펴봐야 한다. MZ세대와 공존을 꾀하려고 한다면 지금의 시간을 활용해야 하는데, 미래의 결핍은 시간을 헛되이 보낸 오늘의 복수이기 때문이다. 우리는 세대를 막론하고 실력 없는 사람이 직장 내에서 얼마나 골치아픈 존재이고, 동료의 업무의식을 갉아먹는지를 목격해 왔다. 그래서 우리는 끊임없이 성장을 추구하며 생명력을 이어 나가야 한다. MZ세대는 그들 나름대로의 미래를 위해서, X세대는 새로운 시작을 위해서 서로의 공존을 도모해야 한다. 이는 서로의 존재를 인정하는 자세부터 시작된다. 개선될 의지가 있다면 스스로 변화가 필요한 이유다.

세대의 공존

학교 앞에서 떡볶이와 두툼한 핫도그를 친구들과 먹었던 경험을 얘기할 수 있다면, 그 세대는 하나의 공유 가능한 기억을 이어 나갈 수 있다. 삐삐와 폴더폰 그리고 스마트폰과 테블릿의 등장 역시 세대를 나누기에 적당하다. 자신이 있는 어느 곳에서든지 원격으로 타인과 연결하고 소통할 수 있다는 것을 이해하는 세대와 그렇지 않은 세대는 분명히 다르다. 이는 반대로 그만큼 젊은 층이 모일 수 있는 장이 우리에게 넉넉지 않았음을 의미하기도 한다.

MZ세대가 바라보기에 X세대는 문화혁명의 발상지와도 같다. 한국에서는 보지도 듣지도 못했던 음악과 함께 출현한 서태지와 아이들은 자신들의 출현 전과 후로 문화시대를 구분 짓게 하는 가늠자가 되었다. 반항의 시대가 열리면서 기성세대가 잘 짜 놓은 학업계획과 대학입시를 통해서만 성공의 지름길로 갈 수 있다는 강요에 길들여진 청춘의 절규를 대변해 주었다. 이후로 다양한 선구자들이 K-컬처를 발전시켰다. 한국의 대중문화가 이제는 국내에만 국한되지 않고 세계화되고 있다는 데 그 누구도 반론을 제기하지 않을 것이다.

기성세대와 X세대는 팽창한 경제생태계에서 기회와 위기를 직접 이겨내며 시대를 이끌었다. 이들은 세계화의 수혜를 입은 세대이자, 미국 일본과 같은 선진국으로부터 다양한 문화의 영향을 받은 첫 번째 세대이기도 하다. 산업기술이 발전하고 경제는 풍요로워서 굳이 자신을 집단에 구속하지 않아도 될 만큼 개인주의 개념이 자리 잡았고, 이는 MZ세대의 개인화로 발전하게 되었다.

이들은 IMF 외환위기라는 경제붕괴의 현장에서 청년기를 이겨내고 2002년 한일월드컵으로 '국뽕'에 취해 보는 등, 위기와 기회를 동시에 겪은 세대이다. 그래서 개인의 발전을 위한 실력과 강력한 추진동력을 함께 지니고 있을 수도 있었다. 외환위기와 금융위기를 겪었다고 하지만, 경제성장의 후광을 누리며 살았던 X세대는 이제 어느덧 중년으로 접어들었다. 대기업 기준으로 보통 40~50대면 자신의 능력을 최대한 발휘할 수 있는 마지노선으로 보는 게 현실이다. 가장 높은 곳을 찍었으니 이제는 내려갈 일만 남는 등산처럼, 정년을 다 채우지 못하고 제2의 인생을 준비해야 하는 직장인이 주변에 즐비하다.

X세대는 내리막길에 들어섰고 이제 아름다운 퇴장을 준비해야 하지만, MZ세대는 이제 세상에 발을 디뎠을 뿐이다. 다만, Z세대와 알파세대를 마주하며 아름다운 퇴장을 할 것인지는 미지수다. 다행인 것은 X세대도 선배들의 경험을 통해 주인공이 바뀌어 가는 현상을 이미 경험했다는 점이다. 누구보다도 좋은 스펙 그리고 빠른 학습력과 세상을 읽어내는 통찰력으로, 그들은 새로운 물결의 직장에서 생존을 꾀한다. 이제 직장에서 MZ세대와 어떻게 공존하며 다가오는 알파세대를 맞이할지, 남은 시간을 어떻게 보낼지를 고민한다.

1990년대 생을 넘어, 2000년대에 태어났거나 앞으로 태어날 세대와 또 다른 세대 장벽을 두고 다툴 것인가, 아니면 문화적 · 경제적 · 인류학적으로 세대를 공유하며 부대끼더라도 살아남을 것인가? 비록 이 책을 통해서 완벽한 답을 제시하지는 못했더라도, 각 세대가 가지고 있는 생활양식과 문화적 배경이 어떠한 사건으로 이어지는지를 관찰했기를 바란다. 서로를 배척하지 않는 인정의 영역에서 타협한다면, 세대 간의 차이는 극복될 거라고 믿는다.